KB219435

하나님은 왜

하나님은 왜

지은이 | 황명환
초판 발행 | 2022. 4. 20
등록번호 | 제1988-000080호
등록된 곳 | 서울특별시 용산구 서빙고로65길 38
발행처 | 사단법인 두란노서원
영업부 | 2078-3352　FAX | 080-749-3705
출판부 | 2078-3331

책값은 뒤표지에 있습니다.
ISBN 978-89-531-4192-6 03230

독자의 의견을 기다립니다.
tpress@duranno.com　www.duranno.com

두란노서원은 바울 사도가 3차 전도여행 때 에베소에서 성령 받은 제자들을 따로 세워 하나님의 말씀으로 양육하던 장소입니다. 사도행전 19장 8~20절의 정신에 따라 첫째 목회자를 돕는 사역과 평신도를 훈련시키는 사역, 둘째 세계선교(TIM)와 문서선교(단행본·잡지) 사역, 셋째 예수문화 및 경배와 찬양 사역, 그리고 가정·상담 사역 등을 감당하고 있습니다. 1980년 12월 22일에 창립된 두란노서원은 주님 오실 때까지 이 사역들을 계속할 것입니다.

하나님은 왜

Why does God

욥기에서 배우는 고난의 지혜

황명환 지음

두란노

CONTENTS

2부 "고난의 이유를 알려 주세요"
고난은 하나님의 실패가 아니다

3부 "고난을 어떻게 견뎌야 하나요?"
고난 중에도 버틸 수 있는 이유

4부 "내가 할 일은 무엇인가요?"
고난 중에 내가 할 일

5부 "네 고난에는 의미가 있단다"
고난의 양면성

6부 "눈을 들어 하늘을 바라보렴"
고난의 지혜가 완성되다

들어가는 말

"만약에 하나님이 계신다면, 그리고 하나님께 딱 한 가지 질문을 할 수 있다면 당신은 하나님께 어떤 질문을 하겠습니까?" 가장 많은 대답은 언제나 이것입니다. "이 세상에는 왜 이렇게 고통이 많은 것입니까?" 이 질문에 대해 당신은 대답을 찾으셨습니까? 대부분의 사람은 아직 찾지 못했을 것이고, 앞으로도 찾기 어려울 것입니다. 그렇다면 답은 없는 것일까요? 아닙니다. 있습니다. 한 사람의 일생을 통해 그 대답을 주고 있는 책이 있습니다. 그것이 바로 욥기입니다.

그래서 프랑스의 문호 빅토르 위고는 "인류가 쓴 문학 작품 중에 가장 위대한 작품은 욥기"라고 극찬했습니다. 맞습니다. 세상에 책이 많지만 고난의 문제를 이렇게 깊이 다룬 책은 세상 어느 곳에도 없습니다. 이런 의미에서 욥기는 아주 독보적인 책입니다. 이 책 자체가 위대한 신학 서적입니다. 이 세상의 모든 고난에 대한 하나님의 해답입니다.

하나님은 우리에게 때로 고난을 허락하시고, 그것에 대한 하나님의 마음이 무엇이며, 우리가 그 속에서 어떻게 해야 하는지를 자세하게 알려 주는 분입니다. 그러나 우리는 고난을 겪으면서 그 음성에 귀를 기울이지 못할 때가 많습니다. 오히려 어려운 현실에 빠져서 좌절하고 낙담하고 분노하며 시간을 허비하는 경우가 많습니다. 이제 하나님께 그런 질문을 했다면 하나님의 대답을 들어 보세요. 질문만 하고 듣지 않는다면 이상하지 않습니까?

저는 성경을 강해하는 목사로서 나름 규칙을 가지고 있었습니다. 구약을 다룬 후에는 신약을 다루고, 신약을 다룬 후에는 다시 구약을 다루면서 균형 감각을 유지해 왔습니다. 잠언 강해를 마치고, 신약성경을 다루고자 생각하고 있었는데, 욥기 강해에 대한 마음이 떠나지 않았습니다. 그러나 '욥기는 중요한 책이지만 고난을 모르는 사람들에게 고난에 대한 이야기를 깊게 다루는 것은 어려우니 다음 기회로 미루자'고 마음을 고쳐먹었습니다. 그러나 계속 제 마음에 욥기를 다루어야 한다는 부담이 있었습니다.

저는 말씀을 전하는 심부름꾼이니 하나님이 주시는 마음을 따라 가자고 결심했습니다. 그래서 욥기 강해를 시작하기로 했습니다. 그런데 욥기 강해 시작과 동시에 코로나가 확산되면서 많은 사람이 혼란에 빠졌습니다. 질병의 전 세계적 유행으로 인해 일상은 변했고, 예배당이 폐쇄되었고, 마음대로 모이지도 못하는 상황을 만나면서 "왜 이런 일이 있는가?" 질문하기 시작했습니다.

이런 어려운 상황은 성도들이 욥기의 말씀에 집중하도록 도와주었고, 그 말씀은 가장 두렵고 힘들었던 기간에 요동하지 않도록 우리를 붙잡아

주었습니다. 아직 코로나가 다 끝나지는 않았지만 하나님의 말씀이 지팡이가 되어 우리를 "사망의 음침한 골짜기로 다닐지라도 해를 두려워하지 않을" 수 있게 해주셨습니다. 욥기를 통하여 많은 위로를 주신 하나님께 영광을 돌립니다.

욥기는 어려운 책입니다. 너무 자세하게 다루면 지루하고 복잡합니다. 그러나 너무 피상적으로 다루면 깊이가 떨어지고 현실 적용 능력이 없기 때문에, 너무 복잡하지 않으면서 성경의 본래 뜻을 충분히 이해할 수 있는 수준으로 욥기를 강해하려고 애를 썼습니다.

마음을 열고 집중해서 읽어 보면 이 한 권의 책을 통해 지금까지 살아오면서 수없이 질문했고, 또 질문을 받으며 힘들어했던 고난의 이야기, 그것에 대한 진실한 답을 얻을 것이라 생각합니다. 그것은 어떤 것보다

가치 있는 일이며, 그 대답을 알고 사는 것은 새로운 차원의 삶이라고 믿습니다.

여러분이 가진 수많은 질문을 압축하여 "하나님은 왜?"라는 제목 속에 담았습니다. 고난의 이유를 찾아가는 길은 그리 유쾌하지 않을지 모르나, 여러분의 인생을 새롭게 바라보는 관점이 열릴 것이라고 생각합니다. 이 과정에 여러분을 초대합니다.

2022년 4월에

황명환 목사

◢ 고난이라는 거대한 상대

- 내 종 욥을 주의하여 보았느냐 (욥 1)
- 온전함을 굳게 지켰느니라 (욥 2)
- 차라리 태어나지 않았더라면 (욥 3)

1부

하나님,
왜 저를
힘들게
하시나요?

욥기 1:8-12

8 여호와께서 사탄에게 이르시되 네가 내 종 욥을 주의하여 보았느냐 그와 같이 온전하고 정직하여 하나님을 경외하며 악에서 떠난 자는 세상에 없느니라
9 사탄이 여호와께 대답하여 이르되 욥이 어찌 까닭 없이 하나님을 경외하리이까
10 주께서 그와 그의 집과 그의 모든 소유물을 울타리로 두르심 때문이 아니니이까 주께서 그의 손으로 하는 바를 복되게 하사 그의 소유물이 땅에 넘치게 하셨음이니이다
11 이제 주의 손을 펴서 그의 모든 소유물을 치소서 그리하시면 틀림없이 주를 향하여 욕하지 않겠나이까
12 여호와께서 사탄에게 이르시되 내가 그의 소유물을 다 네 손에 맡기노라 다만 그의 몸에는 네 손을 대지 말지니라 사탄이 곧 여호와 앞에서 물러가니라

01• 내 종 욥을 주의하여 보았느냐 욥1

_고난을 통해 증명되는 것

오래전에 어머니에게 질문한 적이 있습니다. "어머니는 언제부터 그렇게 성경을 열심히 읽으셨어요? 어머니가 성경을 읽으면서 가장 많은 눈물을 흘리신 책은 어떤 것이었나요?" 어머니는 대답하셨습니다. "나는 네 아버지가 돌아가시기 전까지는 욥기가 있다는 것은 알았지만 한 번도 읽어 본 적이 없었다. 목사의 딸인데도 철이 없었던 거지. 그런데 네 아버지가 돌아가시고 인생이 너무도 막막했다. 어떻게 해야 좋을지 도무지 알 수 없었는데, 그제야 고난받는 자의 절규가 들어 있다는 욥기를 펴서 읽게 되었는데, 어쩌면 구절마다 내 마음을 그렇게 잘 표현해 놓았는지 읽으면서 정말 많이 울었다. 아마 백 번도 더 읽었을 거다."

"어려운 책인데 이해가 잘되셨어요?" "고통 중에 있으면 이해가 잘되고, 그렇지 않으면 이해가 안 되고…. 욥기는 그런 책이지. 내 마음의 고통을 씻어 내고 다시 하나님 앞에 설 수 있는 힘을 준 정말 고마운 책이란다."

욥기는 어떤 책입니까? 고난당하는 자를 위한 책입니다. 고난의 지혜를 다룹니다. 어느 분이 제게 물었습니다. "목사님, 잠언 강해가 끝난 다음에는 무슨 책을 강해하실 거예요?" "욥기를 강해하려고 하는데, 걱정입니다"라고 말하자 그분은 "왜요?" 하며 이유를 물었습니다. "잠언은 주제가 보편적이라서 누구나 들어도 되는데, 욥기는 고난의 책이기 때문에 형통한 사람은 고난을 잘 이해할 수 없습니다. 그래서 성도들 일부는 욥기를 지루하게 느낄 수도 있을 겁니다." 이런 이야기를 나누었습니다.

그러나 저는 욥기를 통해 하나님이 오늘을 살아가는 우리에게 하실 말씀이 많다고 생각합니다. 욥기를 통해 얼마나 많은 사람이 변화되었을까요. 얼마나 많은 사람이 신앙이 깊어지고 하나님을 깊이 만난 역사가 이루어졌겠습니까. 그런 일이 앞으로도 일어나길 기도하며 욥기를 살펴보고자 합니다.

세상의 모든 고난에 대한 하나님의 해답

먼저, 주인공 욥은 어떤 사람입니까?

> 우스 땅에 욥이라 불리는 사람이 있었는데 그 사람은 온전하고 정직하여 하나님을 경외하며 악에서 떠난 자더라 • 1:1

욥은 우스 땅에 거하는 경건한 신앙인이었습니다. 우스는 아브라함의 동생 나홀의 맏아들 이름입니다(창 22:21). 그러므로 우스 지방은 아브라함의 후손이 흩어져 살던 곳인데, 지금의 요르단 지역이라고 생각됩니다. 시대적으로는 족장 시대가 배경입니다.

그렇다면 이 책은 언제 기록되었을까요? 솔로몬 시대라고 보는 것이 좋습니다. 족장 시대에 살던 욥이라는 사람의 이야기가 구전으로 내려오다가 솔로몬 시대에 고난에 대한 신학적 해석을 정리하면서 고난의 지혜가 완성된 것으로 보면 됩니다. 솔로몬 시대는 이스라엘의 신앙이 이방으로 뻗어 가고 전 세계의 사상과 종교가 만나는 시기였습니다. 그러므로 신학이 본격적으로 발달했습니다. 사람들은 많은 질문을 하고, 대답을 찾고, 그것을 신학으로 정리하는 과정을 거쳤습니다.

여기서 첫 번째 질문이 나옵니다. "이 세상에는 '잘 삶의 공식'이 있다. 예를 들어 성실하고, 착하고, 예의 바르고, 부모에게 효도하고, 베풀기 좋아하고, 말조심하고, 남의 것을 탐내지 않고, 선을 행하는 사람은 잘 산다. 쉽게 말해, 상식대로 살 때 형통하게 되는데 "그렇게 되는 이유는 무엇인가?" 이 질문에 대한 답은 "하나님이 그렇게 법칙을 만드셨다"입니다. 우리 주위에는 하나님이 만든 법칙 안에서 많은 혜택을 누리고 살면서도 정작 하나님은 모르는 이들이 많습니다. 세상적으로 보면 이렇게 사는 것으로도 충분하다 여길지 모르지만, 신앙적 관점에서 보면 그렇지 않습니다. 더 완전하고 지혜로운 삶은 세상의 질서와 인생살이의 법칙을 만드신 여호와 하나님을 알고 경외하는 삶입니다. 그럴 때 비로소 진정한 평안과 형통, 기쁨이 옵니다. 그래서 "지혜의 극치는 여호와를 경외하는 것"입니다. 이것을 '형통의 지혜'라고 하며, 구약 성경의 대표 지혜문학서인 잠언에서 다루는 주제입니다.

두 번째 질문입니다. "그러나 인생을 살다 보면 꼭 그런 것만은 아니다. 예외가 있다. 지혜롭게 살아도 고난과 실패와 역경이 있고 예측할 수 없는 것이 인생이다. 왜 그런가?" 우리는 이런 딜레마를 가지게 되고 이를 해결하고자 노력합니다. 그러면서 신앙이 한 단계 성숙해집니다. 여기서 나온 것이 '고난의 지혜'입니다. 욥기가 고난의 지혜를 다룹니다.

세 번째 질문입니다. "그런데 형통하든지, 고난 중에 있든지 사람은 누구나 인생의 허무를 느끼게 된다. 인생이 허무해지는 이유는 무엇이며, 어떻게 극복할 수 있는가?" 이것을 '허무의 지혜'라고 합니다. 전도서가 허무의 지혜를 다룹니다.

그러니까 이스라엘 사람들은 지혜를 크게 셋으로 나누어 바라본 것입니다. 형통의 지혜, 고난의 지혜, 허무의 지혜입니다. 그래서 지혜의 왕 솔로몬 시대에 세 권의 책(잠언, 욥기, 전도서)이 기록됨으로써 지혜가 완성되었습니다.

특별히 욥기에 기록된 고난은 욥이 잘못해서 당하는 고난이 아닙니다. 의롭고 경건한 자의 고난입니다. 정통 신학의 내용은 '선한 사람에게는 형통이, 악한 사람에게는 고난이 온다'는 것입니다. 그런데 선한 사람에게 고난이 오는 것은 무슨 일입니까? 고난을 주시는 분이 하나님이라면 하나님은 정당합니까? 그래서 욥기의 주제를 신학적으로는 '신정론'이라고 부릅니다. '신은 정당한가에 관한 이론'이란 뜻입니다. "왜 바르고 진실한 사람에게 고난이 오는가?" 이 질문에 대한 해답을 찾는 작업, 이런 엄청난 인간의 질문을 다루는 책이 욥기입니다.

《레미제라블》을 쓴 프랑스의 문호 빅토르 위고는 "인류가 쓴 문학 작품 중에 가장 위대한 작품은 욥기"라고 극찬했습니다. 맞습니다. 세상에 책이 많지만 고난의 문제를 이처럼 깊이 다룬 책은 그 어느 곳에도 없습니다. 이런 의미에서 욥기는 아주 독보적인 책입니다. 이 책 자체가 위대한 신학 서적입니다. 이 세상의 모든 고난에 대한 하나님의 해답입니다.

욥기의 구조는 세 부분으로 이루어져 있습니다. 처음 1-2장은 산문입니다. 마지막 42장도 산문입니다. 그런데 중간에 욥과 친구들의 복잡한 대화는 시입니다. 그러므로 '산문 + 운문 + 산문'의 구조입니다. 산문 세 장만 읽어도 전체 스토리는 이해가 됩니다. 그러나 핵심은 3-41장에 나오는 고난에 대한 치열한 논쟁, 그 속에 들어 있는 신학과 철학 등으로, 욥기의 깊이를 더해 줍니다.

욥기의 구조

1 - 2장 : 산문

3- 41장 : 시

42장 : 산문

하나님은 나를 주목하고 계신다

욥의 인격과 성품을 한마디로 요약하면, 그는 "온전하고 정직하여 하나님을 경외하며 악에서 떠난 자"(1:1하)였습니다. 욥은 부정직한 세대 속에서 정직을 추구하며 살았습니다. 하나님 앞에서 자기 한계를 알았으며, 어떤 경우에도 변질되지 않았습니다. 그 마음의 중심에는 하나님이 계셨고, 다른 어떤 것도 그 마음을 흔들지 못했습니다. 욥은 악과는 무관하게 살았습니다.

그 결과 욥은 축복을 많이 받았습니다(1:2-3). 열 명의 자녀가 있었고, 자녀들 모두 화목했습니다. 그리고 그는 큰 부자였습니다. 이렇게 복된 환경 속에서도 욥은 경건을 잃지 않았습니다. 이를 단적으로 보여 주는 말씀이 5절입니다. 욥은 자녀들이 어려운 일을 만난 것도 아닌데, 즐겁게

잔치를 하고 나서 자기 죄를 점검하는 것은 물론이고 자녀들의 죄, 그것도 드러난 죄가 아니라 혹시 마음으로라도 지었을 죄를 위해 제사를 드렸습니다. 다시 말하면, 그는 벌 받을 짓이라곤 눈곱만큼도 한 일이 없었던 것입니다. 그런 그에게 고난이 닥쳤습니다.

그런데 그 고난이 사건으로 나타나기 전에 어떤 일이 있었을까요? 6절은 하늘의 모습을 우리에게 보여 줍니다. 지금까지는 땅에 있는 욥을 설명하다가 앵글을 하늘로 돌려서 하늘 회의 장면을 비춘 것입니다. 이 장면은 아주 신비한데, 이 간단한 장면이 엄청나게 많은 내용을 시사해 줍니다. 하나님이 계시고, 천사들이 있는데, 사탄도 왔습니다. 아니, 사탄이 어떻게 거기 나타날 수 있습니까?

여기서 주목할 것은 사탄의 위치입니다. 우리가 오해하는 것이 있는데, 흔히 우리는 하나님과 사탄이 서로 대적한다고 생각합니다. 과연 그럴까요? 아닙니다. 사탄은 하나님의 적이 아닙니다. 성도들의 적일 뿐입니다. 우리는 사탄을 너무 과대평가해서 마치 사탄이 하나님과 맞짱을 뜨는 존재라고 착각합니다. 그렇게 되면 이원론입니다.

'일원론' 혹은 '이원론'이라는 말을 들어 보았을 것입니다. 세상을 움직이는 궁극적인 힘이 하나면 일원론이고, 둘이면 이원론입니다. "세상은 선과 악의 싸움이다. 두 힘은 똑같이 강하다. 악한 일이 발생하면 악한 신이 이긴 것이고, 좋은 일이 발생하면 선한 신이 이긴 것이다." 이것은 이원론입니다. 왜냐하면 선악이 대립하는데, 그 힘이 서로 같기 때문입니다. 이원론은 두 힘이 있고, 강한 쪽이 이긴다는 이론입니다.

선과 악이 싸우는데 최후의 승자가 악이라면 어느 누가 선을 택하겠습니까, 악을 섬기는 것이 낫지요. 그러므로 결국 이렇게 되면 선과 악의 구별이 없어져 버립니다. 그래서 성경은 이원론을 거부합니다. 정확한 일원론입니다. "하나님만 유일한 신이다. 악이 있지만 궁극적인 힘이 아니다. 하나님의 도구일 뿐이다." 모든 것이 하나님으로부터 시작되고, 하나님에 의해 끝납니다. 모든 고난도 하나님의 손안에 있습니다. 이를 간단하게 설명하는 것이 하늘 회의 장면입니다.

하나님은 반역한 천사였던 사탄을 지옥에 완전히 가두기 전에 일정한 목적을 위하여 그의 활동을 제한적으로 허용합니다. "네가 어디서 왔느냐"(1:7). 하나님이 몰라서 사탄에게 물은 것이 아닙니다. 사탄이 하나님의 허락 아래 움직이는 존재라는 것을 보여 주려는 것입니다.

이어서 하나님은 사탄에게 "네가 내 종 욥을 주의하여 보았느냐 그와 같이 온전하고 정직하여 하나님을 경외하며 악에서 떠난 자는 세상에 없느니라"(1:8)라고 했습니다. 하나님은 하나님을 경외하는 자들을 사랑하고 귀히 여기고 주목하는 분입니다. 그리고 자랑합니다. 하나님이 나를 보고 계실까요? 그렇습니다. 나를 주목하고 있습니다. 우리는 이 사실을 잊지 말아야 합니다. 혼자 있을 때에도, 외롭고 힘들어 울고 있을 때에도, 기뻐할 때에도 하나님은 나를 주목하고 있습니다. 그리고 바르게 살려고 애쓰는 모습을 보면서 우리를 자랑스러워합니다.

조건 없이 경외하는가

그러자 사탄의 말이 이어지는데, 9절에 사탄의 특징이 나옵니다. 사탄은 고발자입니다. '사탄'은 헬라어로 '디아볼로스'인데, '틈 사이를 벌려 놓다'는 뜻입니다. 하나님과 우리 사이의 밀접한 관계에 틈을 타고 들어와서 그 사이를 벌려 놓는 것이 사탄이 하는 일입니다. 다른 말로는 이간

질입니다.

이렇게 쑤시고 들어온 사탄이 하나님께 뭐라고 합니까?

욥이 어찌 까닭 없이 하나님을 경외하리이까 • 1:9

다시 말해, "인간은 하나님을 까닭 없이 경외하는 존재가 아닙니다. 얻어먹을 것이 있어야, 까닭이 있어야 하나님을 경외하는 존재입니다. 하나님을 하나님이시기 때문에 사랑하는 자는 없습니다"라고 한 것입니다. 사탄은 인간의 신앙을 아주 비하했습니다.

그러니까 사탄이 볼 때 인간의 신앙심은 '변형된 이기심'에 불과합니다. 인간의 이기심이 신앙심으로 변형되어 나타난다는 의미입니다. 사탄은 순수한 사랑, 순수한 신앙은 결코 없다고 주장합니다. 이익이 돼야 하나님을 경외하고 사랑한다고 말합니다. 욥이 하나님을 경외하는 까닭은 하나님이 그에게 복을 넘치도록 주셨기 때문이라는 것입니다. 그 까닭을 제거해 버리면, 인간이 원하는 복을 빼앗아 버리면 그 인간은 즉시 돌이켜서 하나님을 저주하고 떠날 것이라고 합니다.

어떤 조건과 까닭 때문에 하나님을 경외하는 사람은 그 이유와 조건과 까닭이 사라져 버리면 시험에 듭니다. 까닭 때문에 하나님을 믿는 신앙을 다른 말로 '기복신앙'이라고 합니다. '복을 주면 믿는다. 복을 주면 사랑한다'는 것입니다. 기복신앙은 반드시 사탄의 시험에 넘어가게 되어 있습니다. 사탄이 노리는 것이 바로 그것입니다.

"까닭 없이 하나님을 경외하리이까"라는 구절은 아주 중요합니다. 여기서 '까닭 없이'는 다른 말로 '조건 없이'입니다. 하나님이 하나님이시기 때문에, 하나님이 나를 사랑하기 때문에, 하나님이 나를 위해 당신을 주었기 때문에, 영원한 생명을 주었기 때문에, 하나님이 거룩하기 때문에, 하나님이 의롭기 때문에, 하나님이 아름답기 때문에 그래서 하나님을 사랑하는 것이 참신앙입니다. 하지만 사탄은 항상 까닭 때문에 하나님을 경외한다고 우리를 비하합니다.

건강하면 하나님을 찬양할 수 있습니다. 자녀가 잘되면 기뻐할 수 있고, 내가 원하는 대로 다 이루어지면 감사할 수 있습니다. 하나님께 충성과 사랑을 고백할 수 있습니다. 그러나 이것이 신앙의 전부는 아닙니다. 반쪽일 뿐입니다. 이제 하나님이 거두어 가면요? 병들고, 사업이 안되고, 어려운 일이 발생하고, 내 삶이 장밋빛에서 잿빛으로 바뀌면요? 사탄이 말하는 '경건한 척'하는 신앙은 우수수 무너지고 만다는 것입니다. 그러니까 하나님이 생각하는 신앙과 사탄이 생각하는 신앙은 다른 것입니다. 어느 쪽이 맞다고 생각합니까? 그리고 나의 신앙은 어느 쪽에 가깝다고 생각합니까?

사탄의 도전에 하나님은 "내가 그의 소유물을 다 네 손에 맡기노라"(1:12)라고 했습니다. 여기서 '하나님이 너무 잔인하지 않은가? 사탄의 제안에 넘어가서 경건한 사람을 고난 속으로 몰아넣다니!'라고 생각하기 쉽습니다. 오해하지 마세요. 결과를 모를 때는 잔인하게 느껴지지만, 하나님은 결과를 알고 계십니다. 하나님이 주권자입니다.

욥의 고난의 목적은 하나님이 욥의 신앙을 증명함으로써 욥을 명예롭게 하고, 욥의 아름다운 신앙을 클로즈업해 믿음의 본질이 무엇인가를 사람들에게 가르쳐 주려는 것입니다. 이를 통해서 사탄에게 "욥은 말이지, 네가 주장한 대로 어떤 까닭 때문에 나를 경외한 것이 아니다. 내가 하나님이기 때문에 나를 절대적으로 신뢰하고 사랑하는 것이다"라고 말해 주고 싶었던 것입니다.

이처럼 하나님이 우리에게 원하는 신앙의 모습은 '까닭을 넘어서는 경외함'입니다. 그래서 하나님은 욥의 고난을 허락하면서 "다만 그의 몸에는 네 손을 대지 말지니라"(1:12) 하며 한계를 분명하게 그었습니다.

그런데 어떤 사람이 순전하고 온전하며 하나님을 경외하고 악에서 떠났는지를 언제 증명할 수 있을까요? 평범할 때는 모릅니다. 고난을 통해서 증명이 됩니다. 기대했던 것이 사라졌는데도, 고난과 역경이 다가왔는데도 흔들리지 않고 하나님을 굳건히 붙든다면 진정 하나님이 영광을 받고 감격할 것입니다.

그런데 만약 고난 속에서 "하나님이 어디 있어? 하나님이 나를 버렸는데, 그런 하나님은 필요 없어!" 하며 실망하고 떠난다면요? 사탄이 나서서 "보세요, 하나님! 제 말이 맞죠? 인간은 까닭이 있기 때문에 여호와를 경외하는 것입니다" 하며 쾌재를 부를 것입니다. 하나님은 우리의 신앙이 까닭을 넘어서는 신앙이 되어서 사탄의 어떤 고소에도 흔들리지 않기를 원하는 것입니다.

누구나 자신만의 욥기를 써 나간다

이제 욥은 고난의 현장으로 들어갑니다. 욥만이 아니라 모든 고난을 당하는 자는 이제 경기에 출전하는 선수가 됩니다. 그의 고난을 주변 사람들이 지켜봅니다. 더 중요한 것은 하나님이 주목하시고, 사탄도 주시한다는 것입니다.

고난이 왔는데 고난 속에서도 "하나님, 이 고난도 하나님의 손에 있음을 믿습니다. 이 고난을 통해 하나님은 나에게 가장 좋은 것을 주려는 것임을 믿습니다. 나는 하나님의 사랑을 신뢰하고, 의심하지 않습니다" 하면서 견고히 붙들면 승리는 하나님의 것이 됩니다. 그러나 휘청거리고 좌절하고 원망하고 하나님을 떠나 버린다면 사탄이 승리합니다. '누구를 이기게 하느냐'가 나의 신앙입니다. 이런 의미에서 모든 인간은 자기의 욥기를 쓰는 사람들입니다.

오늘도 고난당하는 사람들이 많습니다. 내가 경기장에 출전한 선수라는 사실을 의식하기 바랍니다. 내 믿음의 모습이 이제 명명백백하게 그 본질을 드러낼 시간이라는 것을 깨달아야 합니다. 우리가 만나는 모든 사건이 우연이라고 생각해선 안 됩니다. 그리고 하나님이 모르거나 하나님의 통제를 벗어나는 일은 없습니다. 하나님이 뜻이 있어 허락한 것입니다. 고난 중에 있지만 낙심하지 말고, 하나님이 한계를 정하고 기대하는 바가 있다는 점을 잊지 말아야 합니다. 우리는 어떤 상황에 처하더라도 순전함과 정직함을 가지고 하나님을 경외하며 믿음의 사람으로 굳게 서야 합니다.

기도하기

저 작은 동네 우스 땅 한구석에 살던 욥을 주목한 하나님!

오늘도 우리를 주목하고 있음을 믿습니다.

그러나 우리의 모습은 욥처럼 온전하거나 정직하지 못합니다.

때 묻고 부정직한 이 시대를 살아가면서

욥처럼 온전하고 정직하고 하나님을 경외하고

악에서 떠난 사람이 되게 하소서.

어떤 경우에도 하나님을 믿고 신뢰하는,

까닭을 넘어서는 신앙의 사람들이 되게 하소서.

나눔 질문

† 이스라엘 사람들은 지혜를 크게 세 가지로 나누어 바라보았습니다. 그 세 가지 지혜와 그 지혜를 다룬 성경은 각각 무엇인가요?

† 하늘 회의 장면을 보여준 이유는 무엇일까요?

† '까닭을 넘어서는 신앙'이 되기 위해 내가 해야 할 일은 무엇인가요?

욥기 2:3-7

3 여호와께서 사탄에게 이르시되 네가 내 종 욥을 주의하여 보았느냐 그와 같이 온전하고 정직하여 하나님을 경외하며 악에서 떠난 자가 세상에 없느니라 네가 나를 충동하여 까닭 없이 그를 치게 하였어도 그가 여전히 자기의 온전함을 굳게 지켰느니라

4 사탄이 여호와께 대답하여 이르되 가죽으로 가죽을 바꾸오니 사람이 그의 모든 소유물로 자기의 생명을 바꾸올지라

5 이제 주의 손을 펴서 그의 뼈와 살을 치소서 그리하시면 틀림없이 주를 향하여 욕하지 않겠나이까

6 여호와께서 사탄에게 이르시되 내가 그를 네 손에 맡기노라 다만 그의 생명은 해하지 말지니라

7 사탄이 이에 여호와 앞에서 물러가서 욥을 쳐서 그의 발바닥에서 정수리까지 종기가 나게 한지라

02• 온전함을 굳게 지켰느니라 욥2

_까닭을 넘어선 신앙

어떤 분이 병원에 입원했다는 소식을 듣고 심방을 갔는데, 그분이 제게 이렇게 말했습니다. "목사님, 제게 병문안 오신 분은 가족 빼고는 목사님이 유일하세요. 아무에게도 알리지 않았거든요." "아니, 왜 그러셨어요?"라는 제 질문에 그분은 이렇게 답했습니다. "제가 예수 믿는 사람인데, 이렇게 병들어 누워 있으면 하나님 영광을 가릴까 봐서요. 그래서 저는 지금 다른 사람보고 아프다는 말도 못합니다."

그 말을 듣고 제가 말했습니다. "그러면 안 됩니다. 사람이 잘될 때만 하나님께 영광을 돌리는 것이 아닙니다. 어렵고 힘들 때도 얼마든지 하나님께 영광을 돌릴 수 있습니다. 마태복음 5장에 의하면 우리의 존재 목적은 하나님께 영광을 돌리는 것인데, 두 가지 방법으로 영광을 돌릴 수 있습니다. '너희는 세상의 소금이요 빛이다.' 그러니까 우리는 빛으로 혹은 소금으로 영광 돌릴 수가 있습니다.

빛으로 영광을 돌린다는 것은 내가 잘되어서 내가 빛나게 되었을 때

'나를 이렇게 잘되게 해 주신 분이 하나님입니다' 하며 감사하는 것입니다. 한편, 소금으로 영광을 돌린다는 것은 이런 의미입니다. 내가 어렵고 힘든 가운데 있지만 그 안에서도 낙심하지 않고, 죄에 물들지 않고, 부끄러워하지 않고, 정직하게 살 때 사람들이 나더러 '저런 고통 속에서도 하나님을 바라보며 감사하며 사는구나' 하며 감동하게 되지 않겠습니까. 이처럼 어려움 속에서도 믿음의 본을 보여 주는 것이 소금으로 영광을 돌리는 것입니다. 내가 아픈 것을 숨긴다고 하나님의 영광이 보호될까요? 아닙니다. 그러니 숨기지 말고 당당하세요."

예를 들어 봅시다. 내가 어떤 일을 잘해서 상금을 천만 원을 받았습니다. 그것을 가지고 어려운 사람들을 하나님의 이름으로 도와주었다고 합시다. 멋진 일입니다. 빛으로 하나님께 영광을 돌린 것입니다. 이번에는 내가 형편이 아주 어려울 때 누가 나에게 뇌물을 천만 원 가져왔습니다. 그때 '내가 하나님을 믿는 사람인데 정직해야지' 하며 받지 않았습니다. 겉으로 내가 한 일은 아무것도 없습니다. 그러나 이것은 소금으로 하나님께 영광을 돌린 것입니다.

천만 원에 대해서 하나님이 상급을 주신다면 어떤 상급이 클까요? 내가 천만 원으로 도와준 것일까요, 아니면 내가 받지 말아야 할 천만 원을 받지 않은 것일까요? 어느 것이 더 가치가 있을까요? 빛과 소금, 둘 중 어느 것이 먼저일 것 같습니까? 성경은 '소금과 빛'이라고 말합니다. 소금이 먼저이고 우선이며, 중요한 것입니다.

요즘 교회가 사람들에게 비난받는 이유는 빛으로 영광을 돌리지 못해서가 아니라 소금으로 영광을 돌리지 못하기 때문입니다. 소금으로 영광을 돌리기 시작하면 우리가 사는 세상에서 절대로 비난받지 않습니다. 세상의 부패를 방지한다는 존경을 받을 것입니다.

진정한 승리란 무엇일까요? 다른 사람을 케이오 펀치로 쓰러뜨린 것일까요? 아닙니다. 어떤 경우에도 끝까지 정직하고 순전하며 하나님을 경외하는 것입니다. 믿음을 잃지 않고 찬송하며 자기의 길을 꿋꿋하게 걸어가는 것입니다. 이것이 가장 차원 높은 승리입니다.

욥의 세 가지 깨달음

욥은 온전하고 정직하여 하나님을 경외하며 악에서 떠난 사람이었습니다. 그런 그에게 고난이 왔습니다. 왜냐하면 사탄이 하나님께 욥은 까닭 없이 하나님을 경외하는 것이 아니며, 하나님이 그에게 많은 소유를 주셨기 때문이니 그 소유를 하나님이 쳐서 제거하면 그가 하나님을 욕할 것이라고 했기 때문입니다. 사탄은 인간의 신앙이란 '변형된 이기심'에 불과하다며 비웃었습니다.

그러나 하나님은 욥이 그렇지 않다는 것을 알고 있었습니다. 처음에는 이익 때문에 믿을 수도 있지만, 점점 신앙이 성숙해지면 까닭을 넘어서는 신앙, 하나님이 하나님이시기 때문에 경외하는 단계에 이르게 됩니다. 하나님은 욥이 그런 사람이라고 믿었고, 그를 주목했고, 자랑스러워했습니다.

그렇다면 어느 것이 진짜 욥의 모습일까요? 욥의 신앙은 어떤 까닭 때문일까요, 아니면 까닭을 넘어선 절대적 신앙일까요? 그것을 알게 하려고 하나님은 사탄에게 그의 소유를 맡겼습니다. 하나님의 명예를 욥에게 걸어 버린 것입니다.

사탄은 즉시로 가서 엄청난 재앙을 욥에게 퍼부었습니다. 그래서 욥은 모든 재산을 다 잃어버렸습니다. 도둑들에게 약탈을 당하고, 하늘에서 불이 떨어져 타 버리고, 집이 무너져 열 명의 자녀들이 그 자리에서 다 죽었습니다. 엄청난 재산과 사랑하는 자녀들을 잃어버린 욥의 충격은 말할 수 없이 컸습니다.

욥의 반응이 1장 20절에 나옵니다. "욥이 일어나 겉옷을 찢고 머리털을 밀고 땅에 엎드려 예배하며." 옷을 찢고, 머리털을 밀고, 땅에 엎드리는 것은 이스라엘 사람들이 가장 슬플 때 하는 행동입니다. 특별히 땅에 엎드리는 것은 "저는 흙으로 만들어진 존재, 피조물에 불과합니다"라는, 겸손히 자기 한계를 고백하는 행위입니다.

욥은 울면서 하나님께 예배했습니다. 그리고 예배하면서 깨닫게 되었습니다. 무엇을 깨달았을까요?

내가 모태에서 알몸으로 나왔사온즉 또한 알몸이 그리로 돌아가올지라 주신 이도 여호와시요 거두신 이도 여호와시오니 여호와의 이름이 찬송을 받으실지니이다 • 1:21

욥이 깨달은 것은 세 가지입니다.

첫째, 본래성입니다. "내가 모태에서 알몸으로 나왔사온즉." 욥은 기원(origin), 즉 원점으로 돌아가서 생각했습니다. '나는 어디서 왔는가?' 어머니 뱃속에서 알몸으로 태어났습니다. '나는 언제부터 부자였는가?' 원래는 아무것도 없었습니다. 다 잃었다고 낙심하고 억울해하는데, 원래 가진 게 없었어요.

둘째, 미래성입니다. 다른 말로는 운명(destiny)입니다. 욥의 마지막 운명이 무엇입니까? "알몸이 그리로 돌아가올지라." 죽는다는 것입니다. 그리고 나의 모든 소유도 다 없어질 것입니다. 내가 아무리 움켜쥔다고 해서 내 것이 됩니까? '내 것, 내 것!' 하지만, 내 것이라고 착각하는 것이지 결코 내 것이 아닙니다. 나의 생명도 내 것이 아니요, 우리는 모두 떠나야 하는 존재입니다. 생명과 물질의 미래성도 확실히 인정해야 합니다. 언젠가는 다 떠나고 맙니다. 돈, 한 푼도 못 가져갑니다. 돈과 나의 관계성을 가지고 갈 뿐입니다. 하나님께 드린 것만 내 것입니다. 기쁨으로 준 것만 내 것입니다. 가치 있는 일에 쓴 것만 내 것입니다.

셋째, 주도권(initiative)입니다. 욥은 주도권이 누구에게 있는가를 고백했습니다. 내가 갖고 싶다고 갖게 되는 것이 아닙니다. "주신 이도 여호와시요 거두신 이도 여호와시오니." 하나님이 주시고 하나님이 거두십니다. 왜일까요? 하나님이 진정한 주인이기 때문입니다. 하나님이 나에게 잠깐 맡겨 놓았다가 다시 거둔 것뿐입니다.

이런 깨달음은 인간의 지성으로는 어렵습니다. 인간은 어리석어서 원래부터 내 것이었고, 앞으로도 영원히 내 것처럼 착각하며, 내가 벌고 내가 버린다고 생각합니다. 그러나 예배하면 알게 됩니다. 원래 가지고 온 것이 없으며, 앞으로 그것은 나를 떠날 것이며, 하나님이 주시고 하나님이 거두신다는 것을! 하나님이 허락하신 동안만, 하나님이 허락하신 만큼만 누릴 수 있는 것입니다.

어려운 일을 만날 때마다 욥과 같이 생각해야 합니다. 본래성, 미래성, 주도권, 이 세 가지를 잊지 말아야 합니다. 원래도 없었고, 앞으로 내게서 떠날 것입니다. 하나님이 맡겼다가 도로 가져가는 것입니다. "많이 맡겨 주셔서 그동안 풍족했고, 자녀들 때문에 행복했습니다. 하나님, 감사합니다.” 여기에 “아멘” 할 때 시험을 이길 수 있습니다.

예배의 힘

저는 아들이 하늘나라로 갔다는 전화를 받았을 때 세상이 무너지는 것 같았습니다. 가족들이 모였는데, 뭔가는 해야겠는데, 뭘 어떻게 해야 할지 아무것도 생각이 나지 않았습니다. 그때 욥기 1장 21절 말씀이 생각났습니다. 그러나 ‘생각이 났다고 꼭 따를 필요는 없잖아?’ 하며 그 말씀을 가지고 예배하기 싫었습니다. 하지만 성령이 주시는 감동을 따라야 한다는 부담이 생겼습니다. 버티다가 결국 그 말씀을 가지고 가정 예배를 드렸습니다.

입으로는 하나님의 말씀을 하면서도 눈에서는 눈물이 흘러내렸습니다. ‘꼭 이래야 하는가? 왜 하필 이 성경 구절이 생각나서 예배를 드려야 하는가?’ 이런 생각도 들었습니다. 그런데 놀랍게도, 예배를 드린 후에 우리는 이 순간에도 하나님 앞에 있다는 의식을 하게 되었습니다. 마음이 안정되면서 그다음에 어떻게 해야 할지 하나씩 생각나기 시작했습니다. 슬프고 힘들지만 하나님에 대한 원망이 생기지는 않았습니다. 지금은 모르지만 이 사건 속에 하나님의 뜻이 있을 것이라고 확신하게 되었습니다. 나중에 알게 된 일이지만, 마음속에 쓴 뿌리가 생기지 않도록 막아 주었습니다.

저는 그때 예배의 힘이 얼마나 위대한지를 알게 되었습니다. 사건 앞에 있던 사람을, 그 사건 속에 빠져 있던 사람을 꺼내어 하나님 앞에 세워 주고, 하나님의 눈으로 사건을 바라보도록 열어 주는 힘, 그것이 예배의 능력입니다. 욥은 예배하며 깨달았고, 그리고 그 결과 하나님을 향하여 원망하지 않았습니다. 멋지게 승리했습니다(1:22).

이 모습을 보고 하나님이 사탄에게 말씀했습니다. "너 욥을 보았지? 너는 그의 소유를 빼앗으면 그가 나를 저주하며 떠날 것이라 했지만 욥은 그 가운데서도 자기의 온전함을 굳게 지켰어"(2:2-3). 하나님이 옳았습니다. 하나님이 승리했습니다.

믿음을 지킨 욥, 그리고 사라진 사탄

그렇다면 이제 사탄이 "졌습니다!" 하고 물러가면 되는데, 그는 다시 참소했습니다. "가죽으로 가죽을 바꾸오니"(2:4). 이 말은 당시 유목민들의 속담입니다. 그들은 가죽으로 물물교환을 했습니다. '가죽으로 가죽을 바꾼다'는 말은 가격이 서로 맞지 않으면 거래가 성립되지 않고, 가격이 같아야 교환이 이루어진다는 뜻입니다. 즉 "욥의 소유와 욥의 생명은 가치가 다릅니다. 소유를 손댄 것은 아주 작은 것입니다. 이 정도 가지고는 안 됩니다. 아직 욥에게는 생명과 건강과 아내와 당장 먹을 것 등 남은 것이 많습니다. 욥 자신을 치면 틀림없이 달라질 것입니다", 이런 의미입니다.

그러자 하나님이 다시 허락했습니다(2:6). 그 결과 어떤 일이 벌어졌습니까? 욥의 온몸에 악성 종기가 생겼습니다(2:7). '욥이 앓았던 질병이 현대 의학 용어로는 어떤 병인가?'에 대해 많은 사람이 연구했으나, 정확히 모릅니다. 다만 피부에 일어날 수 있는 가장 고통스러운 질병을 다 합한 것이라고 보면 됩니다. 왜 하필 피부에 관한 질병일까요? 피부에는 말초 신경이 분포되어 있어서 너무나 고통스럽기 때문입니다.

욥이 자기 증세를 설명하는 여러 구절의 내용을 종합하면 이렇습니다. 너무 아파서 누울 수도 없고, 앉을 수도 없고, 일어설 수도 없습니다. 잠도 제대로 잘 수 없고, 악몽에 시달리며, 온몸이 가려워 견딜 수가 없습니다. 손으로 긁어서는 안 되고 질그릇 조각으로 긁어야 합니다. 몸에는 열이 나고, 그러다가 결국은 새까맣게 타서 죽는 병입니다.

너무나 고통스러운 욥은 재 가운데 앉아서 질그릇 조각을 가져다가 몸을 긁었습니다(2:8). 여기서 '재 가운데'가 어디일까요? 히브리어로 '마즈발레'인데, 마을 바깥 외딴 장소에 있는 쓰레기 더미를 의미합니다. 각종 쓰레기를 버리고 태우는 곳입니다. 욥은 온몸이 병들어 망가졌고, 마을에서는 쫓겨났고, 밤에는 추우니까 쓰레기를 태우고 남은 재의 온기를 의지해 버티며 신음하는 사람이 된 것입니다.

이 모습을 본 아내는 "하나님을 욕하고 죽으라"(2:9)고 했습니다. 왜 이런 소리를 했을까요? 아마 욥이 고통 중에 계속 "주여, 주여, 아이고 주여, 주여!" 하고 신음을 냈던 것 같습니다. 그러자 아내는 말합니다. "이보세요, 그놈의 하나님, 그놈의 주님 소리 그만 좀 하세요. 듣기 싫어요. 맨날 주님, 주님 하더니 이것이 그 결과란 말입니까? 차라리 시원하게 하나님이나 욕하고 죽으세요. 믿음 그까짓 게 무슨 소용이 있어요? 다 때려치워요!"

아내가 욥에게 한 말은 누가 하고 싶었던 말일까요? 사탄이 욥에게 하고 싶었던 말입니다. "네가 이래도 자기의 온전함을 굳게 지키느냐? 하나님을 욕하고 죽으라!" 고난의 때에는 사탄이 들려주고 싶은 말이 내 주변 사람들에게서 들려오는 경우가 많습니다. 사탄이 그런 말을 하도록 충동하는 것입니다. 욥의 아내는 자기도 모르는 사이에 사탄에게 입을 빌려주고 말았습니다. 이 말을 듣는 사람은 정말 맥이 빠져 견디기 어렵습니다. 그 순간은 사탄이 기대하는 바가 이루어지는 순간입니다.

그런 아내에게 욥이 한 말이 10절에 나옵니다.

> 그가 이르되 그대의 말이 한 어리석은 여자의 말 같도다 우리가 하나님께 복을 받았은즉 화도 받지 아니하겠느냐 하고 이 모든 일에 욥이 입술로 범죄하지 아니하니라 • 2:10

욥은 믿음으로 아내의 말을 극복했습니다. 그러나 실은 그 순간 사탄을 이긴 것입니다. 그 결과 사탄이 사라졌습니다.

사탄이 가장 무시하는 사람이 누구일까요? 까닭이 있어서 믿는 사람입니다. 그런 사람은 반드시 시험에 듭니다. 그래서 까닭이라고 생각되는 것을 가지고 욥을 쳤는데, 끄떡도 하지 않았습니다. 그러자 사탄은 "안 되겠구나. 욥은 내 상대가 아니구나. 욥은 까닭 때문에 하나님을 경외하는 사람이 아니구나. 내가 이길 수 없는 절대적 신앙의 사람이구나" 하고는 사라졌고, 10절 이후에는 등장하지 않습니다.

우리 모두 욥과 같은 믿음을 갖기를 소망합니다. 욥은 시험을 통해 믿음의 본질이 무엇인지, 믿음의 가치가 무엇인지를 보여 주었습니다. 믿음이란 있어도 되고, 없어도 되는 것이 아닙니다. 내 소유, 내 건강, 내 생명보다도 더 소중한 것입니다. 또한 믿음은 하나님이 어떤 분인가를 증명합니다. 많은 사람에게 하나님은 내가 복을 얻는 수단에 불과합니다. 그러나 하나님은 우리의 수단이 아닙니다. 하나님 자신이 최고의 목적입니다. 내 모든 소유, 내 생명을 다 잃어도 끝까지 붙잡아야 하는 마지막 가치, 최후의 목적이 하나님입니다.

기도하기

사랑이 많으신 하나님!

욥은 두 번에 걸친 엄청난 시련을 믿음으로 승리했습니다.

그래서 하나님께 영광을 돌리고,

참된 믿음의 가치가 어떤 것인지를 보여 주었습니다.

믿음은 내 모든 소유, 내 건강과 내 생명보다 더 귀하다는 것,

그리고 하나님은 결코 수단이 아닌 목적이라는 것을 드러냄으로써

참된 영광을 하나님께 돌렸습니다.

우리도 까닭을 넘어서는 절대 신앙의 사람이 되게 하소서.

나눔 질문

† 성경에 따르면, 하나님께 영광을 돌리는 방법에는 두 가지가 있습니다. 그 두 가지가 무엇이며, 각각 어떠한 방식으로 하나님께 영광을 돌리나요?

† 고난을 겪으며 욥은 예배하고 또 예배했습니다. 그 예배를 통해 욥이 깨달은 세 가지가 무엇인가요?

† 우리 모두는 누구나 살면서 고난과 시련을 겪습니다. 나에게 그러한 시련이 왔을 때 과연 나는 욥과 같이 행동할 수 있을지 나눠 봅시다.

욥기 3:1-5

1 그 후에 욥이 입을 열어 자기의 생일을 저주하니라

2 욥이 입을 열어 이르되

3 내가 난 날이 멸망하였더라면, 사내아이를 배었다 하던 그 밤도 그러하였더라면,

4 그 날이 캄캄하였더라면, 하나님이 위에서 돌아보지 않으셨더라면, 빛도 그 날을 비추지 않았더라면,

5 어둠과 죽음의 그늘이 그 날을 자기의 것이라 주장하였더라면, 구름이 그 위에 덮였더라면, 흑암이 그 날을 덮었더라면,

03• 차라리 태어나지 않았더라면 욥3

_탄식할 때 시야가 열린다

어떤 문제에 깊이 빠져서 힘들어하는 사람을 도와주는 가장 간단한 방법은 '공감'해 주는 것입니다. 그런데 도와주려다가 오히려 더 나쁘게 만들 수도 있습니다. 그것이 '동조'입니다. 공감과 동조는 비슷한 것 같지만 아주 다릅니다. 지혜로운 조언자가 되려면 이 둘을 잘 구분해야 합니다.

예를 들어 보겠습니다. "나 죽고 싶어. 사는 게 너무 힘들어." 이 말을 듣고 어떻게 해야 할까요? "너는 죽고 싶을 만큼 힘들구나!" 이렇게 말하면 공감입니다. 듣는 사람이 공감해 주면 말한 사람은 위로와 새 힘을 얻게 됩니다. 그런데 "나도 죽고 싶어"라고 말하면 이것은 동조입니다. 동조하면 오히려 문제가 커집니다. "그럼 우리 같이 죽을까?" 이렇게 되는 것입니다.

공감하는 방법은 무엇일까요? 주어를 바꾸면 안 됩니다. 상대방이 사용한 주어, 다시 말하면 '의미상의 주어'가 같아야 합니다. 앞선 예에서, 말하는 사람이 '나'라고 했으니까, 듣는 사람의 입장에서는 '나'가 '너'입니다. "그래? 너 죽고 싶을 만큼 힘들구나." 이렇게 말하면 공감입니다.

어떤 성도가 찾아와서 "나는 김 집사님 때문에 너무 힘들어요. 그 사람 보기 싫어서 교회를 떠나고 싶을 때도 있어요" 이렇게 말했다고 합시다. 이 말에 대한 공감은 "당신은 김 집사님 때문에 힘드시군요"입니다. 동조는 "나도 그렇습니다"입니다. 동조는 "나도 김 집사님 때문에 힘들어요"라는 뜻입니다. 그러면 김 집사란 분은 두 사람 모두에게 아주 못된 사람이 되는 것입니다. 이 말을 들은 성도가 다른 사람에게 "내가 김 집사 때문에 힘들다고 하니까 아무개도 그러더라!" 이렇게 전하면 큰 싸움이 됩니다.

그렇다면 상대방의 말에 동의하지 않으면서도 공감할 수 있을까요? 물론입니다. 공감은 상대방의 의견에 동의하는 것이 아닙니다. 상대방과 의견이 달라도 상관없습니다. 나는 김 집사와 아주 사이가 좋고 그분을 좋아하고 있더라도 얼마든지 공감해 줄 수 있습니다. 공감은 상대방의 마음을 인정하는 것입니다. 상대방의 말을 평가하거나 비난하지 않고 공감해 주면 많은 문제가 해결됩니다.

위로자가 되는 방법

욥은 엄청난 재산과 사랑하는 자녀 열 명을 다 잃었습니다. 너무도 슬픈 그는 땅에 엎드려 통곡했습니다. 그리고 예배하는 가운데 본래성, 미래성, 주도권을 인정함으로 시험을 이겨 냈습니다. 이렇게 승리했지만 사탄은 계속 참소했고, 하나님은 허락했습니다. 욥의 몸에는 악창이 났고, 그는 마을 밖으로 쫓겨나 쓰레기 더미에 앉아서 질그릇 조각으로 몸을 긁으며 밤을 새우는 신세가 되었습니다. 너무도 비참해진 그에게 아내는 "하나님을 욕하고 죽으라"고 말했습니다. 그러나 욥은 아내에게 "어찌 그런 말을 하시오? 우리가 하나님께 복도 받았으니 고난도 받을 수 있지 않겠소? 잘 모르지만 뜻이 있겠지!"라고 말했습니다. 그러자 사탄이 욥을 떠났습니다. 멋지게 승리한 것입니다. 그러나 현실은 너무나 비참했습니다. 욥의 소식을 들은 세 친구가 욥을 위로하려고 왔습니다. 여기서 고난당하는 사람을 위로하는 세 가지 방법을 알 수 있습니다.

첫째, 어려움을 당한 사람을 찾아가는 것입니다(2:11). 이스라엘 격언에 "초상집에는 초대받지 않았어도 가라"는 말이 있습니다. 위로와 도움이 가장 필요한 때이므로 도와줘야 합니다. 한평생 잊지 못합니다. 잘 생각해 보면 욥에게 친구가 세 명뿐이었을까요? 많았을 것입니다. 그런데 세 명만 찾아왔습니다. 세상인심이 이렇습니다. 그들은 욥을 위로하려고 멀리서 왔습니다. 위로는 문제를 해결해 주는 것이 아니고, 돈이 있어야만 할 수 있는 것도 아닙니다. 찾아가는 것입니다.

둘째, 같은 마음을 갖는 것입니다(2:12). 잔칫집에 가서 함께 웃고, 초상집에 가서 함께 슬퍼해야 합니다. 세 친구는 욥을 보고 마음이 아파서 울고, 옷을 찢고, 재를 뒤집어썼습니다.

셋째, 아무 말도 안 하는 것입니다. "그에게 한마디도 말하는 자가 없었더라"(2:13). 친구들은 기가 막혀서 아무 말도 못했습니다. 이렇게 묻는 분들이 있습니다. "슬픔을 당한 사람에게 뭐라고 말해야 합니까?" 저는 "아무 말도 안 하는 게 좋습니다"라고 말합니다. "한마디도 안 하면 좀 그렇잖아요?"라고 재차 묻는 분에게는 "그렇다면 '할 말이 없습니다', 이렇게 말하세요"라고 합니다. 왜 말을 하지 말아야 합니까? 실수하기 쉽기 때문입니다. 내가 실수하지 않아도 듣는 사람의 입장에서는 상처가 될 수 있습니다.

어느 분이 목재상을 경영했는데, 불이 났습니다. 산더미 같은 목재가 다 타 버렸지만 아무도 다치지 않았고, 주인은 화재를 진압하느라 뿌린 물에 미끄러져서 찰과상만 입었습니다. 한 이웃이 위로의 말을 건넸습니다. "힘내세요. 그래도 땅은 남아 있잖아요." 이 말을 들은 주인이 "맞아요. 이만하면 감사하지요"라고 말하면 좋은데, 그 말을 듣고 뭐라고 했을까요? "당신도 나처럼 한번 당해 보시오." 그러자 분위기가 엉망이 되었습니다. 말 자체는 맞아요. 땅은 남아 있습니다. 그러나 상대방은 마음이 복잡합니다. 또 젊은 사람이 죽었다고 합시다. "일찍 갔으니 하나님이 많이 사랑하나 봐요"라고 말하면 어떻게 됩니까? 그럼 '나는 사랑하지 않아서 아직까지 살았나?' 이런 질문으로 이어지기 쉽습니다.

아무 말 없이 손을 꼭 잡아 주는 것이 제일 좋습니다. 고난당하는 자가 말하면 들어 주고, 가만히 서 있다가 가면 되는 것입니다. 그냥 가기가 뭣해서 "안녕히 계세요"라고 말했다가, 괜히 그 말을 했다고 걱정하는 분을 보았습니다. 안녕하지 못하니까요. 위로는 참 어려운 것입니다. 우리가 착각하는 것이 있습니다. 뭔가 해석하고, 이유를 알려고 하고, 대답을 주려고 합니다. 그럴 필요 없습니다. 그냥 말없이 함께하는 것이 좋습니다.

세 친구 때문에 욥은 많은 위로를 받았을까요, 받지 못했을까요? 위로를 받았습니다. 위로를 받은 증거가 무엇입니까? 입을 열어 말하기 시작합니다. 들어 줄 사람이 있기 때문에, 들어 준다고 믿기 때문에 말을 하는 것입니다.

"차라리 태어나지 않았더라면!"

3장은 욥이 고통 속에서 탄식하는 말인데, 전체 내용을 압축하면 "차라리 태어나지 않았더라면!"이라고 할 수 있습니다. 세 가지 내용으로 나뉩니다. "태어나지 않았더라면!"(3:1-10), "태어났더라도 빨리 죽었더라면!"(3:11-19), "지금이라도 죽을 수 있다면!"(3:20-26). 그렇다면 욥은 왜 죽고 싶다고 말했을까요?

첫째, 현실이 너무 힘들기 때문입니다. 현실이 힘들면 모든 것을 고통의 관점에서 보게 됩니다. 그렇게 되면 과거를 부정합니다. 과거의 기쁨과 은혜가 사라지고, '없었으면 좋았을 것을!' 이렇게 생각하게 됩니다. 그리고 미래에 대한 소망이 사라집니다. 세상이 모두 어둡게 보입니다. 이런 현실로부터 도피하고 싶을 뿐입니다. 그럴 때 나오는 말이 "죽고 싶다"입니다.

어려운 일이 닥치면 잠깐은 버틸 수 있습니다. 무거운 물건을 5분 동안 들고 있으라면 견딥니다. 그러나 하루 종일 들고 있을 수는 없습니다. 인간은 그만큼 나약합니다. '내가 볼 때는 견딜 수 있을 것 같은데, 왜 저 사람은 견디지 못하는가?'라고 생각할지 모르겠습니다. 내가 볼 때는 잠깐이지만 그 사람에게는 결코 짧은 시간이 아닙니다. 그래서 "죽고 싶다"는 말을 할 수 있는 것입니다.

둘째, 죽으면 모든 것이 해결된다고 생각하기 때문입니다. 죽으면 어떻게 된다고 생각하는 것일까요? 평안히 누워 자고 쉰다고 생각합니다(3:13). 악한 자가 소요를 그친다고 생각합니다(3:17). 아무도 자기를 괴롭히지 않고, 힘들게 하는 일이 없다고 생각합니다. 죽으면 주인이나 종이나, 잘사는 사람이나 못사는 사람이나 다 똑같은 상태가 된다고 생각합니다(3:19).

그러나 이것은 잘못된 추측입니다. 죽음 후에는 영원한 심판이 있습니다. 누가 편히 쉰다고 합니까? 악한 자가 사라진다고요? 그리고 다 똑같은 운명이라고요? 아닙니다. 사람마다 다릅니다. 죽음을 미화하면 안 됩니다. 죽음은 간단한 문제가 아니라 아주 심각한 문제입니다.

셋째, 죽기를 바라는 마음을 사탄이 주기 때문입니다. 새가 지나가다가 똥을 싸면 맞을 수 있습니다. 그러나 내 머리에 둥지를 틀게 하면 안 됩니다. '죽고 싶다'는 생각이 잠깐 내 머리에 스쳐 갈 수는 있습니다. 그러나 그 생각에 붙들린다면, 그런 생각이 떠나지 않는다면 사탄의 유혹입니다. 그럴 때는 "예수의 이름으로 물러갈지어다!" 하고 내쫓기를 바랍니다. '죽으면 간단한데, 다 끝나는 것인데, 죽어 버리자!'라고 생각하는 것은 사탄에게 속는 것입니다.

죽고 싶을 때 해야 할 일

오히려 죽고 싶을 만큼 힘든 순간에 해야 할 일은 무엇일까요?

첫째, 고난의 의미가 있다는 것을 믿어야 합니다. 욥이 힘들어한 것은 고난의 이유를 몰랐기 때문입니다. 만약에 알았다면 견디기가 수월했을 것입니다. 기쁘게 찬송하며 이겼을 것입니다. 몰랐기 때문에 어려웠습니다. 그러나 내가 모른다고 고난의 이유가 없는 것은 아닙니다. 하나님께는 분명한 이유가 있습니다.

하나님은 욥이 고난 중에서 잘 견디기를 바랐습니다. 고난을 잘 견디는 것이 하나님께는 영광이요, 악에 대한 최고의 승리입니다. 앞 장에서 언급했듯이, 소금으로 영광을 돌리는 것이 빛으로 영광을 돌리는 것보다 먼저이며 중요합니다. 내가 선한 일을 하면 하나님께 영광이 돌아갑니다. 그러나 내가 고난을 잘 견딜 때 하나님께 더 큰 영광이 돌아갑니다. '고난에는 이유가 있다. 나는 알지 못하지만 하나님은 아신다.' 이 사실을 믿어야 합니다.

둘째, 말씀을 붙들어야 합니다. 고난의 이유를 어떻게 알 수 있습니까? 하나님은 고난의 이유를 말씀으로 우리에게 가르쳐 줍니다. 그러므로 고난 중에는 더욱 하나님의 말씀을 붙들어야 합니다. 예를 들어, 칠흑 같은 밤이라서 아무것도 보이지 않지만 번개가 번쩍 하면 잠깐 앞을 볼 수 있지 않습니까. 이처럼 하나님의 말씀의 빛이 어두운 영혼에 비치면 그 순간, 고난에 대한 의미를 깨닫게 됩니다.

왜 하나님이 욥기 같은 책을 우리에게 주었을까요? 고난의 때를 잘 견디게 하려고 준 선물입니다. 고난에는 이유가 있고, 고난 중에 하나님이 무엇을 원하는지 알게 하려는 것입니다. 그러니까 욥기를 열심히 배우세요. 그러면 고난에 대하여 100퍼센트는 몰라도 조금씩 이해하면서 견디기가 훨씬 수월해질 것입니다. 말씀을 배우고 많이 알수록 원망하지 않게 되고, 더 잘 견디게 되고, 사건을 하나님의 입장에서 볼 수 있는 눈이 열릴 것입니다. 1-2장에서 하늘 회의 장면을 보여 준 것은 "너는 모르지만 하나님의 높은 뜻이 있다"는 것과 "고난 중에 눈을 들어 하늘을 바라보라"는 의미입니다.

셋째, 하나님께 마음을 쏟아 놓아야 합니다.

[11]어찌하여 내가 태에서 죽어 나오지 아니하였던가 어찌하여 내 어머니가 해산할 때에 내가 숨지지 아니하였던가 [12]어찌하여 무릎이 나를 받았던가 어찌하여 내가 젖을 빨았던가 • 3:11-12

이 욥의 탄식에 반복해서 나오는 단어가 있습니다. “어찌하여”가 4회나 반복됩니다. 고통 속에서 “할렐루야!” 하고 외칠 수는 없습니다. 당연히 탄식이 나오지요. 그러나 술집이나 다른 사람을 찾아가서 탄식하면 안 됩니다. 하나님 앞에서 탄식해야 합니다. 하나님 앞에서의 탄식은 절망으로 끝나지 않습니다.

컵에 물이 들어 있습니다. 여기에 기름과 수은을 붓는다면 어떻게 될까요? 비중에 따라서 층이 생길 것입니다. 맨 위에는 기름이 뜨고, 가운데는 물이 담기고, 밑에는 수은이 가라앉겠지요. 우리의 감정에도 비중이 있습니다. 슬프고 힘든 감정, 부정적인 감정은 맨 위에 있습니다. 평상적인 감정은 물처럼 중간에 자리하고 있습니다. 감사와 기쁨, 그리고 소망 같은 긍정적인 감정은 맨 밑에 있습니다. 정상적이라면 어떤 순서로 컵을 비워야 할까요? 위에 있는 감정부터 쏟아 내야 합니다. 밑에 가라앉은 감정부터 뽑아내려면 힘들고 불가능합니다.

그래서 시편 같은 책을 보면 처음에는 탄식이 많이 나옵니다. 그렇게 다 쏟아 놓은 후에는 감사와 찬양이 나옵니다. 그러므로 내 슬픔과 눈물을 다른 곳에서 쏟아 내지 마세요. 하나님 앞에서 통곡하세요. “어찌하여, 어찌하여, 어찌하여, 어찌하여! 이런 일이 있는 것입니까?” 하나님 앞에서 “어찌하여!”라고 외치고 통곡하고 눈물을 흘려야 합니다. 아무리 믿음이 좋아도 처음부터 하나님을 찬양할 수 없습니다. 그래서 “어찌하여, 어찌하여, 어찌하여, 어찌하여!” 이렇게 탄식해야 합니다.

하나님 앞에서 다 쏟아 놓고 울다 보면 어떤 일이 일어납니까? ‘이제 죽자!’가 아닙니다.

[17]거기서는 악한 자가 소요를 그치며 거기서는 피곤한 자가 쉼을 얻으며 [18]거기서는 갇힌 자가 다 함께 평안히 있어 감독자의 호통 소리를 듣지 아니하며 [19]거기서는 작은 자와 큰 자가 함께 있고 종이 상전에게서 놓이느니라 • 3:17-19

이 욥의 고백에 반복되는 단어가 또 나옵니다. "거기서는"이 4회나 나옵니다. 하나님 앞에서 탄식하다 보면 '거기'가 보입니다. '거기'에 대한 기대와 소망이 생겨납니다. 이 땅이 끝이라면 아무렇게나 살아도 되지요. 그러나 '거기'가 있습니다. '거기'를 향해 가는 데 이 고난은 의미가 있는 것입니다.

믿는 사람도, 믿지 않는 사람도 똑같은 고난을 당합니다. 똑같이 힘들고, 똑같이 아프고, 똑같이 눈물도 납니다. 그러나 믿는 사람은 무엇이 다릅니까? 나보다 나를 더 잘 알고, 나보다 나를 더 사랑하는 하나님이 계십니다. 하나님의 손에 있는 고난입니다. 고난에는 의미가 있습니다. 하나님은 고난 중에 말씀합니다. 말씀을 통해 고난을 견딜힘을 주십니다. 그리고 하나님 앞에서 탄식할 때 우리의 시야가 '거기'를 향해 열립니다. '거기'를 바라보게 합니다.

우리에게는 이 땅이 다가 아닙니다. '거기'가 있습니다. 하나님이 계신 곳, 영원한 내 집이 있습니다. 그곳이 있기 때문에 우리는 끝까지 믿음을 지켜 가야 하는 것입니다. 힘들고 어려워도 그곳을 향해 믿음의 발걸음을 포기하지 않고 내디뎌야 합니다.

기도하기

하나님 아버지!

우리는 고난의 이유를 모르기 때문에 힘들어합니다.

그러나 하나님께는 이유가 있음을 믿게 하소서.

그리고 말씀에 귀를 기울이게 하소서.

그리고 하나님께 마음을 쏟아 놓게 하소서.

그런 가운데 저 높은 곳을 향한 눈이 열리게 하소서.

여기가 다가 아니라 더 높은 곳이 있으며,

그 이유가 다 밝혀지고, 하나님이 내 눈물을 씻어 주는

그곳을 향해 걸어갈 새 힘을 부어 주소서.

나눔 질문

† 공감과 동조는 다릅니다. 어떻게 다른가요?

† 고난당하는 사람을 위로할 수 있는 세 가지 방법이 있습니다. 각각에 대해 나눠 봅시다.

† 하나님을 믿는 사람에게도 고난은 찾아옵니다. 믿는 자의 고난은 믿지 않는 자의 고난과 어떤 차이가 있을까요?

◢ 고난은 하나님의 실패가 아니다

- 죄 없이 망한 자가 누구인가 (욥 4-5)
- 영혼의 괴로움 (욥 6-7)
- 하나님이 정의를 굽게 하시겠는가 (욥 8)
- 무슨 까닭인지 알게 하소서 (욥 9-10)
- 내가 누군데 무시하느냐 (욥 11-12)

2부

고난의 이유를 알려 주세요

욥기 4:1-7

1 데만 사람 엘리바스가 대답하여 이르되

2 누가 네게 말하면 네가 싫증을 내겠느냐, 누가 참고 말하지 아니하겠느냐

3 보라 전에 네가 여러 사람을 훈계하였고 손이 늘어진 자를 강하게 하였고

4 넘어지는 자를 말로 붙들어 주었고 무릎이 약한 자를 강하게 하였거늘

5 이제 이 일이 네게 이르매 네가 힘들어 하고 이 일이 네게 닥치매 네가 놀라는구나

6 네 경외함이 네 자랑이 아니냐 네 소망이 네 온전한 길이 아니냐

7 생각하여 보라 죄 없이 망한 자가 누구인가 정직한 자의 끊어짐이 어디 있는가

04• 죄 없이 망한 자가 누구인가 욥 4-5

_고난에는 미래적 목적이 있다

어떤 목사님이 교회에 부임해서 첫 설교를 하게 되었습니다. "예수를 잘 믿으면 축복을 받습니다. 모든 일이 형통할 것입니다." 이런 내용이었다고 합니다. 예배가 끝나고 차를 마시다가 집사님 한 분이 목사님에게 질문을 했습니다. "우리 구역 김 권사님은 예수를 얼마나 잘 믿는지 모릅니다. 기도도 많이 하고 교인들을 참으로 사랑하는 분인데 왜 그렇게 가난하게 삽니까?" 대답이 궁해진 목사님은 이렇게 말했습니다. "겉으로 보기에는 잘 믿는 것 같아도 깊은 속을 보면 그 믿음에 문제가 있겠지요." 그런데 그 말이 김 권사님 귀에 들어갔습니다. 얼마나 낙심을 했겠습니까. 그 권사님만 아니라 어려운 처지에 있는 많은 교인이 시험에 들어서 수습하는 데 아주 애를 먹었다고 합니다.

고난을 해석하는 두 가지 관점이 있습니다. 하나는 번영신학이고, 또 하나는 고난신학입니다.

번영신학은 주님이 우리를 위하여 고난을 받으셨으므로 우리가 신앙생활을 잘하면 부자가 되고, 건강하게 되고, 모든 것이 번영하고 형통하게 된다는 것입니다. 그러니 아파도 안 되고, 가난해도 안 됩니다. 가난하고 병든 사람은 불의한 사람이 됩니다. 부자들은 번영신학을 좋아합니다. 왜냐하면 열심히 일해서 돈을 벌었습니다. 그러는 동안에 어렵고 힘든 일도 있었고 잘못도 저질렀습니다. 그런데 '하나님이 형통하게 하셨으니 내 의를 보고 축복하신 것이 아닌가?' 하며 번영과 함께 의로운 사람이 됐다고 생각합니다.

반대로 고난신학에서는 고난받는 사람이 의로운 사람이고, 따라서 잘사는 사람은 불의한 사람입니다. 왜냐하면 가난한 자들의 권리를 빼앗아 부자가 되었다고 생각하기 때문입니다. 이 고난신학에서 해방신학과 혁명 이론이 나오고, 노조의 투쟁 논리가 나왔습니다. 가난한 사람들은 고난신학을 좋아합니다.

둘 중에 어느 것이 맞을까요? 둘 다 잘못됐습니다. 건강하고 형통할 때도 죄인일 수 있고, 고난 중에 있을지라도 불의할 수 있습니다. 그러므로 형통할 때는 감사해야 하고, 고난 속에도 하나님의 뜻이 있다는 것을 믿어야 합니다. 신앙이 바른 사람은 부자를 비난하지 않고, 가난한 자를 무시하지도 않습니다.

욥기의 구조는 앞서 살펴본 대로 크게 셋으로 나뉩니다. 1-2장은 서론이고 42장은 결론인데, 둘 다 산문입니다. 그 가운데 3-41장은 본론으로 시(운문)로 이루어져 있습니다. 그런데 본론인 3-41장도 세 개의 구조로 되어 있습니다. 맨 앞인 3-31장은 욥과 친구들의 대화입니다. 그리고 32-37장에는 또 다른 사람이 나타납니다. 옆에서 욥과 세 친구의 이야기를 듣고 있던 엘리후가 말하는 내용입니다. 쉽게 말하면 양비론입니다.

"욥도 문제이고, 세 친구도 문제다"라는 것입니다. 마지막으로 38-41장은 하나님이 하시는 말씀입니다.

욥기의 구조

1 - 2장 : 산문

3-41장 : 시

3-31장 : 욥과 친구들의 대화

32-37장 : 엘리후의 변론

38-41장 : 하나님의 말씀

42장 : 산문

그런데 욥과 친구들의 대화인 3-31장도 세 부분으로 이루어져 있습니다. 욥의 탄식을 듣고 엘리바스가 말하면, 그 말을 욥이 받고, 이번에는 빌닷이 말하고, 그 말에 욥이 답하면 거기에 대해 소발이 또 이야기합니다. 이렇게 해서 1 대 3으로 대화가 이루어집니다. 이것이 1라운드입니다. 모두 3라운드까지 있습니다. 그러니까 욥기의 구조는 총 3·3·3으로 이루어져 있습니다.

엘리바스의 단정

이 장에서 살펴볼 4-5장은 욥의 탄식에 대한 첫 번째 친구의 반응입니다. 친구들은 욥이 고난 속에서 회개할 줄 알았습니다. 왜냐하면 '모든 고난은 죄 때문'이라는 생각을 가지고 있었기 때문입니다. 그런데 욥이 회개는커녕 오히려 하나님이 주신 생명을 저주하는 모습을 보고 뭔가 잘못

됐다고 생각했습니다. 그렇다면 결국 하나님이 잘못하셨다는 말인데, 그러면 안 된다는 것이지요. '아니, 이럴 수가 있는가? 욥이 너무 빗나가고 있다. 고난받는 것을 보니 죄인인데, 어찌 회개하지 않고 오히려 하나님을 원망하는가?' 그래서 세 친구 중에 제일 연장자인 엘리바스가 말을 시작했습니다.

누가 네게 말하면 네가 싫증을 내겠느냐, 누가 참고 말하지 아니하겠느냐 • 4:2

"듣기 싫겠지만 도저히 참을 수가 없어서 한마디 해야겠다. 너는 왜 남은 가르치면서 자기는 못 가르치느냐? 다른 사람이 고난을 받을 때는 잘 가르쳤잖아? 낙심하지 말고 힘을 내라고, 잘 참고 견디면 좋은 날이 올 거라고 그런데 왜 너 자신이 이런 일을 당해서는 힘들어하느냐? 왜 불평하느냐? 나는 네가 왜 이런 고통을 당하는지, 그리고 어떻게 해야 여기서 벗어날 수 있는지를 생각해 보았다. 먼저, 네가 고난을 받는 이유는 죄 때문이다. 네가 정말 의롭고 온전했다면 이렇게 되지 않았을 거다."

그러면서 엘리바스는 "생각하여 보라 죄 없이 망한 자가 누구인가 정직한 자의 끊어짐이 어디 있는가"(4:7)라고 말했습니다. 이것은 전통적인 지혜의 가르침입니다. "죄를 지으면 벌을 받는다. 심은 대로 거둔다." 다른 말로는 '인과응보' 교리입니다. 욥의 고난에 대해 엘리바스는 "너의 고난은 죄 때문이다"라고 하며 전통 지혜를 가지고 해석했습니다.

"내가 보건대"(4:8). 내가 이 나이 먹도록 배우고 경험한 바에 의하면 확실하다는 것입니다. 그렇다면 욥이 어떤 죄를 지었다는 말입니까? "눈에 보이지는 않았지만 너는 악을 밭 갈고 독을 뿌렸다"(4:8)라고 단정했습니다. 한마디로, "너는 겉으로는 의인이고 선한 사람일지 모르나 남이 모르는 악을 행했고 숨겨진 죄가 많은 것이 분명하다. 그것이 고난으로 나타난 것이다"라고 말한 것입니다.

고난 중에 있는 사람이 이런 말을 들었다고 생각해 보세요. 기분이 어떨 것 같습니까? 욥은 그렇지 않다고, 이 고난은 죄 때문이 아니라고 고개를 저으며 부정했습니다. 그러자 엘리바스는 자기 체험을 말했습니다. 조용한 중에 환상을 보았는데 이런 말씀이 들려왔다는 것입니다. 그 내용이 17절에 기록되어 있습니다.

사람이 어찌 하나님보다 의롭겠느냐 사람이 어찌 그 창조하신 이보다 깨끗하겠느냐 • 4:17

쉽게 말해, "너는 죄를 짓지 않았는데 하나님이 너에게 고난을 주셨다고 하면, 네가 하나님보다 의롭다는 것이냐? 하나님이 나에게 말씀하셨다니까! 그러니까 네가 틀린 거야" 하며 몰아붙인 것입니다.

"사람이 어찌 하나님보다 의롭겠느냐", 이 말이 맞습니까? 맞습니다. 세상에 죄 없는 사람이 어디 있겠어요. 다 죄인이지요. 이 논리로 하면 모든 사람이 죄인이니까 모든 사람이 고난을 당해야 합니다. 그런데 지금 욥이 한 말은 그런 뜻이 아닙니다. 욥도 죄인입니다. 그러나 지금 이 고난이 자신의 어떤 구체적인 죄 때문은 아니라고 한 것입니다. 이미 욥기를 시작할 때 전제가 무엇입니까? 욥은 온전하고 정직하여 하나님을 경외하며 악에서 떠난 사람이라고 성경은 밝히고 있습니다(1:1). 그러니까 욥이 고난을 당한 것은 그의 죄 때문은 아닙니다. 그런데 엘리바스는 죄가 많아서 그렇다고 내몰았습니다.

이어지는 엘리바스의 말을 들어 보겠습니다. "너는 지금 죄 때문이 아니라고 하면서 하나님을 부르는데, 그런 자세로 하나님을 불러 봐야 소용이 없다. 그런 기도는 하나님이 듣지도 않는다. 네 마음속에 있는 분노를 버려라. 하나님에 대해 분노하면 너만 죽는다. 고난은 저절로 생기는 것이 아니다. 이유가 없는 데서 나오는 것이 아니다. 죄 때문이다. 그러므로 회개해라."

욥을 공격하던 엘리바스는 이제 욥을 설득합니다.

나라면 하나님을 찾겠고 내 일을 하나님께 의탁하리라 • 5:8

나 같으면 이런 상황에서 잘못을 인정하고 하나님께 용서를 빌겠다는 것입니다. "잘못했습니다" 하며 회개의 기도를 드리고, "어떤 벌이든 달게 받겠습니다" 하며 하나님께 다 맡기겠다는 것입니다. 그리하면 하나님이 속히 치료하고 건져 주실 것이라면서 말입니다. 그런데 욥은 자기 죄를 인정하지도 않고, 여기서 빨리 건져 달라고 울부짖지도 않는 것을 보고 교만하다고 생각한 엘리바스는 계속해서 욥을 공격했습니다.

사람들은 어떤 일의 원인을 누구에겐가 돌리려 합니다. 이것을 사회학 용어로 '원인 귀속'이라고 합니다. 원인을 어떤 대상에게든 귀속시켜야만 마음을 놓습니다. 그런데 원인은 언제나 찾으면 나오게 되어 있습니다. 엘리바스의 잘못은 무엇일까요? 이 장 제목에 답이 있습니다. "죄 없이 망한 자가 누구인가?", 즉 욥이 당한 고난의 원인을 죄 때문이라고 단정한 것입니다. 진단이 틀렸어요. 그래서 욥을 괴롭힌 것입니다. 자기 딴에는 해결책을 제시한 것 같지만, 사실은 욥을 정죄한 것입니다. 그래서 위로의 말이 비수가 되어 욥을 괴롭혔습니다.

고난의 미래적 이유

"고난은 죄 때문에 온다." 맞습니다. 그러나 모든 고난이 죄 때문에 오지는 않습니다. 요한복음 9장에서 예수님과 제자들은 길을 가다가 나면서부터 맹인 된 사람을 만났습니다. 제자들이 예수님께 질문했습니다.

이 사람이 맹인으로 난 것이 누구의 죄로 인함이니이까 자기니이까 그의 부모니이까 • 요 9:2

이것이 이스라엘 사람들의 사고방식입니다. 그들은 모든 고통과 불행은 죄 때문이라고 믿었습니다. '분명히 저 사람의 고통은 죄 때문인데, 그렇다면 부모의 죄 때문인가? 만약 그렇다면 자기 잘못도 아닌데 한평생 맹인으로 살아야 한다니 얼마나 비참한가? 아니면 태어나면서 뭐 그리 큰 죄를 지었을까? 그것도 이상하다.' 그러니 "도대체 누구의 죄 때문입니까?"라고 예수님께 물었던 것입니다.

이 질문에 예수님은 놀라운 대답을 했습니다.

이 사람이나 그 부모의 죄로 인한 것이 아니라 그에게서 하나님이 하시는 일을 나타내고자 하심이라 • 요 9:3

이 사람 잘못도 아니고, 그 부모의 잘못도 아니라는 말은 원인을 찾지 말라는 뜻입니까? 아닙니다. 찾을 수 있는 데까지 찾아서 그 원인을 제거해야 합니다. 그러나 거기서 끝나면 안 됩니다. 왜냐하면 그것을 넘어서는 원인이 있기 때문입니다.

그 원인이 무엇입니까? 예수님은 두 가지를 말씀하셨는데, 하나는 과거가 아니라 미래가 원인이라는 것이고, 또 하나는 하나님이 이 사람을 통하여 하시려는 일이 있기 때문이라는 것입니다. '이 사건의 원인을 과거에 두느냐, 미래에 두느냐?', '이 사건은 우연이냐, 아니면 하나님의 큰 경륜 속에 있는 것이냐?' 이것은 엄청난 사고의 전환입니다.

그렇다면 그 사람이나 부모는 죄가 없다는 말입니까? 아닙니다. 이 맹인도 하나님 앞에 죄인이고, 그 부모도 마찬가지입니다. 그러나 그 사람이 맹인 된 원인은 하나님이 하시려는 일이 있기 때문이고, 이 고난에는 미래적인 목적이 들어 있다는 것입니다. 아주 중요한 개념입니다.

우리는 사건의 원인을 과거로 돌리는 경향이 있습니다. 하다 하다 안 되면 "전생에 무슨 죄가 있어서!" 하며 전생까지 들먹입니다. 어느 집사님이 자기에게는 큰 상처가 있는데 쓴 뿌리가 되어 일생을 괴롭힌다고 고백했습니다. 들어 보니, 어릴 때 엄마가 돌아가시고 나서 심하게 울었더니 외할머니가 "그러니까 네 에미가 죽었지! 에미 잡아먹은 년!"이라고 말했던 것입니다. 도대체 누구에게 원인을 돌리는 것입니까?

어떤 학생이 입학시험에 떨어졌습니다. 과거적인 원인을 말하면 충분히 공부하지 않았기 때문입니다. 그러나 원인이 그것뿐일까요? 아닙니다. 그 학생을 더 성숙하고 겸손한 사람으로 만들어 사용하려는 하나님의 미래적인 목적이 있는 것입니다. 이런 과정을 통하여 하나님은 우리를 온전한 길로 인도합니다. 우리 인생이 실패를 통하여 하나님 앞에 인도함을 받는 경우가 얼마나 많은지 모릅니다. 학교나 학과도 달라질 수 있고, 만나는 사람이 달라질 수도 있는 것입니다.

모세는 40년 동안 미디안 광야에서 양을 쳤습니다. 고독과 좌절 가운데서 40년을 보냈습니다. 그가 이렇게 고생한 이유가 무엇입니까? 과거에 죄를 지었기 때문입니다. 이스라엘 백성을 도와주겠다고 나섰다가 애굽 사람을 죽였습니다. 그로 인해 자신의 신분이 탄로 나고 말았습니다. 애굽에 있다가는 죽을 테니 미디안 광야로 도망갔습니다. 이것이 모세의 40년 목동 생활의 과거적 이유입니다.

그러나 하나님이 보실 때는 그 이유가 전부가 아니었습니다. 진정한 이유, 미래적 이유가 있었습니다. 앞으로 있을 이스라엘 백성의 출애굽을 준비하기 위한 것이었습니다. 그때는 몰랐습니다. 그러나 나이 80세가 되어 하나님이 이스라엘을 출애굽시키셨을 때, 그제야 모세는 알게 되었습니다. 그것은 미래를 위한 고난이었던 것입니다.

고난만 아니라 형통함도 마찬가지입니다. 내가 열심히 일하고 능력이 있어서 오늘 형통하게 되었습니다. 그러나 이것은 과거적인 해석일 뿐 전부가 아닙니다. 더 중요한 것은 미래적인 목적입니다. 그러니까 우리는 "무엇을 위하여 하나님이 나에게 이런 형통함을 주시는가?"라고 질문해야 합니다. 그래야 교만하지 않게 되고, 성공의 목적을 이룰 수 있습니다. 그러므로 고난당한 사람을 보고 "죄 때문이다!"라고 함부로 말해선 안 됩니다.

요한복음 9장에 나오는 맹인이 우리가 섬기는 교회의 성도라고 생각해 보세요. 시험에 들지 않고 교회에 다닐 수 있겠습니까? 만약 욥이 우리 교회 성도라면 고난도 힘들어 죽겠는데 주변 사람들의 정죄 때문에 견딜 수 없어 교회를 떠날 수도 있지 않을까요? 이런 의미에서 교회는 사람을 치유하는 곳이기도 하지만, 잘못하면 고난받는 사람을 정죄하는 엘리바스의 역할을 해서 하나님을 떠나게 할 수도 있다는 점을 기억해야 합니다.

또한 만약 지금 고난 중에 있다면 '다 끝났어. 하나님이 나를 버리셨어!'라고 생각하지 마십시오. '이 고난의 미래적 목적이 무엇일까? 어떻게 하면 이 사건 속에서 하나님의 뜻을 이룰 수 있을까?'를 생각해야 합니다. 무의미한 고난이 아니라, 하나님이 하시려는 뜻을 위해 필요한 것임을 깨닫고, 고난당하는 사람을 정죄하거나 스스로 낙심하지 않고 미래를 향해 걸어가는 하나님의 자녀가 되기를 바랍니다.

기도하기

무의미한 고난을 결코 주지 않는 하나님 아버지!
고난받는 욥을 보면서
죄 때문이라고 단정하는 친구의 모습을 보았습니다.
우리가 엘리바스처럼 되지 않게 하소서.
고난의 미래적 의미가 있음을 알고,
주님의 눈으로 고난을 보게 하소서.
고난을 통하여 하나님이 뜻하신 바가 다 이루어지게 하소서.

나눔 질문

† 고난을 당하는 욥을 보면서 욥의 친구인 엘리바스는 고난의 원인을 무엇이라고 생각했나요?

† 요한복음에 나오는 맹인을 보며 하신 예수님의 말씀을 통해 알 수 있는, 사람에게 닥치는 고난의 원인은 무엇인가요?

† 나에게 고난이 닥쳐왔을 때 고난 중에서 하나님께 해야 할 바른 질문은 무엇일지 이야기를 나눠 봅시다.

욥기 7:11-15, 21

11 그런즉 내가 내 입을 금하지 아니하고 내 영혼의 아픔 때문에 말하며 내 마음의 괴로움 때문에 불평하리이다
12 내가 바다니이까 바다 괴물이니이까 주께서 어찌하여 나를 지키시나이까
13 혹시 내가 말하기를 내 잠자리가 나를 위로하고 내 침상이 내 수심을 풀리라 할 때에
14 주께서 꿈으로 나를 놀라게 하시고 환상으로 나를 두렵게 하시나이다
15 이러므로 내 마음이 뼈를 깎는 고통을 겪느니 차라리 숨이 막히는 것과 죽는 것을 택하리이다
21 주께서 어찌하여 내 허물을 사하여 주지 아니하시며 내 죄악을 제거하여 버리지 아니하시나이까 내가 이제 흙에 누우리니 주께서 나를 애써 찾으실지라도 내가 남아 있지 아니하리이다

05· 영혼의 괴로움 욥 6-7

_고난은 전능자의 화살이다

인류 역사 속에서 사람들이 가장 많이 질문했던 내용이 무엇일까요? "왜 세상에는 이토록 고통이 많은가? 고난은 왜 존재하는가?" 바로 이 질문입니다. 이 문제에 대한 사람들의 반응은 크게 세 가지로 나뉩니다.

첫째, 세상은 원래 고해(苦海)와 같아서 어려움과 고통이 있는 것은 당연하다고 여기면서 고통과 고난을 체념적으로 받아들입니다. 둘째, 보다 이성적이고 적극적인 사람들은 인간의 능력으로 얼마든지 인류의 고통을 극복할 수 있다고 주장합니다. 좀 더 배우고, 좀 더 계발하고, 좀 더 수양하면 얼마든지 인류의 고통을 제거할 수 있다고 생각합니다. 셋째, 더 종교적인 사람들은 신의 힘을 빌려 고난에서 벗어나려 합니다. 반면에 신앙에 적대적인 사람들은 "고통이 많은 이유는 하나님이 존재하지 않기 때문이다"라고 말하며 공격하기도 합니다.

그런데 성경은 세 가지 주장이 다 틀리다고 말합니다. 그러면서 이 세상에 고통이 있는 이유를 알려 줍니다.

하나님의 진노가 불의로 진리를 막는 사람들의 모든 경건하지 않음과 불의에 대하여 하늘로부터 나타나나니 •롬 1:18

'하나님의 진노가 하늘로부터 나타난다'는 말은 '고통이란 우연이 아니다'라는 뜻입니다. 세상이 원래 고통스러운 것도 아니고, 인간의 힘으로 고통을 해결할 수 있는 것도 아니고, 하나님이 없기 때문에 고통스러운 것은 더욱 아닙니다. 고통의 원인은 하나님의 진노입니다.

그런데 하나님은 그냥 진노하시는 분이 아닙니다. 진노에는 반드시 그 원인과 대상이 있습니다. 그것이 바로 죄입니다. 어떤 죄 때문일까요? 성경은 인간의 죄를 두 가지로 압축합니다. '모든 경건하지 않음'과 '불의'입니다. '경건하지 않음'이란 하나님과 인간 사이에 있는 수직적인 죄이고, '불의'란 사람과 사람 사이에 나타나는 죄, 즉 수평적인 죄를 말합니다. 그러므로 "고난은 죄의 결과다", 이 말은 옳습니다. 하나님이 우리에게 주신 인생의 기본 원칙입니다. 우리 양심에 새겨져 있고, 이것이 전통적 지혜입니다.

이 시대의 문제가 무엇입니까? 고통을 없애려고 하지만 고통의 원인을 모릅니다. 사람들은 죄를 지으면서 행복하려고 합니다. 또한 죄를 부정합니다. 그러므로 고통이 해결되지 않습니다. 앞으로 과학이 더 발달하면 고통이 줄어들까요? 아닙니다. 죄가 많아지면 고통도 커집니다. 해결 방법은 회개하고 하나님께로 돌아오는 것입니다.

이제 엘리바스에 대한 욥의 대답이 이어집니다. "나의 괴로움을 달아 보며 나의 파멸을 저울 위에 모두 놓을 수 있다면 바다의 모래보다도 무거울 것이라"(6:2-3상). 모래는 작지만 무겁습니다. 바닷속의 모래는 더 무겁습니다. 남들이 보기에는 내가 당한 고통이 작고 시시해 보여도 나에게는 너무나 무거운 짐이라는 것입니다. 그러므로 너무 힘들어서 욥은 어떻게 했습니까? "나의 말이 경솔하였구나"(6:3하). "너무나 힘들다 보니 '나는 왜 태어났나? 빨리 죽었으면…'이라고 말했는데, 그것은 경솔했다. 내 실수였다"고 잘못을 인정한 것입니다.

욥처럼 고통을 많이 받은 사람이 못살겠다고 한마디 한 것뿐입니다. 그런데 그 말이 경솔했다고 한 것입니다. 욥에 비하면 우리는 너무 자주 한숨을 쉬고, 너무 자주 죽겠다는 말을 합니다. 세상 사람들은 그렇다 해도, 하나님을 믿는 사람들은 말조심해야 합니다.

욥은 고난의 본질을 어떻게 이해하고 있을까요?

전능자의 화살이 내게 박히매 나의 영이 그 독을 마셨나니 하나님의 두려움이 나를 엄습하여 치는구나 • 6:4

여기서 중요한 것은 '전능자의 화살'이라는 말입니다. 이 말은 이스라엘 사람들의 중요한 고난 개념입니다. 철저히 일원론적입니다. 그들은 어떤 고난과 역경이 와도 하나님이 나에게 주시는 것으로 생각하지, "마귀가 나를 괴롭힌다"고 말하지 않습니다. 더 중요한 것은 '전능자의'라는 말입니다. 하나님이 능력이 없어서가 아닙니다. 지혜가 부족해서도 아닙니다. 하나님은 전능하십니다. 그 전능하신 분의 손에 있는 고난이라는 것입니다.

이런 고난 속에서 필요한 것이 무엇입니까? "들나귀가 풀이 있으면 어찌 울겠으며 소가 꼴이 있으면 어찌 울겠느냐"(6:5). 마치 동물들이 먹을 것이 없어서 울듯이 욥 자신도 지금 위로가 없어서 울고 있다는 것입니다. 그렇다면 위로 자체가 없습니까? 위로는 있습니다. 그런데 그 위로를 받아들이기 어렵습니다. 마치 무엇과 같다고 욥은 이야기합니까? "싱거운 것이 소금 없이 먹히겠느냐 닭의 알 흰자위가 맛이 있겠느냐 내 마음이 이런 것을 만지기도 싫어하나니 꺼리는 음식물같이 여김이니라"(6:6-7). "너희가 나에게 주는 위로는 먹을 수 없는 음식물과 같아서 어디에서도 위로를 받을 수 없다"고 탄식한 것입니다.

고난 속에도 기뻐하는 이유

그러나 이런 고통 속에서도 욥이 기뻐하는 것이 있었습니다. "내가 거룩하신 이의 말씀을 거역하지 아니하였음이라"(6:10). 내가 고통 가운데 기뻐하는 한 가지가 있다면 지금까지 하나님의 말씀을 붙잡고 산 것이라는 말입니다. 내 죄 때문에 고난을 당하면 하는 수 없습니다. 그러나 잘못이 없는데 고난을 당하면 너무나 억울합니다. 그러나 욥은 그렇게 생각하지 않고, "내 죄 때문에 고난을 당하는 것보다 죄 없이 고난당하는 것이 낫습니다. 여기에는 하나님의 뜻이 있습니다. 무슨 일인지는 모르지만 하나님은 이루실 것입니다. 그것을 기대합니다"라고 말했습니다.

하나님의 말씀은 변하지 않으며, 반드시 성취됩니다. 우리가 붙잡아야 할 마지막 보루입니다. 내가 하나님의 말씀을 붙잡았기 때문에 이제는 그 말씀이 나를 붙잡아 줄 것이고, 그 말씀대로 산 것을 하나님이 갚아 주실 것이고, 그 말씀 위에 설 때 영원히 흔들리지 않을 것입니다. "세상에 믿던 모든 것 끊어질 그날 되어도 구주의 언약 믿사와 내 소망 더욱 크리라"(새찬송가 488장). 세상 모든 것이 사라져도 주님의 말씀을 믿고 의지하면 소망이 커집니다. 말씀을 붙잡고 산 것만 영원합니다. 말씀대로 살았다는 것은 우리에게 최고의 위로이며 기쁨입니다. 어떤 환경 속에서도, 어떤 고난 속에서도 하나님의 말씀을 붙잡고 의지하며 살았다면 영원히 후회하지 않게 될 것입니다. "말씀을 붙들고 살길 잘했어" 하며 기뻐하게 될 것입니다.

고난받는 사람이 원하는 것

이제 욥은 친구들에게 고난을 받는 자가 다른 사람들에게 원하는 것이 무엇인지를 말해 줍니다. 다시 말해, 어떻게 해야 고난받는 자를 위로할 수 있는지 알려 줍니다. 자기가 고난을 받아 보니 고난받는 자의 마음을 잘 알게 된 것입니다.

먼저, 고통 중에 있는 자의 넋두리를 비난하지 말라고 합니다(6:14). 낙심한 사람은 너무나 힘들어서 말에 실수도 있고 한숨 쉬고 넋두리도 할 수 있는데, 그 말을 책잡고 "네가 그런 말을 하면 되겠느냐?" 하며 붙들고 늘어지면 안 된다는 것입니다. "친구라면 동정을 해라(6:14). 그 말을 꾸짖으려고 생각하지 말라(6:26). '오죽이나 힘들면 저런 말을 할까' 하며 동정하고 받아 주라"는 것입니다.

그다음에는 행동으로 도우라고 합니다. "어떻게 할까?" 하며 말만 하지 말고, 구체적으로 도움을 주어야 한다는 것입니다. 당장 거처라도 마련해 주고, 음식이라도 대접해 주고, 상처라도 씻어 주는 등 보이는 행동을 해야 하는데, 욥의 친구들은 어떻게 할지 논의만 하고 있습니다.

마지막으로 욥은 고아를 제비 뽑고 형제를 팔아넘기는 사람이 되지 말라고 합니다(6:27). 쉽게 말해, "이리 오너라. 배고프지? 함께 먹자" 하며 고아를 불러서 먹이고 안심시킨 후에 사람들에게 "이 아이를 노예로 팔 테니 사 가세요" 하고 자기가 그 돈을 챙기는 일을 말합니다. 즉 "겉으로는 도와주는 척하지만 사실은 자기 이익을 챙기는 짓을 하지 말라"고 한 것입니다.

친구들은 욥을 위로하러 왔지만 결국 자기들이 하고 싶은 말만 했습니다. 욥을 위한 것이 아니었습니다. 그런 친구들을 향해 욥은 "너희들이 정말 나를 위로하러 온 것이냐? 아니면 나를 위한다고 하면서 '우리는 정말 좋은 친구들이야' 하고 스스로 만족하기 위해 온 것이냐? 혹은 '저 사람들은 정말 좋은 친구다' 이런 칭찬을 듣기 위해서 온 것이냐? 나를 위해서 온 것이냐, 너희 자신을 위해 온 것이냐?" 하고 아주 예리하게 물었습니다. 세상에는 이런 일이 많습니다. 이것을 전문 용어로 '도덕적 향락주의'라고 합니다. 불쌍한 사람의 이름을 팔아서 자기 이득을 취하는 사람이 되지 말라는 뜻입니다. 욥은 고난당하는 자를 이용해 먹는 것은 악을 행하는 것이라고 지적했습니다(6:29).

영혼의 괴로움

6장 전체는 욥이 친구들에게 하는 말인데 대화체입니다. 그런데 대화가 통하지 않으니 7장 1-6절에서 욥은 "인생은 참 고달프다!" 하고 독백을 합니다. 이제 내 인생은 끝났다는 것입니다. 그만큼 그의 상태는 심각했습니다. 혼자 중얼거리던 그는 이제 7절 이하에서 하나님께 기도합니다. 이것이 욥의 신앙입니다. 대화도 해 보고, 독백도 하지만, 결국 기도합니다. "내 생명이 한날 바람 같음을 생각하옵소서"(7:7). "하나님, 저는 바람이 한 번 훅 불면 사라지는 연약한 존재입니다"라고 고백한 것입니다.

그런데 욥은 죽고 싶었는데, 막상 죽는다고 생각하니 두려워졌습니다. “죽고 싶다”는 말이 그의 입에 붙어 있었는데, 정말 하나님 앞에 이제 곧 서야 한다고 생각하니 두려움이 몰려왔습니다. 그는 이것을 ‘영혼의 아픔’, 다른 말로 ‘영혼의 괴로움’이라고 표현했습니다(7:11).

한 장로님이 6·25전쟁 때 혼자 남하해서 고생하며 자수성가를 했습니다. 늦게 결혼을 했는데도 자식을 여럿 낳았습니다. 너무도 행복하고 감사해서 마음속에 늘 이런 다짐을 했습니다. ‘내가 오늘까지 산 것은 기적이야. 은혜로 살았어. 이제 주님을 위해 일해야지. 죽도록 충성하고 하나님 품에 안겨야지.’

하지만 자녀들이 커 가는 모습이 너무 사랑스러워서 아이들 공부를 다 시키고 나서 하나님 일을 하자고 마음을 먹었습니다. 그런데 아이들 공부를 시키고 나니 생각이 바뀌었습니다. ‘자식들 결혼이라도 시키고서 하자.’ 그다음에는 ‘집이라도 한 칸씩 마련해 주고 나서 하나님의 일을 하자’, 또 그다음에는 ‘한평생 먹을 것 준비해 주고 하나님 일을 해야겠다’라고 마음을 먹었습니다. 이제 거의 다 되었다고 생각했는데, 어느 날 몸이 이상해서 가 보니 암이라는 진단이 나왔습니다. “두 달밖에 못 삽니다. 잘하면 6개월입니다”라는 선고를 받았습니다.

목사님이 심방을 갔더니 그 장로님이 하소연을 했습니다. “목사님, 너무 죄송해서 하나님을 어떻게 뵙죠? 하나님이 주신 것이 너무 많았는데 계속 미루고 또 미루다가 여기까지 왔습니다. 이제 하나님께 가야 하겠는데, 저는 이대로 갈 수가 없습니다. 무엇이든 주님을 위해 조금이라도 일한 후에 가고 싶습니다. 목사님, 부탁드립니다. 하나님을 위해 봉사할 기회를 주십시오. 우리 교회가 앞으로 건축을 해야 하는데, 저에게 건축위원장 일을 맡겨 주세요. 생명이 다하는 날까지 일하다가 가게 해 주세요."

건축위원장이 중간에 천국 가면 곤란해집니다. 그러나 너무 간청을 해서 목사님이 건축위원장을 시켰답니다. 장로님은 죽는 날까지 열심히 일하리라 결심하곤 힘을 다해 헌금하고, 매일 현장을 돌아보고, 일하는 사람들을 격려하고, 물건 하나도 잘 살펴보았습니다. 정말 행복한 마음으로 일하다 보니 무려 1년 반 동안 건강했습니다. 성전이 완공되고 입당하는 날, 장로님은 너무나 감격해서 울면서 이렇게 외쳤습니다. "하나님, 일할 기회를 주셔서 너무나 감사합니다. 이제는 불러 주셔도 됩니다. 이제는 주님께 갈 수 있습니다!"

죽는다고 할 때 왜 영혼에 두려움이 생길까요? 구원을 받지 못해서도 아니고, 세상에 미련이 많아서도 아닙니다. 하나님이 나를 보내며 사명을 맡기셨는데, 그 일을 마무리하지 못했기 때문입니다. 생명이 많이 남았다고 생각할 때는 '차차 하지, 앞으로 기회가 오겠지' 이렇게 생각했습니다. 그러나 죽음에 직면하면서 하나님을 만날 만큼 준비되지 못한 자신을 바라보며 고통을 느낍니다.

욥은 "내가 바다니이까 바다 괴물이니이까"(7:12)라고 말했습니다. 상어를 잡을 때는 눈을 부릅뜨고 상어가 어디로 움직이는지 한 순간, 한 동작도 놓치지 않고 주목합니다. 하나님이 그렇게 자신을 주목하신다는 것입니다. 심지어 욥은 꿈에서도 깜짝깜짝 놀랐습니다(7:14). "왜 하나님이 나를 이렇게 괴롭히시는가? 내가 뭐라고, 나를 내버려 두시지. 나는 대단한 사람도 아닌데, 왜 간섭하십니까? 나는 그럴 만한 사람이 못 됩니다"(7:20)라고 고백했습니다. 그러나 욥이 오해하는 것이 있습니다. 그는 작은 사람이 아닙니다. 하나님의 자녀이고, 하나님을 위해 할 일이 많은 존귀한 사람입니다.

우리가 아무 문제가 없을 때는 세상에 붙들려서 하나님을 만날 준비를 하지 못합니다. 여기가 전부라고 생각합니다. 이렇게 정신없이 살다가 인생이 끝날 수도 있습니다. 그런데 하나님은 때로 우리를 죽음에 직면하게 만들고, 영혼의 두려움을 주어 우리를 새롭게 빚어 가십니다. 하나님을 만날 준비를 하는 사람으로, 새로운 각오로 인생을 살 수 있도록, 후회 없는 인생을 살도록, 성숙한 삶을 살도록 도와주십니다. 그러므로 영혼의 괴로움은 저주가 아니라 은혜요, 아주 소중한 경험입니다.

하나님이 오늘 나를 부르신다면, 이대로 가도 되겠습니까? 지금 이 상태로 하나님 앞에 서려면 괴로울 것입니다. 그래서 영혼의 괴로움은 하나님 앞에 서는 순간이 있다는 것을 인식하라는 의미로 주어지는 것입니다. 사는 것이 바빠서 때로 잊을 수도 있지만, 그러나 순간순간 하나님 앞에 서야 한다는 사실을 기억해야 합니다. 그리고 그때 결심한 일을 실천에 옮겨야 합니다.

욥은 좋은 일을 많이 했습니다. 그러나 다 잃고 나니까, 그리고 하나님 앞에 설 생각을 하니까 두려워졌습니다. 욥은 이처럼 절박한 순간을 맞아 인생이 무엇인지, 어떻게 살아야 하는지를 제대로 알게 된 것입니다. 해야 할 일을 게을리했고 뒤로 미루었던 일들이 생각났습니다. 영혼의 괴로움은 흩어지고 무너진 삶의 방향을 바로잡으라는 하나님의 사인입니다. 이런 순간이 온다는 사실을 알고 살아가길 바랍니다.

기도하기

하나님 아버지,

욥은 고난을 전능자의 화살로 받았습니다.

결코 마귀가 주는 것이라고 생각하지 않았습니다.

그리고 이 고난이 전능하신 하나님의 손에 있는 것임을 고백했습니다.

또한 최고의 위로는 하나님의 말씀대로 산 것이라고 말했습니다.

우리도 그렇게 고백하게 하소서.

영혼의 괴로움을 외면하지 않고,

때때로 우리가 하나님 앞에 서야 한다는 것을

잊지 않고 살아가게 하소서.

나눔 질문

† 욥은 고난의 본질을 어떻게 이해하고 있었나요? '전능자의 화살'이라는 말속에 담긴 의미를 나눠 봅시다.

____

____

____

† 욥이 이야기하는, 고난을 받는 자가 다른 사람들에게 원하는 것(고난당하는 사람을 위로하는 방법)은 무엇인가요?

____

____

____

† 영혼의 괴로움이 저주가 아니라 은혜인 이유를 나의 상황에 적용해 나눠 봅시다.

____

____

____

욥기 8:1-7

1 수아 사람 빌닷이 대답하여 이르되
2 네가 어느 때까지 이런 말을 하겠으며 어느 때까지 네 입의 말이 거센 바람과 같겠는가
3 하나님이 어찌 정의를 굽게 하시겠으며 전능하신 이가 어찌 공의를 굽게 하시겠는가
4 네 자녀들이 주께 죄를 지었으므로 주께서 그들을 그 죄에 버려두셨나니
5 네가 만일 하나님을 찾으며 전능하신 이에게 간구하고
6 또 청결하고 정직하면 반드시 너를 돌보시고 네 의로운 처소를 평안하게 하실 것이라
7 네 시작은 미약하였으나 네 나중은 심히 창대하리라

06• 하나님이 정의를 굽게 하시겠는가 욥8

_고난 속에도 견딜 수 있는 힘

"사탄은 예리한 신학자다." 종교개혁자 장 칼뱅의 말입니다. 저는 신학생 때 이 말을 듣고 깜짝 놀랐습니다. '신학을 한다고 믿음이 좋아지는 것은 아니구나. 사탄을 이길 수 있는 것도 아니고, 잘못하면 사탄의 도구가 될 수도 있겠구나. 이를 극복하는 방법은 무엇일까? 하나님 앞에 무릎을 꿇는 것이다. 기도하는 것이고, 하나님의 말씀을 진정으로 사랑하고 순종하고 붙잡는 것이다.' 그래서 신학을 머리로 하지 않고 온몸으로 하기로 결심했습니다. 기도하기를 힘썼습니다. 하나님의 말씀을 가슴에 새기려고 애를 썼던 기억이 납니다.

예수님이 공생애를 시작하실 때 사탄이 예수님을 시험했습니다. 그때 사탄이 무엇을 가지고 공격했습니까? 하나님의 말씀입니다. 그럼 예수님은 무엇을 가지고 사탄의 시험을 막아 내셨을까요? 역시 하나님의 말씀입니다. 똑같은 하나님의 말씀을 가지고 사탄은 예수님을 시험했고, 예수님은 이기셨습니다.

예수님이 이긴 이유는 무엇일까요? 예수님이니까요? 아닙니다. 사탄에게 있어 하나님의 말씀은 머리로 아는 이론일 뿐이었습니다. 그러나 예수님은 그 말씀을 사랑하고 순종하고 그 말씀에 자신을 헌신하셨습니다. 그러므로 그 말씀에 힘이 있었던 것입니다. 그러므로 하나님의 말씀도 얼마든지 잘못 사용될 수 있습니다. 하나님의 말씀이라고 해서 아무 때나 사용하면 오히려 악의 도구가 될 수도 있다는 사실을 기억해야 합니다.

8장은 욥의 말을 듣고 두 번째 친구가 욥에게 하는 말입니다. 마치 레슬링에서 태그 매치를 하는 것 같아요. 욥과 엘리바스의 논쟁이 끝나자 이제 빌닷이 욥의 상대로 등장합니다. 빌닷은 엘리바스와 욥의 대화를 들으면서 마음속에 화가 났습니다. '엘리바스의 말이 맞는데, 욥은 왜 그 말에 수긍하지 않는가? 죄 때문에 고난이 왔는데 빨리 회개해야지, 왜 하나님 탓을 하고 있는가?' 그래서 더 이상 참지 못하고 등장한 것입니다. 엘리바스는 그래도 예의를 갖추면서 욥에게 말했는데, 빌닷은 성질도 급하고 말도 거칩니다. 빌닷은 단도직입적으로 욥이 죄인이라고 지적했습니다.

"네가 어느 때까지 이런 말을 하겠으며"(8:2상). "우리가 고난 중에 있는 너를 위로하러 왔는데, 사랑하는 마음으로 해결책을 제시하는데 나는 죄가 없다니, 그럼 우리가 헛소리를 한다는 말이냐? 왜 말을 그런 식으로 하느냐?" 이런 뜻입니다. 또한 빌닷은 이어서 "어느 때까지 네 입의 말이 거센 바람과 같겠는가"(8:2하)라고 했습니다. 개역한글 성경은 '광풍과 같다'고 했습니다. 광풍은 미친 바람입니다. 우리가 대화를 하다가 상대방이 말 같지 않은 말을 하면 "너 미쳤니? 지금 제정신으로 하는 말이냐?"

하지 않습니까? 바로 그런 뜻입니다. 정리하면, "너는 무슨 말을 그렇게 하냐? 지금 제정신으로 하는 말이냐?"입니다.

욥이 죄인이라는 세 가지 증거

하나님의 성품을 묵상해 보라

빌닷은 욥이 죄가 있다는 것을 위, 뒤, 옆, 삼중으로 확인시키려고 합니다. 8장은 세 부분으로 나누어지는데, 첫 부분이 3-7절입니다. "위를 쳐다보고 하나님의 성품을 묵상해 보라"는 내용입니다.

> 하나님이 어찌 정의를 굽게 하시겠으며 전능하신 이가 어찌 공의를 굽게 하시겠는가 • 8:3

정의와 공의란 올바르고 공정한 것을 말합니다. 더 쉽게 말하면, 죄지은 사람에게 벌을 주고 선한 사람에게 복을 주는 것입니다.

여기서 한 가지 질문을 하겠습니다. "하나님은 정의와 공의를 굽게 하지 않으신다." 이 말은 맞습니까, 틀립니까? 맞는 말이지요. 항상 기억할 것은, 세 친구의 말이 비록 불완전하긴 하지만 틀린 말이 없다는 것입니다. 지금 빌닷이 생각하는 하나님은 '공의와 정의의 하나님'입니다. 이 공식에 의하면, 욥이 지금 고난을 받는 이유는 죄가 있기 때문이고, 고난이 심하면 심할수록 그의 죄가 큰 것입니다.

빌닷은 이 공식으로 욥의 자녀들의 죽음을 해석합니다(8:4). "자녀들이 죽은 것에 대해 솔직하게 얘기해 보자. 네 자녀들 열 명이 한꺼번에 죽었지? 그 이유는 그들이 죄인이기 때문이다. 네가 몰라서 그렇지, 드러나지 않아서 그렇지 괜히 죽은 것이 아니라 죽을죄를 지었기 때문이다. 얼마나 큰 죄를 지었으면 그런 벌을 받았겠느냐? 너는 자식을 열 명이나 한꺼번에 잃은 아비가 무슨 낯짝이 있어서 나는 죄가 없다고 떠드는 것이냐? 너는 죄가 없는데 고난을 주셨다면 하나님이 불의하다는 말이냐? 하나님은 그런 분이 아니다. 하나님은 정의를 굽게 하는 분이 아니다!" 무서운 공격입니다. 자기의 틀로 하나님을 바라보고 욥의 고난을 해석한 것입니다.

언젠가 교사대학에서 "경청"이라는 주제를 다룰 때였습니다. 강사님이 "아무 병이나 좋으니 각자 병을 하나씩 그려 보세요"라고 했습니다. 저도 간단하게 병을 그렸습니다. 그러고 나서 주변을 살펴보니 똑같이 그린 사람이 한 사람도 없었습니다. 주둥이를 좁게 그린 사람과 넓게 그린 사람, 긴 병을 그린 사람과 납작한 병을 그린 사람 등 다 달라요. 왜 그렇습니까?

강사님의 말을 여기 옮겨 적겠습니다. "사람마다 병에 대해 다른 개념을 가지고 있기 때문입니다. 다시 말하면, 나만의 틀을 가지고 있는 것입니다. 사람들은 모두 자기만의 편견을 가지고 있습니다. 그 틀로 우리는 다른 사람을 바라본다는 것을 인정해야 합니다. 그 틀을 넓히지 않으면 경청할 수 없습니다. 오히려 상처를 줄 뿐입니다. 그러므로 경청은 단순히 상대방의 말을 잘 듣는 것이 아니라, 상대방의 존재를 안아 주는 것입니다." 그러면서 부모는 부모의 틀로 자녀를 바라보고 대화를 하기 때문에 경청하지 못한다고 했습니다. "나의 틀이 불완전할 수도 있다는 것을 인정해야만 상대방의 말을 들을 귀가 열려 비로소 경청할 수 있다"는 말이 와 닿았습니다. 빌닷이 자기의 틀로 욥의 고난을 바라보았을 때 얼마나 무서운 말을 하게 되었는지, 욥에게 얼마나 큰 상처를 주었는지 알 수 있습니다.

이렇게 말한 다음에 빌닷은 "하나님을 찾고 간구하라. 간절히 사모하고 기도하라. 그러면 하나님이 너를 평안하게 하실 것이다"라고 말했습니다(8:5-6). 그리고 유명한 말을 합니다.

네 시작은 미약하였으나 네 나중은 심히 창대하리라 • 8:7

사업을 시작하는 분들이 좋아하는 말씀인데, 흔히 "지금은 초라하게 시작하지만 나중에는 크게 번창할 것이다"라는 뜻으로 생각합니다. 그러나 사실은 "죄 가운데 있다면 망할 것이다. 그러나 죄를 뉘우치고 돌아온다면 하나님이 복을 주실 것이다"라는 뜻입니다.

옛사람들의 가르침을 생각해 보라

그런데 욥이 인정을 하지 않자 빌닷은 두 번째 증거를 제시합니다.

[8]청하건대 너는 옛 시대 사람에게 물으며 조상들이 터득한 일을 배울지어다 [9](우리는 어제부터 있었을 뿐이라 우리는 아는 것이 없으며 세상에 있는 날이 그림자와 같으니라) [10]그들이 네게 가르쳐 이르지 아니하겠느냐 그 마음에서 나오는 말을 하지 아니하겠느냐 • 8:8-10

과거를 돌이켜 보고 옛사람들의 가르침을 생각해 보라는 것입니다. 옛사람들의 가르침을 요약한 것이 전통적 지혜입니다. 전통적 지혜의 내용은 권선징악, 인과응보입니다. '착하면 복을 받고, 악하면 벌을 받는다'는 것입니다.

빌닷은 "우리는 조상들보다 지혜롭지 못하다. 우리의 일생은 너무나 짧아서 깊이 깨닫고 이해하기 어렵다. 그러므로 인류의 축적된 도덕적 지혜가 필요한데, 그 내용은 죄를 지으면 벌을 받는다는 것이다"라고 말하곤 이렇게 결론을 내렸습니다. "옛사람의 지혜를 살펴보아도 너는 죄인임이 분명하다."

대자연의 이치를 살펴보라

여기에 대해서도 욥이 인정을 하지 않자 빌닷은 세 번째 증거를 댑니다(8:11-19). 주위, 즉 자연을 둘러보라고 한 것입니다. "왕골이 진펄 아닌 데서 크게 자라겠으며 갈대가 물 없는 데서 크게 자라겠느냐"(8:11). 이 질문에 대한 대답은 '그렇다'일까요,'아니다'일까요? 원래 왕골과 갈대는 물이 있는 곳에서만 자라는 식물입니다. 물론 처음에는 물이 없는 곳에서 자랄 수 있습니다. 하지만 처음에는 잘 자라는 것 같아도 결국에는 뿌리가 다 마르고 뽑혀 버립니다.

빌닷은 이 원리를 욥에게 적용했습니다. "욥, 너도 처음에는 잘나갔지? 의인이었고 부자였고 존경을 받는 지혜자였다. 그런데 결국에는 망하고 고난을 받는 것은 네가 죄가 많기 때문이다. 어떤 죄냐고? 네가 하나님을 잊었기 때문이고, 저속한 길(잘못된 길)로 걸어갔기 때문이다." 그러면서 이제 결론을 내립니다.

악인의 장막은 없어지리라 • 8:22

"네 집이 망했잖아! 그러므로 너는 악한 자다"라는 것입니다.

요약하면, 빌닷은 욥에게 "위로 하나님을 바라보아도, 뒤로 과거 조상들의 가르침을 살펴보아도, 옆으로 대자연의 이치를 살펴보아도 너는 죄인이다. 정말 빼도 박도 못하는 확실한 죄인이다"라고 말한 것입니다.

하나님에 관한 올바른 개념이 필요하다

이 말을 듣는 욥의 마음이 어떠했겠습니까? 기가 막혔겠지요. "하나님은 정의로운 하나님이고, 너는 죄인이다. 그러므로 고난을 받는 것이다. 빨리 회개하고 돌아오라!"라는 말을 들으면서 돌아올 수 있습니까? 하나님이 정의의 하나님이라면 고난을 받는 사람이 하나님께 나올 수 있을까요? 나오기 어렵습니다. 오히려 낙심하고 하나님으로부터 멀어지기 쉽습니다. 빌닷은 나름대로 하나님을 설명하고 있지만, 그 말을 듣는 욥은 하나님으로부터 멀어질 수밖에 없는 것입니다. 친구들은 하나님의 개념을 오해하게 만들었습니다. 고난을 당한 자에게 말을 잘못하면 하나님을 오해하고 하나님으로부터 떠나게 합니다.

어떤 아이가 강아지를 너무 예뻐했습니다. 어느 날 집 앞에서 강아지를 데리고 놀고 있었는데 강아지가 그만 차에 치여 죽었습니다. 너무 슬퍼서 엉엉 울다가 다음 날 주일이 되어 교회에 갔습니다. 선생님이 그 사실을 알고 위로한다며 말했습니다. "하나님이 뜻이 있어서 하신 거야. 하나님이 허락하지 않으시면 참새 한 마리도 땅에 떨어지지 않는다. 그러니 강아지가 괜히 죽었겠니? 하나님이 죽이신 거다." 이 말을 듣고 그 아이는 교회를 나가지 않기로 결심했습니다. '왜 하나님은 내가 사랑하는 예쁜 강아지를 죽이는가? 그런 하나님이라면 나는 싫어! 잔인한 하나님을 떠날래!' 한 것입니다.

사실 이 이야기는 한 신앙인이 어릴 때 실제로 경험했던 일인데, 교회를 떠났다가 다시 돌아와서 고백한 내용입니다. 자기는 은혜로 돌아왔지만, 그렇지 못한 사람들이 너무나 많다는 것입니다. 하나님에 대한 오해는 사람들을 하나님으로부터 멀어지게 합니다. 선생님의 말이 틀린가요? 맞아요, 하나님의 뜻입니다. 그러나 그 말을 듣는 아이에게는 정반대 의미로 들리는 것입니다. 그럼 뭐라고 말해야 했을까요? "마음이 아프겠구나. 하나님도 네 슬픔을 알고 위로해 주기를 원하신다. 선생님이 너를 위해 기도해 주마"라고 했다면 얼마나 좋았을까요.

신학적으로 인과응보 교리를 뒤집으면 율법주의가 됩니다. 어려운 일이 생겼을 때 내가 무엇을 잘못했는지 생각나면 회개하세요. 자기 스스로 죄를 깨닫고 돌아오는 것은 좋은 일입니다. 그러나 다른 사람의 고난에 대하여 '저 사람이 고생하는 것을 보니 죄가 많구나'라고 판단하고 정죄하면 안 됩니다. 잘 생각해 보세요. 죄 때문에 고난을 받는다면, 형통할 때는 의로웠나요? 아닙니다. 그러므로 고통의 원인을 찾아서 지적하는 것은 잘못되기 쉽고, 율법주의에 빠지게 됩니다. 이것은 고난당하는 자의 마음에 비수를 꽂는 것과 같습니다.

하나님은 공의의 하나님이 맞습니다. 그러나 하나님은 공의의 하나님을 넘어서서 사랑의 하나님입니다. 그러므로 고난 중에 있는 사람은 하나님을 어떤 하나님으로 바라보아야 할까요? 사랑의 하나님으로 봐야 합니다. 그리고 이 고난이 하나님의 사랑 안에 있는 사건임을 기억해야 합니다.

실라 캐시디라는 영국 의사가 있습니다. 칠레의 반정부 인사를 치료해 줬다가 체포되어 고문을 당했던 분인데, 그분은 이렇게 말했습니다.

"우리가 온갖 도전에 부딪히는 삶의 여정을 잘 헤쳐 나가기 위해서는 하나님에 대한 올바른 개념을 가질 필요가 있습니다. 특별히 고난을 겪을 때는 더욱 그러합니다. 고난을 만났을 때 우리는 무력감에 빠지고 삶은 엉망이 됩니다. 그리고 하나님이 무엇을 하고 계신지 이해하지 못합니다. 그런 상황에서 하나님에 관한 올바른 개념을 갖는 것은 아주 중요한 일입니다."

자신이 고난 속에서 견딜 수 있었던 것은 '하나님은 사랑의 하나님이다. 이 고난도 하나님의 사랑 안에 있는 사건이다. 이 고난 속에도 하나님의 놀라운 뜻이 있을 것이다'라고 생각했기 때문이라는 것입니다.

욥의 친구들은 하나님을 아주 단순한 분으로 생각했습니다. 하나님을 변하지 않는 공식처럼 여겼습니다. 그들이 생각하는 하나님은 자기들의 신학에 맞게 축소된 존재였습니다. 그러나 하나님은 그들이 생각하는 것보다 훨씬 더 크고 위대하고 사랑이 많고 지혜로운 분입니다. 고난 속에도 사랑이 있고 하나님의 지혜가 들어 있는 것입니다.

과거에 잘 살아온 것도 은혜입니다. 그리고 지금 비록 어려운 일을 만났지만 여전히 나는 은혜 가운데 있다고 믿어야 합니다. 고난 속에 나를 향한 하나님의 사랑이 있고, 부르심이 있고, 거룩한 뜻이 있습니다. 우리는 그것을 인정하고 그 뜻이 이루어지도록 기도해야 합니다. 그럴 때 고난을 견디고 승리할 수 있습니다.

기도하기

살아 계신 하나님!

빌닷은 욥에게 자기가 생각하는 하나님을 말하면서

그 틀을 가지고 욥의 고난을 해석했습니다.

그래서 욥에게 너무나 큰 상처를 주었습니다.

우리도 자기 틀로 하나님을 바라보거나

다른 사람의 고난을 판단하지 않게 하소서.

고난 속에도 하나님의 사랑이 있다는 것과

그 고난에도 하나님의 지혜가 있다는 것을 믿고 인정하며

살아가게 하소서.

나눔 질문

† 빌닷은 욥이 죄가 있다는 것을 삼중으로 확인시키려고 했습니다. 빌닷이 제시한 세 가지 근거는 무엇인가요?

† 욥의 친구들이 하나님에 대해 오해한 것은 무엇입니까? 고난 중에 있는 사람은 하나님을 어떤 하나님으로 바라보아야 하는지 나눠 봅시다.

† 자신의 틀로 다른 사람이나 그 사람이 만난 사건을 판단한 적이 있는지 생각해 보고, 어떻게 행동했다면 좋았을지 나눠 봅시다.

욥기 10:1-6

1 내 영혼이 살기에 곤비하니 내 불평을 토로하고 내 마음이 괴로운 대로 말하리라

2 내가 하나님께 아뢰오리니 나를 정죄하지 마시옵고 무슨 까닭으로 나와 더불어 변론하시는지 내게 알게 하옵소서

3 주께서 주의 손으로 지으신 것을 학대하시며 멸시하시고 악인의 꾀에 빛을 비추시기를 선히 여기시나이까

4 주께도 육신의 눈이 있나이까 주께서 사람처럼 보시나이까

5 주의 날이 어찌 사람의 날과 같으며 주의 해가 어찌 인생의 해와 같기로

6 나의 허물을 찾으시며 나의 죄를 들추어내시나이까

07· 무슨 까닭인지 알게 하소서 욥 9-10

_하나님은 우리의 토기장이시다

워렌 위어스비 목사님에게 40년간 동역한 비서가 있었는데, 교통사고가 났습니다. 병원에 갔더니 "목사님, 기도해 주세요" 하며 간곡히 부탁했습니다. 목사님이 마음이 아파서 어서 낫게 해 달라고 기도하겠습니다"라고 말하자 비서가 말했습니다. "아닙니다, 목사님. 이 일을 통하여 하나님이 나에게 원하시는 것이 무엇인지 정확히 깨달을 수 있도록 기도해 주세요. 사건만 경험하고 배울 것을 놓치는 일이 없도록 기도해 주시길 부탁합니다." 그 말을 들은 목사님은 "당신이 나의 목사님인 것 같군요!"라고 답했다고 합니다.

욥의 친구들은 죄 때문에 고난이 왔고, 빨리 이 고난이 없어져야 한다고 생각했습니다. 그러나 욥은 그렇게 생각하지 않았습니다. '이 고난도 하나님의 사랑 속에 있는 것이고, 더 나아가 이 고난도 하나님의 지혜 안에 있는 사건이다'라고 믿었습니다. 어느 쪽이 맞을까요?

우리가 고난을 만났을 때 고난 자체도 문제지만, 더 중요한 것은 고난의 의미입니다. 고난이라는 것이 왜 있는 것일까요? 신학적으로 크게 세 가지로 나눌 수 있습니다.

첫째, 고난은 죄 때문입니다. 가장 일반적인 해석입니다. 이 세상의 수많은 고통은 죄에 대한 하나님의 진노입니다. '모든 경건하지 않음'과 '불의'가 많은 고난의 원인이라는 것을 알아야 합니다.

둘째, 고난은 훈련입니다. 학생들은 시험 보는 것을 싫어합니다. 그러나 시험을 통해서 선생님은 학생들을 파악할 수 있습니다. 어디가 약한지 어디가 강한지, 어느 부분을 잘 이해하고 있는지, 그래서 무엇을 어떻게 가르쳐야 하는지 알게 됩니다. 학생들은 시험 때문에 억지로 공부하지만 그런 과정을 통해 실력이 향상됩니다. 고난도 마찬가지입니다. 성도의 신앙은 고난을 통해 견고해집니다. 다른 말로는 '연단'입니다. 쇠를 불에 달구고 망치로 때리면 불순물이 빠지면서 쇠의 분자 결합이 치밀해져 강철이 됩니다. 연단을 통해 진실하게, 바르게, 순수하게, 강하게 만드는 것입니다.

셋째, 고난은 선교적 의미를 가집니다. 형통할 때 복음이 전파될 것 같지만, 그렇지 않습니다. 오히려 그럴 때는 마음의 껍질이 두꺼워서 어떤 말도 듣지 않습니다. 반면에 우리는 고난을 통해 자기 한계를 알고 자아가 깨어집니다. 그 사이로 복음의 빛이 들어갑니다. 그러므로 고난은 겉에서 보면 비극의 현장이지만, 깊은 데서 보면 새로운 변화가 일어나고 하나님의 구원 역사가 이루어지는 현장입니다.

초대 예루살렘 교회에 큰 핍박이 일어났고 스데반이 순교했습니다. 성도들은 뿔뿔이 흩어졌습니다. 어려운 고난입니다. 이것이 죄 때문인가요? 아닙니다. 이것이 스데반을 훈련시키려는 것일까요? 아닙니다. 흩어진 성도들이 각 처소에서 전도를 했고, 그로써 고난이 있는 곳에 복음이 흘러들어 갔습니다. 결국 많은 사람을 구원하려는 하나님의 뜻, 선교 역사를 위하여 고난이 있었던 것입니다.

때로는 많은 사람이 똑같은 사건을 경험합니다. 그러나 각자에게 고난의 의미는 다 다릅니다. 그중에는 죄 때문에 고난을 받는 사람도 있고, 더 성숙해지라고 연단을 받는 사람도 있고, 누군가를 구원하려는 하나님의 놀라운 역사가 일어나기도 합니다. 고난의 다면성을 기억해야 합니다.

욥과 친구들의 대화가 계속되었습니다. 여기서 알 수 있는 욥의 장점은 친구들의 말을 들으면서 그들과 싸우지 않았다는 것입니다. 친구들이 "네가 죄인이다"라고 말하면 "나는 죄 때문에 이런 일을 당하는 것이 아니다"라고 답해 논쟁은 벌어지지만, 잘 보면 "맞아, 나는 죄인이다" 하며 친구들의 말을 인정했습니다. 또한 "그렇다면 너희들은 나보다 의로우냐?" 하며 반발하지도 않았습니다. 더 나아가서 하나님이 불의하다고 하지도 않았습니다. 하나님의 의를 인정했습니다. "하나님, 이럴 수가 있습니까? 나는 최선을 다해 하나님을 섬겼는데 너무하십니다." 이런 원망도 없었습니다. 욥은 고난 속에서도 하나님의 지혜와 능력을 인정했습니다. 이것이 욥의 위대한 점입니다. 그러므로 친구들의 말과 욥의 말 중에서 누구의 말이 중요합니까? 욥의 말이 훨씬 더 중요합니다.

고난은 하나님의 실패가 아니다

9장은 빌닷에 대한 욥의 대답입니다. "욥이 대답하여 이르되 진실로 내가 이 일이 그런 줄을 알거니와 인생이 어찌 하나님 앞에 의로우랴"(9:1-2). "고난은 죄의 결과라는 것을 나도 안다"는 것입니다. 그런데 문제가 있는데, 인생이 어찌 하나님 앞에 의로울 수 있느냐? "하나님 앞에서 죄인이 아닌 사람이 어디 있느냐? 모두가 죄인이다"라고 말한 것입니다. 또 이어지는 3절에서 욥은 하나님 앞에서 자기 의를 내세울 인간은 없고, 하나님 앞에서 자기 의에 대해 한마디도 변명할 수 없다고 말했습니다.

모두가 죄인이라면 다 벌을 받아야 하지 않습니까? 그런데 그렇지 않습니다. 죄인이 왜 벌을 받지 않고 잘 살아갑니까? 하나님의 사랑과 은혜 때문입니다. 우리가 지금까지 하나님의 은혜로 살았지, 내 의로 살았나요? 그러니까 잘 사는 것도 은혜이고, 고난 중에 있어도 은혜 가운데 있다는 말입니다. 여기서 우리는 친구들이 생각하는 하나님보다 욥이 생각하는 하나님이 하나님의 실제 모습에 훨씬 더 가깝다는 것을 알 수 있습니다. 그리고 욥처럼 하나님을 이해해야만 고난을 견딜 수 있습니다.

이제 욥이 놀라운 고백을 합니다.

측량할 수 없는 큰일을, 셀 수 없는 기이한 일을 행하시느니라 • 9:10

하나님은 고난을 통해서 어떤 일을 하십니까? 고난은 하나님의 실패가 아닙니다. 하나님은 고난을 통해 측량할 수 없는 큰일을 행하시고, 셀 수 없는 기이한 일을 행하십니다. 물론 나는 다 깨닫지 못하고 알 수도 없어요. 그러나 하나님은 고난을 괜히 주시는 것이 아니라 고난을 통해 엄청난 일을 하십니다.

이 사실을 믿는다면 고난 중에서 어떻게 행동해야 할까요? 기뻐하고 찬송하고 감사해야지요! 그런데 욥의 모습은 어떻습니까? "나는 온전하다마는 내가 나를 돌아보지 아니하고 내 생명을 천히 여기는구나"(9:21). 자기 생명을 천하게 여겼습니다. "죽고 싶다"고 말합니다. 이것이 죄입니다(9:28). 우리는 죄라고 하면 거짓말, 도적질, 간음 등을 생각하는데, 정말 큰 죄는 하나님이 주신 최고 선물인 생명을 천하게 여겨 거부하는 것입니다. 그러므로 "죽고 싶다"고 말하는 것은 큰 죄입니다. 그런데 욥은 자신이 너무 힘들어서 큰 죄를 짓고 있다고 말했습니다.

하나님이 고난을 통해 큰일을 이루실 것을 믿는데, 그러므로 기뻐해야 하는데, 그러나 너무나 고통스러워서 "죽고 싶다"고 말하면서 죄를 짓고 있으니, 이런 내 모습을 보며 하나님이 뭐라고 하실까요? "그가 비웃으시리라"(9:23). 하나님이 내 모습을 보며 비웃으신다는 이 말씀을 우리는 잘 해석해야 합니다.

참을성 없는 어떤 여자가 아이를 출산하는데, 얼마나 아픈지 소리를 지르다가 남편에게 욕을 하기 시작했습니다. "내 배가 이렇게 아픈 것은 당신 때문이야. 나쁜 인간! 왜 나를 이렇게 아프게 만들었어? 아이고, 나 죽네!" 남편은 어쩔 줄 몰라서 이렇게 말했습니다. "미안해, 미안해. 내가 잘못했어. 그런데 어떻게 해? 애는 낳아야지." 실랑이를 벌이면서 애를 쓰다가 결국 아이를 낳았습니다. 아내가 "여보, 얼른 와서 우리 아기를 보세요"라고 말하자 남편이 말했습니다. "당신이 고생하고 낳았으니 아기 이름은 당신이 짓도록 하세요." 그러자 아내는 새로 태어난 아기를 한참 바라보더니 "아이의 이름을 '부를 초'(招), '아우 제'(弟), '초제'라고 지읍시다"라고 했습니다. '초제'란 동생을 꼭 보고 싶을 때 붙이는 중국식 이름입니다. 이 장면을 바라보던 모든 사람이 다 웃었답니다. 중국의 민담집에 나오는 이야기입니다. 해산의 고통은 크지만 그 후에는 기뻐할 수 있다는 의미입니다.

욥은 고난을 당하면서 "힘들어 죽겠습니다. 빨리 죽었으면 좋겠습니다" 하며 비명을 질렀습니다. 그런데 나중에는 이렇게 고백합니다. "내가 주께 대하여 귀로 듣기만 하였사오나 이제는 눈으로 주를 뵈옵나이다"(42:5). 욥은 고난을 통하여 하나님께 가까이 다가갔고, 크게 성장했습니다. 그리고 하나님께 큰 영광을 돌렸습니다. 사실은 지금도 욥기를 통해 수많은 사람들을 위로하고 있습니다. 그러나 그때는 몰랐습니다. 나중에 가서야 고난이 은혜라는 것을 깨달았습니다. 그러므로 죽겠다고 난리치는 욥의 고난에 대해서 하나님은 웃으십니다. "욥아, 그렇게 슬퍼할 것 없다. 좀 참아라. 더 좋은 일이 될 거야" 하며 웃으신다는 뜻입니다.

하나님이 나를 정성껏 빚으신다

욥은 이제 10장에서 기도합니다.

> 내 영혼이 살기에 곤비하니 내 불평을 토로하고 내 마음이 괴로운 대로 말하리라 • 10:1

너무 힘들어 죽겠어서 외치는 말이니 이해해 달라고 기도한 것입니다. "주님, 너무 힘들어서 감히 한마디 올립니다. 나를 정죄하지 마시고, 이 고난을 왜 주시는지, 무슨 까닭인지 알게 하소서"(10:2)라고 했습니다.

그러나 하나님이 알려 주실까요? 아닙니다. 숲을 통과하기까지 숲의 모습을 다 알 수는 없습니다. 그러므로 믿고 기다리는 시간이 필요합니다. 그렇다면 그동안 어떤 과정을 거칠까요? "주께서 주의 손으로 지으신 것을 학대하시며 멸시하시"(10:3상)는 고통이 있습니다. "악인의 꾀에 빛을 비추시기를 선히 여기시나이까"(10:3하)라는 말은 왜 나를 괴롭히는 원수를 무너뜨리지 않고 오히려 강하게 하셔서 나를 힘들게 하시냐는 뜻입니다.

그러면서 욥은 하나님을 토기장이라고 말했습니다.

[8]주의 손으로 나를 빚으셨으며 만드셨는데 이제 나를 멸하시나이다 [9]기억하옵소서 주께서 내 몸 지으시기를 흙을 뭉치듯 하셨거늘 다시 나를 티끌로 돌려보내려 하시나이까 • 10:8-9

성경을 보면 '하나님은 나의 토기장이시고, 나는 진흙'이라는 말이 나옵니다. 내가 가치 없는 존재라는 말이 아니라 오히려 정반대 의미입니다. 토기장이가 그릇을 만들 때를 상상해 봅시다. 좋은 진흙을 골라 잘 반죽해서 물레 위에 올려놓고 돌립니다. 그리고 이미 그 마음에 계획한 그릇의 모양대로 만들어 갑니다.

그런데 아무렇게나 흙을 다룰까요? 아닙니다. 아주 정성스럽게, 그리고 섬세하게, 조심스럽게 다룹니다. 조금만 세게 누르면 쑥 들어가고, 조금만 힘을 빼면 불룩 튀어나오는 등 토기장이의 손길에 따라서 토기는 아주 민감하게 변합니다. 손이 닿을 때마다 모양이 변합니다. 우리의 삶도 그렇습니다. 하나님이 나를 정성껏 빚으셔서 오늘의 내가 있습니다.

욥은 그런 하나님께 말씀드렸습니다. "하나님이 나를 좋은 그릇으로 만들고 사랑하고 보호해 주셨는데 왜 이제 그것을 당신의 손으로 부수려는 것입니까? 왜 티끌로 다시 돌려보내려고 합니까? 이 고난의 이유를 알게 해 주세요. 이 일을 통하여 크고 놀라운 일을 이루실 것입니다. 그 일이 어떤 일입니까? 그것을 알면 견디기 쉬울 것 같습니다. 그러니 알려 주세요."

솜씨 좋은 도공은 흙으로 어떤 그릇도 만들 수 있습니다. 그러나 그 흙이 딱딱하게 굳어 버리면 사용할 수 없습니다. 흙덩이를 버리지 않으려면 딱딱해진 흙을 부수고 다시 수분을 촉촉하게 먹여야 합니다. 그러면 부드러워져서 새롭게 빚을 수 있습니다. 멋진 작품을 만들 수 있는 것입니다.

우리가 살다 보면 나이만큼 굳어 버립니다. 그런 우리를 하나님이 버리지 않으려면 우리의 굳어 버린 몸과 마음과 영혼을 부수고 눈물을 흘리게 해서 그 영혼을 적시고 수분을 먹여야 합니다. 그래서 나를 새롭게 빚으려고 주시는 것이 고난입니다. 토기장이는 진흙을 함부로 버리지 않습니다. 토기장이이신 하나님은 나라는 진흙 덩어리를 버리지 않고 다시 빚어서 작품을 만들려는 것입니다.

이런 의미에서 우리 인생은 오늘도 진행형입니다. 아직 완성되지 않았습니다. 우리는 고난의 이유를 지금 알고 싶어 합니다. 그러나 만들어지는 과정에서는 어떤 그릇이 될지 모릅니다. 그래서 때로는 낙담하고 힘들어하고 불평합니다. 그러나 기억할 것은 하나님이 토기장이시고, 나는 그분의 손에 들려 있다는 사실입니다. 토기장이가 나를 잘 빚어 가실 것입니다. 우리를 포기하지 않고 더 멋지게 만들 것입니다. 그분을 믿고 바라보아야 합니다. 지금은 모르지만 시간이 가면서 깨닫게 될 것입니다.

기도하기

나를 빚으시는 하나님!

욥은 고난 속에서 하나님은 위대한 일을 성취한다는 것을 믿었습니다.

고난을 통해 사람들은 하나님을 찾고 만나고 변하고 구원을 받습니다.

그런가 하면 고난을 통해 심판을 받고 계획이 무너지기도 합니다.

우리는 미처 깨닫지 못하지만 놀라운 일이 고난을 통해

일어나는 것을 확실히 알게 하소서.

그리고 토기장이이신 하나님은 굳어 버린 진흙을 버리지 않고,

다시 부수고 수분을 먹여 멋지게 빚으실 것을 믿고

우리도 고난 속에서 새롭게 될 것을 믿게 하소서.

나눔 질문

† 고난의 신학적 의미 세 가지는 무엇인가요?

† 하나님은 나의 토기장이신가요? 만약 그렇다면 오늘 나의 상황 속에서 하나님은 어떤 말씀을 해 주고 싶으실까요?

† 내가 계획했던 일들이 잘되지 않았던 적이 있나요? 그 일의 과정과 결과를 통해 하나님이 이루신 것이 있다면 나눠 봅시다.

욥기 12:1-6

1 욥이 대답하여 이르되

2 너희만 참으로 백성이로구나 너희가 죽으면 지혜도 죽겠구나

3 나도 너희 같이 생각이 있어 너희만 못하지 아니하니 그 같은 일을 누가 알지 못하겠느냐

4 하나님께 불러 아뢰어 들으심을 입은 내가 이웃에게 웃음거리가 되었으니 의롭고 온전한 자가 조롱거리가 되었구나

5 평안한 자의 마음은 재앙을 멸시하나 재앙이 실족하는 자를 기다리는구나

6 강도의 장막은 형통하고 하나님을 진노하게 하는 자는 평안하니 하나님이 그의 손에 후히 주심이니라

08• 내가 누군데 무시하느냐 욥 11-12

_진정한 자기 인식이 이기게 한다

며칠 전에 후배 목사님이 전화를 했습니다. "요즘 목사님의 욥기 설교를 잘 듣고 있는데 감동입니다. 그런데 한 가지 여쭙고 싶은 것이 있는데요, 욥기의 주제가 뭐라고 생각하십니까?" 저는 이렇게 대답했습니다. "글쎄요, '의로운 자의 고난'이라고만 생각했는데, 연구할수록 율법과 은혜의 관계를 말하는 것이라는 생각이 듭니다. 율법주의에 붙잡힌 친구들과 고난 속에서 하나님의 은혜를 알아 가는 욥의 대화를 통하여 그것을 보여 주는 것 같아요."

율법주의가 무엇일까요? 간단합니다. '율법을 지키면 복을 받고, 율법을 지키지 않으면 저주를 받는다'는 것입니다. 그런데 율법주의를 강조하면 하나님은 하나의 공식으로 축소되는데, 이것이 율법주의의 한계입니다.

세 친구는 "욥이 고난을 당했으니 죄를 지은 것이고, 그러므로 빨리 회개하고 돌아오면 하나님이 다 회복시켜 주신다"고 주장했습니다. 그러나 이런 율법주의로는 하나님을 제대로 설명할 수 없습니다. 욥은 이렇게 주장했습니다. "내가 비록 고난을 당하고 있지만 고난도 하나님의 은혜다. 때로는 죄로 인해 벌을 받고 있다고 해도 이것도 나를 향한 은혜다. 그리고 하나님은 우리가 생각하는 것보다 훨씬 더 크고 위대하시고 사랑이 많은 분이다. 우리는 다 알지 못하지만 하나님의 은혜 가운데 살고 있다는 것을 믿고 나아가야 한다." 세 친구와 욥 중에 어느 쪽이 옳은 것 같습니까?

예를 들어 보겠습니다. 어떤 아버지가 가족들을 정말로 사랑하고, 풍족하게 해 주고, 너그러운 분인데, 12시 전 귀가를 가정의 규칙으로 정하고 엄격하게 지켰습니다. 늦으면 벌을 받기에 자녀들은 불편했습니다. 여기서 질문하겠습니다. "이 규칙을 지켜야 자녀가 되나요?" 아닙니다. 오히려 자녀이기 때문에 이 규칙을 준 것입니다. "이 규칙을 못 지켰다고 자녀의 신분이 취소됩니까?" 아닙니다. 혼나기는 하겠지만 관계가 깨지지는 않습니다. "아버지의 사랑과 12시 귀가 규정은 서로 상반되는 것입니까?" 아닙니다. 아버지의 사랑 안에 있는 작은 규정일 뿐입니다. "12시 귀가 규정은 아버지의 사랑과 동등한 것입니까?" 아닙니다. 사랑이 훨씬 큽니다. 자녀들을 규칙적이고 자기를 절제하는 원칙 있는 사람으로 성장시키려는 아버지의 사랑 때문에 규칙이 만들어진 것입니다.

"자녀들은 어떤 마음으로 이 규칙을 지켜야 할까요?" 불편하고 힘든 마음이 아니라 그 규칙에 담긴 아버지의 사랑을 알고 감사하는 마음으로 지켜야 합니다. 아버지 말은 다 안 지키고 11시 59분 59초에 들어오면서 '나는 아버지 뜻을 지켰으니 완벽한 자녀야!'라고 자랑할 수 있습니까? 당연히 그럴 수 없습니다.

많은 사람이 율법과 은혜의 관계를 오해해서 동등한 비중을 가진 것으로 생각합니다. 그리고 서로 상반된 개념으로 이해합니다. 아닙니다. 율법이란 12시 귀가 규정과 같은 것입니다. 아버지의 은혜와 사랑은 너무나 크고 놀랍습니다. 그 속에서 자녀답게 살라고 작은 규정을 주고 지키라는 것이 율법입니다. 그러므로 율법은 은혜라는 커다란 시스템 안에 있는 작은 규정일 뿐입니다. 율법과 은혜, 둘의 관계를 잘 이해하면 신앙에 큰 도움이 됩니다.

'죄에는 벌'이라는 공식

이제 세 번째 친구 소발이 등장합니다. 그가 하는 말이 11장에 기록되어 있는데, 소발의 특징은 아주 직선적이고 말이 많은 것을 싫어하는 사람이라는 것입니다. 세 친구를 비교한다면 이렇습니다. 엘리바스는 "죄 없이 망한 자가 있는가 잘 생각해 보라"고 말하고, 빌닷은 "네 죄가 확실하다"고 하며, 소발은 "하나님의 벌하심이 네 죄보다 가볍다"고 합니다. 점점 더 거칠어지고 공격적이 됩니다.

소발은 세 친구 중에서 가장 강하게 욥을 공격했습니다. "말이 많으니 어찌 대답이 없으랴 말이 많은 사람이 어찌 의롭다 함을 얻겠느냐"(11:2). 쉽게 말해, "거참 말도 많네. 입 좀 다물어. 말이 많은 것을 보니 아직 멀었다"라는 뜻입니다. 욥이 무슨 말이 많다는 것일까요? 소발은 "너는 지금 자랑하고 있다. 그리고 비웃고 있어!"(11:3)라고 말했습니다. 욥이 무엇을 자랑했다는 것일까요? "네 말에 의하면 내 도는 정결하고 나는 주께서 보시기에 깨끗하다 하는구나"(11:4). 그런데 욥은 그렇게 말한 적이 없습니다.

앞서 욥은 "죄인이 아닌 사람이 어디 있느냐? 물론 나도 죄인인데, 이번에 내가 겪는 이 고난은 죄 때문이 아니다. 뭔가 이유는 있는데 까닭을 모르겠다"라고 말했습니다. 소발은 이것을 욥이 자랑하는 것이라고 해석했습니다. 여기서 '비웃는다'는 말은 욥이 친구인 자신들을 비웃고 있다는 뜻입니다. "너희는 나를 납득시키지도 못하면서 나를 가르치려 한다"는 욥의 말이 자신들을 비웃는 것이니 기분 나쁘다는 말입니다.

그래서 소발은 "하나님께서 너로 하여금 너의 죄를 잊게 하여 주셨음을 알라"(11:6)고 말했습니다. "너의 죄는 셀 수도 없이 많은데 하나님이 기억을 안하시는 거야"라는 뜻입니다. 개역한글 성경에는 "너는 알라 하나님의 벌하심이 네 죄보다 경하니라"라고 기록되어 있습니다.

'하나님의 벌하심이 네 죄보다 경하니라'라는 말이 맞습니까, 틀립니까? 맞습니다. 하나님이 우리의 죄를 있는 그대로 심판하신다면 살아 있을 사람이 어디 있겠어요. 그래서 아우구스티누스는 "은혜가 아니면 죄도 지을 수 없다"고 말했습니다. 죄를 지을 때마다 하나님이 그 자리에서 그 죄만큼 심판하시면 누가 죄짓고 살아 있겠습니까. 하나님이 참아 주시고 기다려 주시고 용서해 주시니까 가능한 것이지요. 그러므로 죄를 짓는 순간에도 인간은 하나님의 은혜 가운데 있다고 고백할 수밖에 없는 것입니다. '하나님의 벌하심이 네 죄보다 경하니라' 이 말은 맞는 말입니다. 하지만 고난당하는 사람에게 그 말을 하면 그는 낙심해서 하나님으로부터 떠나게 될 것입니다.

친구들은 욥의 의로움을 인정하지 않았습니다. 그들은 '죄에는 벌'이라는 공식에 붙잡혀 있었기 때문입니다. 고난의 더 높은 의미를 알지 못했기 때문입니다.

이제 세 번째 친구인 소발이 말을 마침으로써 욥기의 1라운드가 끝이 납니다. 처음에는 위로하러 왔다가 나중에는 욥의 죄를 증명하는 것이 목표가 된 세 친구는 욥을 비난하고 정죄하고 저주했습니다.

진정한 자기 인식이 필요하다

세 친구와 대화를 한 번씩 나눈 욥은 너무도 마음이 아파서 무려 세 장(12-14장)에 걸쳐서 대답을 합니다. "너희만 하나님의 백성이냐? 비록 망했어도 나도 하나님의 백성이다. 그리고 너희만 지혜를 가졌느냐? 다른 사람은 다 바보인가? 죄인은 벌 받는다는 사실은 나도 안다. 하지만 나도 지혜가 있고 생각이 있다. 너희만 못하지 않아"(12:1-3).

그러면서 욥은 자기가 누군지를 설명합니다. "하나님께 불러 아뢰어 들으심을 입은 내가 이웃에게 웃음거리가 되었으니 의롭고 온전한 자가 조롱거리가 되었구나"(12:4). 여기서 욥의 자기 인식이 나타납니다. 내가 누군데 무시하느냐는 것입니다. '내가 누구냐? 나를 어떻게 인식하느냐?'는 대단히 중요한 문제입니다. 사람들의 자기 인식은 대개 소유에 기초합니다. 내가 얼마나 재산이 있고, 어디에 살고, 무슨 차를 타고, 무슨 옷을 입는지, 더 나아가 내 자녀가 지금 어디서 무엇을 하고, 내 배우자가 어떤 지위에 있는지 등이 자기 인식의 기초입니다. 그러나 그것은 진정한 자기 인식의 기초가 될 수 없습니다. 왜냐하면 언제든지 사라질 수 있기 때문입니다.

욥의 자기 인식의 기초는 무엇인가요? "내가 하나님을 불렀고 내 사정을 아뢰었다. 하나님이 들으신다. 나는 하나님과 소통하는 사람이고, 하나님은 내 기도에 응답하는 아버지다." 다시 말하면, 나는 하나님의 자녀이며 자녀답게 의롭고 온전하게 살아왔다는 것입니다. 하나님 앞에서 나의 신분과 행위가 욥의 자기 인식의 기초였습니다. 이것이 진정한 자아이고, 이것이 내 자존감이고, 이것이 영원한 것입니다. 하나님께 사랑을 받는 존재라는 것, 이것이 바로 우리가 가져야 할, 끝까지 놓지 말아야 할 자기 인식입니다.

이 상황도 하나님 손에 달려 있다

욥은 말을 이어 갑니다. "너희들은 평안하니까 재앙이 너희들과는 상관없는 것처럼 멸시하고 있구나. 그러나 재앙이 실족하는 자를 기다린다(12:5). 재앙이 너희라고 피해 갈 것 같으냐? 너희들도 언제 이런 고난을 당할지 모른다. 그리고 너희들은 하나님을 안다고 생각하지? 그런데 사실은 잘 모르고 있다."

또한 6절에서 욥은 "너희 말대로 고난이 죄의 결과라면, 그것이 전부라면 죄인이 어떻게 잘 살 수가 있느냐? 말이 안 되지만 이것이 현실이야! 너희는 이런 현실을 설명할 수 있어?"라고 말합니다.

그러면서 욥은 하나님을 설명합니다(12:7-8). "짐승에게 물어보고, 새들에게도 물어보라. 땅과 바다에 물어보라." 세상을 누가 다스리는지 물어보라는 것입니다. "이것들 중에 어느 것이 여호와의 손이 이를 행하신 줄을 알지 못하랴"(12:9). 누가 세상을 다스립니까? 여호와의 손입니다. 모든 생명, 다시 말해 지금 내 생명도, 짐승들의 생명도, 내 원수의 생명도 하나님의 손에 있습니다.

16절에 재미있는 표현이 나옵니다. 우리는 흔히 속는 자는 어리석고, 속이는 자는 현명하다고 생각합니다. 아닙니다. 다 하나님의 손에 있습니다. 하나님이 속게 하시므로 속는 것이고, 속이게 두심으로 속이는 것이지, 자기가 지혜로워서 남을 속이는 것이 아닙니다. 욥의 결론이 23-24절에 기록되어 있습니다. "하나님은 나라를 세우기도 하고 무너뜨리기도 하신다. 지도자들을 세우기도 하고 쫓겨나게도 하신다"는 것입니다.

욥의 말을 종합하면 이렇습니다. "하나님이 주어야 받는 것이고, 하나님이 뺏으면 그만이다. 인간은 자기 마음대로 뭔가를 할 수 있고, 자기가 주인공이라고 생각하지만, 아니다. 다 하나님의 손에 있다. 하나님은 죄인에게 형통함을 줄 수도 있다. 너희도 지금 하나님이 후히 주셔서 그 은혜로 살면서 '자기 의' 때문이라고 착각하지 말라. 마찬가지로 의인에게 어떤 뜻이 있어 고난을 줄 수도 있다."

영국에서 개최되는 케직 사경회라는 중요한 기독교 모임이 있습니다. 수많은 목사와 신학자, 그리고 선교사와 각계 전문가가 이 사경회에 참석해 성경을 연구하고, 강연을 듣고, 회의를 했습니다. 끝나면서 참석한 사람들을 대상으로 설문 조사를 실시했습니다. 질문은 "며칠간의 사경회를 통해 가장 감동적이고 위로를 받은 말씀은 무엇이었습니까?"였습니다. 질문에 대한 그들의 대답은 이것이었습니다. "하나님이 세상을 다스리신다!"

우리도 그렇습니다. 내가 어찔 수 없는 어려운 상황을 만났을 때 유일한 희망이 무엇입니까? '하나님이 다스린다. 이 상황도 하나님의 손에 달려 있다!'는 사실입니다. 그것을 믿으면 그때부터는 희망이 생깁니다. 어떤 경우에도 하나님이 세상을 다스린다는 사실을 잊지 않기를 바랍니다. 그 다스림 안에 내가 있습니다.

결코 흔들리지 않는 신앙 고백

욥은 다 잃었지만 외적인 어떤 것이 하나님과 자기의 관계를 깨뜨릴 수 없다는 것을 알고 있었습니다. "비록 내가 재산을 잃고, 자녀를 잃고, 몸도 병들었지만 하나님과의 관계가 깨진 것은 아니다. 내가 누군데! 나는 하나님께 기도하는 사람이고, 하나님의 음성을 듣는 사람이다. 하나님이 내 기도를 들어주시며, 지금도 나는 기도하고 있다. 나는 의롭고 온전하게 살려고 애를 쓰고 있는데, 그런 나에게 하나님이 고난을 준 것은 뭔가 분명한 이유가 있는 것이다." 욥은 결코 흔들리지 않았습니다. 그는 고난 속에서도 하나님의 은혜와 인도에 대한 신앙 고백을 분명히 했습니다.

그렇다면 지금 고난 중에 있는 사람이 해야 할 일은 무엇일까요? 하나님께 기도하는 것입니다. 그리고 의로움과 온전함을 버리지 말아야 합니다. '내가 의롭고 온전하게 살았는데 이런 고난을 주다니' 하면서 하나님을 원망하거나 '이렇게 진실하게 살아서 무슨 소용이야? 아무렇게나 막 살지' 하면 안 됩니다.

오늘도 하나님이 세상을 다스립니다. 우리가 볼 때는 문제도 많고 세상이 요동치는 것 같지만, 하나님은 끄떡도 하지 않습니다. 그러므로 머리가 복잡해지고 힘들면 고백하세요.

"하나님, 세상이 요란합니다. 이 속에서 도무지 갈피를 잡지 못하겠습니다. 그러나 모든 것이 하나님의 손에 있음을 믿습니다. 저는 기도하겠습니다. 그리고 의로움과 온전함을 유지하겠습니다. 이 고난을 통하여 하나님이 더 크고 놀라운 일을 행할 것을 믿습니다."

기도하기

살아 계신 하나님!

'내가 누군가?' 신앙적 자기 인식을 확실히 가지게 하소서.

사람들은 내가 돈이 없고 병들면 무시합니다.

그러나 그런 외적인 것이 다 사라져도

하나님 앞에서 나의 가치와 신분은 변하지 않음을 알게 하소서.

고난 속에서도 기도하게 하시고,

또한 의로움과 온전함을 버리지 않게 하소서.

고난 속에도 하나님의 사랑과 지혜와 능력이

들어 있음을 믿고 나가게 해 주소서.

나눔 질문

† 율법과 은혜, 둘 사이의 관계에 대해 나의 경험을 비춰 나눠 봅시다.

† 욥의 자기 인식의 기초가 되는 것은 무엇인가요?

† 고난 중에 있는 사람이 해야 할 일은 무엇인가요? 무엇을 믿고 무엇을 해야 할지 나눠 봅시다.

◢ 고난 중에도 버틸 수 있는 이유

- 나를 부르소서 대답하리이다 (욥 13)
- 나의 증인은 하늘에 계십니다 (욥 15-16)
- 나에게 담보물을 주소서 (욥 17)
- 나의 하나님은 살아 계십니다 (욥 19)
- 나는 그들과 다르다 (욥 20-21)

3부

고난을 어떻게 견뎌야 하나요?

욥기 13:20-24

20 오직 내게 이 두 가지 일을 행하지 마옵소서 그리하시면 내가 주의 얼굴을 피하여 숨지 아니하오리니

21 곧 주의 손을 내게 대지 마시오며 주의 위엄으로 나를 두렵게 하지 마실 것이니이다

22 그리하시고 주는 나를 부르소서 내가 대답하리이다 혹 내가 말씀하게 하옵시고 주는 내게 대답하옵소서

23 나의 죄악이 얼마나 많으니이까 나의 허물과 죄를 내게 알게 하옵소서

24 주께서 어찌하여 얼굴을 가리시고 나를 주의 원수로 여기시나이까

09· 나를 부르소서 대답하리이다 욥 13

_주님의 음성이면 충분하다

어느 분이 제게 이런 말을 했습니다. "목사님, 정말 답답하고 막막하고 때로는 두렵습니다. 어떻게 하면 예수님 안에서 평안을 누릴 수 있습니까?" 저는 대답했지요. "방법은 간단합니다. 예를 들어 보겠습니다. 내 사방에 구름이 자욱해서 앞이 보이지 않아요. 방향을 잡을 수 없어요. 답답하고 두렵습니다. 그러나 구름 위에는 찬란한 태양이 빛나고 있습니다." 우리는 힘들고 어려운 때일수록 문제보다 크신 하나님을 바라보아야 합니다. 하나님만이 우리의 소망이기 때문입니다.

영적으로 어두운 구름을 통과하는 방법이 무엇일까요? 하나님께 기도하는 것입니다. 기도에는 3단계가 있습니다.

기도의 1단계는 지금 나에게 발생한 여러 가지 일들, 나를 짓누르는 어려운 문제들을 주님 앞에 내놓고 기도하는 것입니다. 다시 말하면, 내 형편을 있는 그대로 하나님 앞에 말씀드리는 것입니다. 이것을 다른 말로 '기억의 단계'라고 합니다. 왜냐하면 기억나는 대로, 생각나는 대로 내 상황을 주님 앞에 그대로 쏟아 놓는 단계이기 때문입니다.

이 과정이 왜 필요한 것일까요? 주님 앞에 다 내놓지 않으면 문제가 나를 눌러 내 영혼이 무겁습니다. 이럴 때 하는 말이 있지요. "기도할 제목이 너무 많은데, 답답해 죽겠어!" 우리는 쫓기는 마음, 두렵고 불안한 마음, 무거운 짐들을 주님 앞에 내려놓아야 합니다. 생각나는 대로, 마음을 다해, 충분히 기도하면 영혼이 가벼워지고 안심이 됩니다. 사람에 따라 다르지만 1단계를 통과하는 데 30분에서 1시간 정도 걸립니다.

그다음에 2단계 '묵상의 단계'로 갑니다. 1단계 기억의 단계가 내 사정을 하나님께 아뢰는 단계라면, 두 번째 묵상의 단계는 하나님의 말씀을 내가 듣는 단계입니다. 내가 질문했던 문제, 고민하는 문제에 대해 해결책이 생각나기도 하고, 두려웠던 마음이 평안해지기도 하고, 마음이 바뀌면서 여유가 생기기도 하고, 때로는 주님의 음성이 들려오기도 합니다.

말씀에는 두 종류가 있는데 '로고스'와 '레마'입니다. 기록된 성경의 말씀, 객관적인 말씀을 로고스라고 합니다. 그런데 나에게 개별적으로 들리는 주관적인 말씀이 있는데 그것이 레마입니다. 성경을 보면 '하나님이 우리를 사랑하신다'는 말이 많이 나옵니다. 로고스입니다. 그런데 하나님이 직접 나에게 주신 말씀, "내가 너를 사랑한다!"는 말씀이 레마입니다. 로고스와 레마, 둘 중에 어느 것이 강력할까요? 레마가 훨씬 강력합니다. 이런 하나님의 음성을 들으면 내 영혼이 감격합니다. 힘을 얻고 충만해집니다.

3단계는 '연합의 단계'입니다. 하나님의 마음과 계획을 알게 되고, 사건의 깊은 의미를 깨닫게 됩니다. 더 높은 곳을 바라보고 하나님의 영광을 찬양하게 됩니다. 환상이 열리기도 합니다. "세상과 나는 간 곳 없고 구속한 주만 보이도다"(새찬송가 288장).

주님이 기도를 통해 우리에게 주려는 것은 단순히 내 앞에 닥친 문제를 해결하라는 의미가 아닙니다. 주님의 음성을 듣고, 진정한 평화를 누리며, 영적인 깊은 교제를 나누려는 것입니다. 엄청난 선물입니다.

과감하게 포기한 두 가지

13장은 욥이 친구들과 대화하다가 이제 하나님께 기도드리는 내용입니다. 욥은 중요한 사실을 깨달은 후 두 가지를 포기합니다. 우리도 욥처럼 깨달음을 얻고 두 가지를 포기한다면 하나님을 제대로 믿게 될 것입니다.

욥은 "나의 눈이 이것을 다 보았고 나의 귀가 이것을 듣고 깨달았느니라"(13:1)라는 말로 13장을 엽니다. 과연 무엇을 깨달았다는 말일까요? 친구들이 하는 말을 다 듣고 깨달았다는 뜻입니다. 더 나아가서 사람들의 인정과 위로의 한계를 깨달았다는 것입니다. 그래서 이제 욥은 "참으로 나는 전능자에게 말씀하려 하며 하나님과 변론하려 하노라"(13:3)라고 말했습니다.

왜 이런 말이 나온 것일까요? "너희는 거짓말을 지어내는 자요 다 쓸모없는 의원이니라 너희가 참으로 잠잠하면 그것이 너희의 지혜일 것이니라"(13:4-5). 친구들이 조용하면 좋겠는데 끝없이 비난을 합니다. 욥은 '내가 왜 친구들과 이렇게 많은 말을 나누는가?'라는 생각을 했습니다. 욥 자신 속에 사람들의 인정과 위로를 기다리는 마음이 있었던 것입니다. '친구들은 나를 이해해 주겠지. 나의 아픈 가슴을 보듬어 줄 수 있겠지'라고 생각했던 것입니다. 그런데 그게 아니라는 것을 깨달았다는 의미입니다. 그래서 욥은 중요한 결정을 합니다.

사람의 위로와 인정을 포기하다

첫째, 친구들의 인정과 위로를 포기합니다. 모든 인간의 마음속에는 다른 사람이 나를 이해해 주고 사랑해 주고 위로해 주기를 간절히 바라는 마음이 있습니다. 그러나 나를 진정으로 위로할 수 있는 사람은 세상에 없습니다. '아, 나는 이 세상에서 혼자구나.' 욥이 깨달은 것이 바로 이것입니다.

사람들과 더불어, 함께 살아간다는 것은 행복한 일입니다. 사랑하는 사람이 있다는 것, 친구도 있고, 가족도 있고, 동료도 있고, 지인도 있고, 파트너도 있다는 것이 얼마나 아름다운 것입니까? 그런데 그것도 하나님이 허락하실 때만 존재합니다. 가족도 나를 떠날 수 있어요. 욥의 경우 사랑하는 자식이, 심지어는 아내도 떠났습니다. 친구들도 떠났습니다. 이 세상에 혼자 남았습니다. 혹시 '나는 이 세상에서 혼자로구나'라고 뼈저리게 느껴 본 적이 있나요? 아직 못 느껴 보았다면 행복하게 산 것입니다. 그러나 인생이 뭔지는 아직 다 모르는 사람입니다. 이런 의미에서 인간은 지독하게 외로운 존재입니다.

우리는 다른 사람을 언제 진정으로 사랑할 수 있습니까? '주고받는'(give & take) 마음을 가지면 언제나 실망하게 되어 있습니다. 내가 기대한 만큼 사랑이 오지 않거든요. 내가 도와준다고 그 사람이 평생 고마워할까요? 그렇지 않습니다. 잘나갈 때는 주변에 사람들이 있습니다. 그러나 내가 비참해졌을 때, 내가 죽어 갈 때 나를 인정해 주고 끝까지 믿어 줄 사람이 어디 있겠습니까. 가족이라고 다 그럴까요?

그렇지 않습니다.

결국 우리도 욥처럼 깨달아야 합니다. '모든 인간은 외롭다는 것', 그리고 '나를 정말로 위로해 줄 사람은 세상에 없다는 것', 그 점을 깊이깊이 깨달아야 합니다. 허무주의에 빠지라는 말이 아닙니다. 사실이기 때문에 받아들여야 합니다. 욥은 이제 그 사실을 깨달았습니다.

그렇다면 사람들을 미워하라는 뜻일까요? 인간의 한계를 알라는 것입니다. 누군가 나에게 잘해 주기 때문에 사랑하는 것이 아닙니다. 그러면 반드시 실망합니다. 사랑해야 되기 때문에 사랑하는 것이고, 사랑하라고 주셨으니까 사랑하는 것이고, 그리고 또 사랑할 때 행복하거든요. 그러니까 다른 사람을 사랑해야 합니다. 그러나 동시에 한계가 있다는 것을 인정해야 합니다. 그들이 내 마음의 갈망과 내 영혼의 슬픔과 고독을 다 해결해 줄 것이라고 기대하지는 마세요. 그렇게 생각하면 사람에게 매입니다. 사람에게 끌려 다니게 되고, 결국은 스스로 좌절하게 됩니다. 인간은 사랑의 대상이지 의지할 대상은 아닙니다.

그런데 여기서 끝나면 안 됩니다. 나를 이해해 줄 분이 있습니다. 내 모습 이대로 받아 줄 분이 누구일까요? 나를 끝까지 버리지 않고 사랑해 줄 그분은 바로 하나님입니다. 그러므로 내가 믿고 의지하고 내 마음의 모든 것을 토로할 대상은 하나님뿐이라는 것을 알아야 합니다. 그래서 욥은 "참으로 나는 전능자에게 말씀하려 하며 하나님과 변론하려 하노라"(13:3)라고 말한 것입니다. 오직 하나님께만 내 마음을 쏟아 놓겠다고 결심합니다. 이때부터 욥에게 엄청난 변화가 일어납니다.

하나님을 확실하게 붙들지 못하는 사람들이 많습니다. 사람에 대한 기대가 남아 있기 때문입니다. "정말 나에게는 아무도 없다. 내가 의지할 분은 오직 하나님 한 분뿐이다"라고 고백할 때 하나님을 철저히 붙들 수 있습니다.

세상에 대한 미련을 포기하다

그리고 욥은 또 하나를 포기합니다. 세상에 대한 미련, 더 살아 보겠다는 모든 희망을 내려놓습니다.

그가 나를 죽이시리니 내가 희망이 없노라 그러나 그의 앞에서 내 행위를 아뢰리라 • 13:15

친구들은 "빨리 회개하고 돌아오면 하나님이 회복시켜 줄 것이다. 부자가 되게 할 것이고, 잃어버린 명예와 가족을 회복시켜 줄 것이다"라며 눈에 보이는 현실적인 회복을 약속합니다. 세상에 붙들려 있습니다. 그런데 욥은 세상에 대한 미련을 버렸습니다.

인생의 어느 순간에는 반드시 두 가지를 포기해야 합니다. 인간의 한계를 인정할 때 대가를 바라지 않고 진정 사랑할 수 있습니다. 세상에 대한 미련을 버릴 때 인생을 제대로 살 수 있습니다.

여기서 질문을 하나 하겠습니다. "세상에 대한 미련을 버리는 것은 좋은 것입니까, 나쁜 것입니까?" 이때 세상에 대한 미련을 버리는 것과 생명을 포기한다는 말은 다른 말입니다. 세상에 대한 미련을 버리는 것은 좋은 것입니다. 그러나 생명을 포기하는 것은 나쁜 것입니다.

욥이 무엇이라고 합니까?

경건하지 않은 자는 그 앞에 이르지 못하나니 이것이 나의 구원이 되리라 • 13:16

이제 죽어서 하나님을 만날 것인데, 이것이 나의 구원이 되리라고 한 것입니다. 또한 그는 "내가 정의롭다 함을 얻을 줄 아노라"(13:18)라고 했습니다. 하나님이 나를 구원하시고 옳다고 할 것이라는 뜻입니다. 욥이 생각하는 구원은 이 세상을 떠나 하나님께로 가는 것이고, 하나님 앞에서 의롭다고 인정을 받는 것입니다. 그러니까 욥은 구원의 확신을 가지고 있습니다.

욥이 간절히 바란 것

그런데 여기서 놀라운 일이 벌어집니다. 세상을 떠나 하나님 앞에 설 것이고, 하나님이 나를 구원할 것인데, 그것이 확실해지자 욥에게는 두려움이 생겼습니다. 오해하지 마세요. 욥은 지금 죽음이 두려운 것도 아니고, 하나님의 구원을 의심하는 것도 아닙니다. 그러나 거룩하신 하나님을 만나려고 하니까, 나를 사랑하신 하나님을 만나려고 하니까, 하나님 앞에 가서 지나온 인생에 대해 결산할 생각을 하니까 부끄러워진 것입니다. 그 많은 사랑을 받고 살면서 제대로 살았는지, 그 많은 축복을 받고 살면서 제대로 응답을 했는지 생각해 보니 자신이 없어진 것입니다.

그래서 하나님께 고백합니다.

나의 죄악이 얼마나 많으니이까 나의 허물과 죄를 내게 알게 하옵소서 • 13:23

그러나 하나님은 대답이 없으십니다. 그래서 욥은 괴로워했습니다(13:24). 이 책 5장에서 '영혼의 괴로움'에 대해 살펴보았습니다. 영혼의 괴로움은 하나님 앞에 설 수 있는 준비를 하는 것이고, 정결하게 자기를 씻는 작업입니다. 그래서 욥은 자기가 젊은 시절에 지은 모든 죄까지 회개했습니다(13:26). 정결해지려고 몸부림친 것입니다. 그런 욥이 간절히 바란 것이 있습니다. "나를 부르소서 대답하리이다!"

하나님의 자녀들은 언제 가장 기뻐할 수 있을까요? 상황이 좋으면 기뻐할 수 있을까요? 아닙니다. 어떤 어려운 상황도 관계없습니다. 욥은 친구들에게도 버림받았습니다. 세상에서 더 살아갈 가능성도 사라졌어요. 그래도 괜찮습니다. 마지막 하나만 있으면 됩니다. 그것은 하나님의 음성입니다! 하나님의 음성을 들을 때 하나님의 자녀는 행복한 것입니다. 하나님의 말씀이 들려올 때 그는 기뻐할 수 있습니다. "주 음성 외에는 참 기쁨 없도다"(새찬송가 446장). 이 찬송 가사처럼 주님의 음성만 있으면 됩니다.

욥이 원하는 것은 단 하나입니다. "하나님, 나를 불러 주세요! 그러면 대답하겠습니다." 하나님이 이렇게 나를 불러 달라는 것입니다. "내 사랑하는 종, 욥아! 너는 최선을 다했다. 너의 고난은 무의미하지 않다. 하나님의 영광을 위한 것이고, 너의 성장을 위한 것이고, 하늘나라 상급을 위한 것이란다. 두려워하지 마. 내가 너를 사랑한다. 어서 오너라. 고생 많았지? 내가 너를 반갑게 맞아 주마." 이 한마디만 들려주시면 더 바랄 것이 없겠다는 것입니다.

"네, 주님. 감사합니다. 내가 원하는 한 가지는 하나님이 내 이름을 불러 주시고, 내 사정을 안다고 말씀해 주시고, 영원한 나라를 너에게 선물로 주겠다는 그 약속뿐입니다." 이렇게 주님과 대화가 이루어지길 원합니다. 하나님과 우리 사이에 가장 중요한 것은 대화와 소통입니다. 주님이 우리에게 말을 걸어 주시면 우리가 대답하거나 우리가 주님을 부를 때 주께서 대답해 주시는 것입니다. "욥아!", "네, 하나님!" 이렇게 되거나 아니면 "하나님!", "왜 그러느냐?" 이것만 있으면 된다는 것입니다.

그리하시고 주는 나를 부르소서 내가 대답하리이다 혹 내가 말씀하게 하옵시고 주는 내게 대답하옵소서 • 13:22

이것이 성도의 소원이요 최고의 복입니다. 하나님과의 대화와 소통이 없는 세상의 다른 복은 다 부질없는 것입니다. 이것이 하나님과 우리의 관계입니다. 하나님이 이를 위해 말씀을 통한 교제를 주고, 기도를 통한 사귐을 주고, 예배를 통한 만남을 공급해 주는 것입니다. 어떤 경우에도 하나님과의 소통은 막히지 않아야 합니다.

기도하기

말씀하시는 하나님!

욥은 자기도 몰랐지만 마음속 깊은 곳에서 사람을 의지했습니다.

친구들의 인정과 격려, 위로를 갈망했습니다.

그러나 하나님 외에는 나를 참으로 위로할 분이 없다는 것을 알았습니다.

그러면서 욥은 엄청나게 성장했습니다.

사람을 의지하지 않게 되었습니다.

더 나아가서 세상에 대한 미련을 버렸습니다.

오직 하나님의 음성을 기다리게 되었습니다.

주님, 우리도 사람을 사랑하되 사람에게 매이지 않게 하소서.

언제나 어떤 상황에서도 하나님의 음성을 들으며 살게 하소서.

나눔 질문

† 지금 나에게 발생한 여러 가지 어려운 문제들을 주님 앞에 내놓는 '기도의 3단계'는 무엇인가요?

---

† 욥은 기도하면서 중요한 사실을 깨닫고 두 가지를 포기합니다. 욥이 깨달은 중요한 사실과 포기한 것 두 가지는 무엇인가요?

---

† 세상을 떠나 하나님 앞에 설 것이고, 하나님이 나를 구원하실 것이 확실해지자 욥에게 두려움이 생겼습니다. 그 이유가 무엇인가요?

욥기 16:19-22

19 지금 나의 증인이 하늘에 계시고 나의 중보자가 높은 데 계시니라

20 나의 친구는 나를 조롱하고 내 눈은 하나님을 향하여 눈물을 흘리니

21 사람과 하나님 사이에와 인자와 그 이웃 사이에 중재하시기를 원하노니

22 수년이 지나면 나는 돌아오지 못할 길로 갈 것임이니라

10· 나의 증인은 하늘에 계십니다 욥 15-16

_진정한 평가자는 하나님이다

이제 정말 하나님을 만나야 한다고 생각한 욥은 영혼의 괴로움을 느낍니다. 하나님이 주신 생명을 가지고 제대로 살지 못했다는 부끄러운 마음, 죄송한 마음으로 괴로워합니다. 그의 마지막 소원은 하나님의 음성을 듣는 것이었습니다. 세상 모든 것이 다 사라져도 하나님의 음성만 들려온다면 더 바랄 것이 없겠다는 것입니다. 어렵고 힘들수록 하나님의 음성이 더욱 필요합니다. 하나님의 음성을 들으려면 어떻게 해야 할까요?

첫째, '하나님은 나에게 말씀하시는 분이다'라는 것을 확실히 믿어야 합니다. 부모는 자녀들과 대화하는 것을 참 기뻐합니다. 하나님도 마찬가지입니다. '하나님은 내가 마음에 들지 않아서 말씀하시지 않는다'라는 것은 잘못된 생각입니다. 그러면 하나님의 음성을 듣기가 어려워집니다. 하나님이 나에게 말씀하신다는 것이 진실입니다. 그런데 왜 못 듣습니까? 문제는 하나님이 아니라 나에게 있습니다. 내가 듣지 못하는 것입니다.

둘째, 하나님의 음성을 듣는다는 것은 갑자기 하늘에서 어떤 신령한 음성이 들려오는 것을 말하지 않는다는 사실을 기억해야 합니다. 신비한 음성 자체에 몰두하면 안 됩니다. 하나님의 음성을 듣는 목적은 나를 향한 하나님의 뜻이 무엇인가를 알기 위함입니다. 그런데 나를 향한 주님의 뜻을 알려면 내 생각에 붙들려 있으면 안 됩니다.

부부가 대화를 할 때 소통이 되지 않는 이유가 무엇인가요? 말을 안 해서일까요? 아닙니다. 말은 하는데 상대방의 말을 듣지 않고 자기 말만 하기 때문에 소통이 어렵습니다. 자기 생각을 내려놓고 들으려고 할 때 상대방의 말이 들려옵니다.

또한 대화를 할 때 한쪽이 너무 감정이 격해 있으면 기다렸다가 마음이 가라앉고 고요해졌을 때 대화하는 것이 좋습니다. 하나님과의 대화도 마찬가지입니다. 내 마음이 고요해져야 합니다. 분노하거나 너무 큰 근심에 눌려 있을 때 내 감정을 쏟아 놓을 수는 있지만 하나님의 음성을 듣기는 어렵고, 잘못 들을 수 있습니다. 정상적인 상태가 되어야 합니다. "주님, 제 마음을 고요하게 해 주세요"라고 먼저 기도해야 합니다.

셋째, 고요해진 상태에서 '이제 말씀하시면 순종하겠습니다'라는 마음으로 질문해야 합니다. 가만히 있는데 하나님의 음성이 들려오지 않습니다. 내 사정을 말씀드리면서 질문해야 합니다. "주님, 저는 이 문제에 대해 이렇게 생각하는데, 주님은 어떻게 생각하십니까?" 이렇게 듣고자 하는 방향과 주제가 분명할 때 잘 들을 수 있습니다. "하나님, 좋은 엄마가 되고 싶은데 어떻게 하면 돼요?"라고 막연하게 묻지 말고, 구체적으로 질문해야 합니다. "하나님! 우리 아이가 지금 이런 상태인데, 제가 이렇게 말했는데, 맞는지 모르겠습니다. 이럴 땐 어떻게 해야 합니까?" 질문한 후에는 하나님의 대답을 기다리는 훈련을 해야 합니다.

가장 좋은 방법은 성경을 통해서 듣는 것입니다. 그래서 하나님은 우리가 성경을 읽는 것을 기뻐하십니다. 하나님의 뜻을 알려는 마음을 가지고 말씀을 대할 때 하나님이 그 말씀을 통해 우리에게 들려주십니다. 이렇게 질문하고, 또 들으려고 하면 어떤 방법으로든지 하나님이 깨닫게 해주십니다.

나는 죄인이지만 그럼에도 불구하고

15장은 욥의 말을 듣고 엘리바스가 두 번째 말하는 내용입니다. 엘리바스는 "지혜로운 자가 어찌 헛된 지식으로 대답하겠느냐 어찌 동풍을 그의 복부에 채우겠느냐"(15:2)라는 말로 시작합니다. 욥에게 "너는 지혜로운 자인 줄 알았는데, 알고 보니 헛된 지식이구나"라고 한 것입니다. 팔레스타인에서 동풍은 사막에서 불어오는 건조한 열풍입니다. 동풍이 불면 식물들이 말라 죽기 때문에 도움이 안 되는 바람입니다. "너의 지식은 동풍과 같다. 너를 말라 죽게 하는 잘못된 것이다"라는 의미입니다.

또한 엘리바스는 "참으로 네가 하나님 경외하는 일을 그만두어 하나님 앞에 묵도하기를 그치게 하는구나"(15:4)라고 말했습니다. "네 말을 들어보면 너는 하나님을 경외하지 않는다. 하나님께 기도도 하지 않는다. '하나님, 잘못했습니다. 용서하소서!' 하며 회개하지 않고, 오히려 '이 고난은 내 죄 때문이 아닙니다. 하나님, 이 고난이 왜 있는 것입니까?'라고 하나님을 향해 질문하는 것이 잘못된 태도다"라고 한 것입니다.

"네 죄악이 네 입을 가르치나니 네가 간사한 자의 혀를 좋아하는구나 너를 정죄한 것은 내가 아니요 네 입이라 네 입술이 네게 불리하게 증언

하느니라"(15:5-6). 엘리바스의 이 말은 쉽게 말해, "네가 하는 말을 들어 보니 네가 죄인이라는 것이 분명하다. 고난을 받는 것을 보니 죄인이고, 더 나아가서 내 죄 때문이 아니라는 말을 들어 보니 죄인임이 더욱 확실하다"라는 의미입니다.

또 이어지는 10절에서 엘리바스는 "우리 중에는 머리가 흰 사람도 있고 연로한 사람도 있고 네 아버지보다 나이가 많은 사람도 있느니라"라고 말했습니다. 여기서 '우리'가 누구입니까? 욥의 친구들은 욥보다 나이가 많았습니다. 그런데 왜 욥에게 왔을까요? "하나님의 위로와 은밀하게 하시는 말씀이 네게 작은 것이냐"(15:11)라는 말에서 알 수 있듯이, 하나님의 말씀으로 위로하기 위해서 온 것입니다. 그래서 조용히 알아듣도록 말해 주었는데, 욥의 반응이 어떠했다는 것입니까? 한마디로, "너는 어찌하여 눈을 똑바로 뜨고 대드느냐? 넌 애비도 없느냐?"는 것입니다. 그러면서 하나님이 이런 악인에게는 어떻게 행하는지를 15장 후반부에서 설명합니다. 저주를 퍼붓습니다.

16장은 여기에 대한 욥의 대답입니다.

너희는 다 재난을 주는 위로자들이로구나 • 16:2

말로는 위로한다고 하지만 자기를 더 괴롭히는 사람들이라는 것입니다. "나도 너희처럼 말할 수 있나니 가령 너희 마음이 내 마음 자리에 있다 하자"(16:4). 이는 역지사지(易地思之)를 의미합니다. 입장을 바꿔 놓고 생각하자는 것입니다. "나 같으면 어떻게 했을까? 입장이 바뀌었다면 나는 상처 주지 않고 위로했을 것이다"라고 한 것입니다.

그리고 욥은 그들에 대해서, 그리고 하나님에 대해서 자기 입장을 밝혔습니다.

그러나 내 손에는 포학이 없고 나의 기도는 정결하니라 • 16:17

"너희들의 행동을 악으로 갚지 않겠다. 나의 기도는 정결하다"는 말입니다. 하나님을 향해 이럴 수가 있습니까? 원망하지도 않겠다는 것입니다.

욥이 낙심하거나 원망하지 않고 끝까지 버틸 수 있었던 이유는 하나님의 사랑과 은혜를 믿었기 때문입니다. '이 고난은 하나님의 저주가 아니다. 이 속에는 하나님의 깊은 뜻이 있다. 나를 향한 사랑이 있다. 이 일을 통해 하나님은 큰일을 이루실 것이다.'

마르틴 루터가 종교 개혁을 하고 있던 어느 날 사탄이 그를 시험했습니다. "너는 죄인이다. 죄인인 주제에 어떻게 교회를 개혁한단 말이냐?" 그 말에 루터는 고민했습니다. 그러나 마침내 믿음으로 다시 일어서서 외쳤습니다. "맞다. 나는 죄인이다. 그러나 그럼에도 불구하고 하나님은 나를 사랑하신다. 하나님은 나를 의롭다고 하셨다. 사탄아, 물러가라!"

여기서 루터는 신앙생활을 할 때 아주 중요한 단어를 발견했습니다. 그 단어를 모르면 믿음의 싸움을 할 수가 없습니다. 그 단어는 '그럼에도 불구하고'(nevertheless)입니다. "나는 죄인이다. 그럼에도 불구하고, 그럼에도 불구하고, 그럼에도 불구하고… 하나님은 나를 사랑하신다! 하나님이 나를 의롭다고 하신다. 십자가 안에서!" 이 사실을 믿어야 합니다. 못 믿으면 쓰러지고 맙니다. 그러나 믿으면 끝까지 견딜 수 있습니다.

괜찮다, 하나님이 다 갚아 주신다

친구들에게 한없이 비난을 받던 욥은 이제 위대한 고백을 합니다.

지금 나의 증인이 하늘에 계시고 나의 중보자가 높은 데 계시니라 • 16:19

어느 분과 상담을 하게 되었는데, 들어 보니 가까운 사람들과의 관계에서 시험에 들었습니다. "다들 나를 오해하고, 몇 사람은 나를 욕합니다. 아무개는 없는 말도 만들어서 나를 힘들게 합니다." 뭐라 할 말이 없어 그저 잘 듣고 있었던 제게 그분이 물었습니다. "목사님은 오해를 받을 때 어떻게 이기세요? 저는 목사님을 만나서 얘기하면 들어 주고 위로해 주고 기도해 주시는데, 목사님은 그럴 분이 없잖아요?" 그래서 제가 말했습니다. "제 힘으로 어떻게 이기겠어요? 성경에 나온 대답을 붙잡을 뿐이지요. 그것으로 충분합니다." "성경에 뭐라고 나와 있는데요?"라는 질문에 저는 이 장 제목으로 답했습니다. "나의 증인은 하늘에 계십니다."

사람들이 나를 몰라줘도 괜찮습니다. 억울할 것 없습니다. 하나님은 아시니까요. 손해 볼 것 없습니다. 하나님이 다 갚아 줄 테니까요. 그러니까 사람들을 바라보며 일희일비할 필요 없습니다. 나의 증인은 하늘에 계시니까요! 이 고백만 진실하다면 어떤 시험도 이길 수 있습니다. 이것만 확실하다면 흔들리지 않을 수 있습니다. 그런데 우리는 이 한마디를 믿지 못하고 삽니다.

욥이 "나의 증인은 하늘에 계신다"라고 고백했을 때, 성경에는 기록되어 있지 않지만 그는 마음 깊은 곳에서 하나님의 음성을 들었을 것입니다. 저는 그렇게 확신합니다. 왜냐하면 제 경험이 늘 그러했기 때문입니다. 제가 하나님께 진실한 고백을 드릴 때 하나님은 항상 음성을 들려주셨습니다. "욥아! 네 말이 맞다. 나는 너의 의로움을 알고 있다. 나는 너를 사랑한다. 그리고 이 고난을 통하여 위대한 일을 이룰 것이다." 그러니 "나의 증인은 하늘에 계십니다" 고백하며 그 고백에 응답하시는 하나님의 음성을 들으며 살아가기를 바랍니다.

기도하기

진정한 평가자인 하나님!
욥은 이해할 수 없는 비난을 받으면서 상대방을 설득할 수도 없었고,
세상 어디에도 그의 진실을 인정해 주는 사람이 없었습니다.
그러나 그는 쓰러지지 않았습니다.
왜냐하면 "나의 증인은 하늘에 계십니다"라고
고백할 수 있었기 때문입니다.
진정한 평가자는 사람이 아니라,
하늘에 계신 하나님이라는 것을 알았기 때문입니다.
우리도 이런 고백을 하며 살게 하소서.

나눔 질문

† 하나님의 음성을 듣기 위한 세 가지 방법은 무엇인가요?

† 욥이 고난 중에도 낙심하거나 원망하지 않고 끝까지 버틸 수 있었던 이유는 무엇인가요?

† 욥과 같이 주변 사람으로부터 근거 없는 비난을 받거나 시험을 받았던 경험이 있다면 이야기해 보고, 그 상황을 극복할 방법을 나눠 봅시다.

욥기 17:1-4, 9

1 나의 기운이 쇠하였으며 나의 날이 다하였고 무덤이 나를 위하여 준비되었구나

2 나를 조롱하는 자들이 나와 함께 있으므로 내 눈이 그들의 충동함을 항상 보는구나

3 청하건대 나에게 담보물을 주소서 나의 손을 잡아 줄 자가 누구리이까

4 주께서 그들의 마음을 가리어 깨닫지 못하게 하셨사오니 그들을 높이지 마소서

9 그러므로 의인은 그 길을 꾸준히 가고 손이 깨끗한 자는 점점 힘을 얻느니라

11• 나에게 담보물을 주소서 욥 17

_하나님이 내 인생을 담보해 주신다

한 골프 선수가 중요한 경기에서 마지막 몇 타를 남겨 두게 되었습니다. 마지막 공 몇 개를 성공하면 우승이었습니다. 하지만 여기서 실수하면 오랜 꿈이 물거품이 되는 긴장된 순간이었습니다. 그는 골프채를 내려놓고 잠시 하나님께 기도를 드렸습니다. 그리고 마지막으로 몇 타를 멋지게 성공시켜서 우승을 했습니다. 기뻐하는 그에게 친구가 다가가서 말했습니다. "축하하네. 정말 잘했어! 그런데 조금 전에 뭐라고 기도했나? 우승하게 해 달라고 기도했나?" 이 말을 들은 그가 대답했습니다. "아니야, 정반대일세. '하나님, 내 머릿속에서 우승컵이 사라지게 해 주소서' 이렇게 기도했다네."

프로 골퍼 래리 넬슨의 이야기입니다. 우승컵이 왔다 갔다 하는 순간, 그에게 정말 필요한 것은 우승에 대한 강한 욕망이나 승부욕이 아니라, 오직 깨끗한 마음, 단순하고 평안한 마음이었던 것입니다.

인생의 중요한 순간에 우리에게 필요한 것은 무엇일까요? 단순하고 깨끗한 마음입니다. 하나님을 바라보는 마음입니다. 그럴 때 우리는 하나님의 인도함을 받을 수 있고, 올바른 길을 걸어갈 수 있습니다.

비난하는 친구들을 향한 욥의 자세

17장은 욥이 하나님께 기도하는 내용입니다. 본문에는 탄식과 기도와 신앙 고백 등 세 가지가 섞여 있습니다. 먼저, 탄식입니다. 욥은 너무 힘들어 신음하고 울부짖었습니다. 또한 욥은 순간순간 울면서 기도했습니다. 마지막으로 본문에는 신앙 고백이 나옵니다. 울다가, 기도하다가, "그러나 하나님은 이런 분입니다"라고 고백하는 내용이 엉켜 있습니다. 그냥 읽으면 욥이 왜 이렇게 왔다 갔다 하는가 생각할 수 있지만, 고난을 당한 사람의 입장에서 보면 지극히 당연합니다. 고난당한 사람은 눈물을 흘리다가, 기도했다가, 믿음의 고백을 하기도 하고, 다시 눈물을 흘립니다. 이런 상황이 17장에 그대로 나타나 있습니다.

욥의 상태를 살펴봅시다. 몸의 기운이 다 빠져서 곧 죽을 것 같습니다. 그런데 친구들은 계속 그를 비난하고 조롱합니다. 죄 때문이라고 그를 괴롭힙니다. 그런데 친구들이 왜 그토록 욥을 괴롭힌 것일까요? "보상을 얻으려고"(17:5) 친구를 비난하는 것입니다. 자기들의 이론을 증명하기 위해서 욥을 괴롭혔습니다. 그들은 '고난은 죄의 결과다'라는 오직 한 가지 논리를 가지고 욥을 공격했습니다.

그러나 욥은 받아들이지 않았습니다. 욥의 관점에서, 고난에는 여러 가지 이유가 있습니다. 죄 때문에 당하는 고난도 있지만 그것이 다가 아닙니다. 고난 속에는 하나님의 사랑이 들어 있고, 고난을 통해 하나님이 큰 역사를 이루신다는 것을 그는 알고 있었습니다. 그렇다면 욥과 친구들

중에서 누가 고난에 대해 더 잘 알고 있나요? 욥이 더 잘 알고 있습니다.

더 나아가서 욥은 친구들의 반응을 신학적으로 해석했습니다. "하나님이 나를 백성의 속담거리가 되게 하시니 그들이 내 얼굴에 침을 뱉는구나"(17:6). "내가 사람들의 입술에 오르내리는 것, 무시를 당하는 것도 하나님이 한 일이다. 친구들을 통해서 들려오는 소리도 그들을 통하여 하나님이 나에게 말씀하는 것이다"라고 받았습니다.

이런 자세는 신앙적으로 아주 중요합니다. 성경에 예가 많은데, 하나만 들겠습니다. 사무엘하 16장을 보면, 다윗은 압살롬의 반역 때문에 궁전을 떠나 피난길에 올랐습니다. 그때 시므이라는 사람이 돌을 던지면서 "피를 흘린 자여 사악한 자여 가거라 가거라"(삼하 16:7) 하며 저주했습니다. 사울왕을 죽이고 왕이 되었으니 아들에게 이 꼴을 당하는 것이라며 조롱했습니다. 그 모습을 본 다윗의 부하는 "이 죽은 개가 어찌 내 주 왕을 저주하리이까 청하건대 내가 건너가서 그의 머리를 베게 하소서"(삼하 16:9)라고 말했습니다.

그때 다윗이 무엇이라고 말합니까? 사무엘하 16장 10-12절에서 다윗이 한 말을 요약하면 이렇습니다. "내버려 두라. 하나님이 저주하라고 하신 것을 어찌하겠느냐. 하나님이 나를 불쌍히 여기기를 바랄 뿐이다." 그는 오히려 하나님을 바라보며 원통함을 갚아 주길 기도했습니다. 사람의 비난을 받으면서 그 사람에게 보복하지 않고, 하나님께 기도했습니다. 그 모습을 하나님은 기뻐하셨고 높여 주셨습니다.

그러므로 사람들이 나를 무시하고 욕할 때, 그때마다 화를 내면서 '저 사람이 어떻게 나에게 이럴 수 있는가? 은혜도 모르는 사람 아닌가?' 하며 분노하거나 보복하려고 하면 안 됩니다. 나만 다칩니다. 오히려 '하나님이 나를 낮추시나 보다'라고 생각하세요. 그 사람을 원망하지 않고, 미워하지 않고, 오직 하나님께 "제가 이런 지경이 되었습니다. 불쌍히 여기고 선하게 해결해 주소서"라고 아뢰는 것이 성숙한 반응입니다. 그때 하나님이 높여 주십니다.

하나님이 담보할 때 흔들리지 않는다

이제 욥은 하나님께 기도합니다.

청하건대 나에게 담보물을 주소서 나의 손을 잡아 줄 자가 누구리이까 • 17:3

담보물이란 보증해 주는 물건을 의미합니다. 돈을 빌릴 때 못 갚으면 대신 주겠다는 것이 바로 담보물입니다.

그런데 여기서 '담보물', 그리고 '손을 잡아 준다'는 말은 법정 용어입니다. 재판정에서 피고가 나를 믿어 달라고 하지만 아무도 믿지 않습니다. 그럴 때 증인이 필요합니다. 그런데 증인의 법적 효력이 부족할 경우 증인이 담보물을 제공하며 말합니다. "이 사람은 정말 죄를 짓지 않았습니다. 내가 이 사람을 위해 내 재산을 담보물로 내놓겠습니다. 만약 이 사람이 죄인이라는 것이 확인된다면 이 담보물을 가져가세요!" 이것이 욥이 말한 담보물의 의미입니다.

심지어는 목숨을 담보물로 잡히기도 합니다. 죄인이 사형 선고를 받았는데, 부모님이 돌아가셨습니다. 장례를 치러야 해서 보내 주고 싶지만 도망가면 큰일입니다. 그럴 때 친구가 나타나서 "내가 그를 위해 감옥에 있겠습니다. 그가 돌아오지 않으면 나를 대신 죽이시오"라고 말하는 경우 그 친구가 담보물이 됩니다.

"나의 손을 잡아 줄 자가 누구리이까"라는 말씀을 정확하게 번역하면 "당신 외에는 누가 있습니까"라는 뜻입니다. 그러니까 자기의 전 재산을 내놓거나 자신의 생명을 걸고 나의 무죄를 주장해 줄 사람, 의지할 곳이 없어 허우적거리는 내 손을 잡아 줄 사람이 누가 있느냐는 말입니다. 다시 말하면 사람 중에는 없다는 말입니다. "하나님, 저를 믿어 줄 사람이 이 세상에는 아무도 없습니다. 하나님뿐입니다. 하나님이 저의 무죄를 확인해 주소서. 하나님이 나타나서 '너희들은 틀렸고, 욥이 옳다!'라고 말씀해 주세요" 이런 의미입니다.

담보물은 미래를 약속하는 것으로, 쉽게 말하면 계약서입니다. 집을 사겠다는 계약서를 작성하면 당장 들어가서 거주하게 되나요? 아닙니다. 그것은 미래에 이루어질 일입니다. 그러나 이때부터는 내 집이라고 말할 수 있습니다. 보이는 담보물인 계약서가 있기 때문입니다. 담보물만 있다면 지금은 아니더라도 언젠가 확실하게 그렇게 됩니다.

이를 욥에게 적용하면, 욥은 하나님께 자신이 죄가 없이 고난당했다는 것을 선언해 달라고 한 것입니다. "지금 당장 그렇게 되지 않더라도 앞으로 반드시 그렇게 될 것이라는 약속을 주세요. 하나님이 보장하는 확실한 약속만 있다면 이길 수 있겠습니다"라는 뜻입니다. 그런 담보물만 있다면 어떻게 될까요?

그러므로 의인은 그 길을 꾸준히 가고 손이 깨끗한 자는 점점 힘을 얻느니라 • 17:9

하나님의 담보물만 있다면 그 약속을 믿고 흔들리지 않고 그 길을 계속 갈 수 있습니다.

욥은 담보물을 받았을까요? 성경에는 기록되어 있지 않습니다. 그러나 그 결과가 10절입니다. 욥은 아주 담대하게 말했습니다.

너희는 모두 다시 올지니라 내가 너희 중에서 지혜자를 찾을 수 없느니라

• 17:10

즉 "너희들이 아무리 나를 비난하고 정죄해도 소용없다. 나는 끄떡도 하지 않는다. 갔다가 다시 오너라. 가서 공부 좀 더 해 와라. 얼마든지 상대해 주마"라고 한 것입니다. 이 말이 어떻게 가능했을까요? 하나님이 담보물을 주셨기 때문입니다. 하나님이 욥의 마음에 "욥아, 네 고난은 무의미하지 않아. 네가 의롭다는 것을 모든 사람에게 확실히 알게 할 거야. 그러니 낙심하지 말라"라는 확신을 주신 것입니다.

욥도 처음에는 흔들렸습니다. 그러나 이제는 확실히 알게 되었습니다. 하나님이 내 편이라는 것을! 나의 증인이 하늘에 계시다는 것을! 그리고 하나님이 나에게 담보물을 주었다는 것을 말입니다. 그래서 이제는 누가 뭐라 해도 흔들리지 않습니다.

〈지저스 크라이스트 슈퍼스타〉라는 작품에서 예수님은 겟세마네 동산에서 이렇게 기도합니다. (이 내용이 성경에 나오지는 않습니다. 작가의 상상력입니다.) "하나님, 내가 이렇게 십자가를 집니다. 고난을 당하겠습니다. 그러나 이 고난의 마지막 결과를 보장해 주세요. 십자가의 결과가 만민의 구원이고, 하나님께는 영광이고, 진정한 기쁨이 될 것이라는 사실을 확증해

주세요. 고난의 결론이 축복이라는 것을 확인해 주세요. 그것만 있다면 견딜 수 있겠습니다." 욥의 기도 내용과 똑같습니다. 고난의 시간에 마지막으로 필요한 것은 확실한 담보물입니다.

최고의 담보물을 바라보라

그렇다면 우리에게는 어떤 담보물이 있을까요? 신학적으로 최고의 담보물은 무엇일까요? 첫째는 하나님의 말씀, 성경이 담보물입니다. 이것을 객관적인 담보물이라고 합니다. "날 사랑하심 날 사랑하심 날 사랑하심 성경에 쓰였네"(새찬송가 563장). 둘째는 성령입니다. 성령이 우리에게 증언합니다. 성령은 주관적인 담보물입니다. 그런데 성경과 성령이 증언하는 내용이 무엇입니까? 예수 그리스도입니다. 그래서 마지막으로 최고의 담보물은 예수 그리스도입니다.

이와 같이 예수는 더 좋은 언약의 보증이 되셨느니라 • 히 7:22

언약에는 두 종류가 있습니다. 율법의 언약과 은혜 언약입니다. 율법의 언약은 '율법을 지키면 구원을 받는다'는 것으로, 행위 언약이라고 합니다. 그런데 율법을 지킬 수가 없어요. 율법의 언약을 뛰어넘는 언약을 은혜 언약이라고 합니다. 은혜 언약은 무엇입니까? '예수님을 믿으면 어떤 죄라도 용서를 받는다. 예수 그리스도의 의를 힘입어 구원을 받는다'는 것으로, 믿음의 언약입니다. 은혜 언약이 더 좋은 언약입니다.

그 언약의 보증이 예수 그리스도입니다. 그러니까 십자가에 죽으시고 부활하신 예수님이 언약의 담보물입니다. 그런데 예수님도 내 눈에 안 보입니다. 좀 더 구체적인 담보물은 없을까요? 내 눈으로 보고, 내 손으로 만질 수 있는 담보물이 있습니다. 십자가입니다!

"하나님이 나를 사랑한다고 믿습니까? 증거가 무엇입니까? 담보물을 보여 주세요." 바로 십자가입니다. "하나님이 어떤 경우에도 나를 버리지 않을 것을 믿습니까? 증거 있어요? 담보물을 내놓으세요." 예수님의 십자가입니다. "내가 고난 중에 있는데, 이 고난이 무의미하지 않으며 그 속에도 뜻이 있다고 믿습니까? 그 증거가 있나요?" 그 담보물이 십자가입니다.

그러므로 십자가는 하나님이 인간에게 준 최고의 담보물입니다. 가장 구체적인 담보물입니다. 미래가 불안합니까? 하나님의 사랑이 의심되나요? 최고의 담보물을 바라보세요.

한 사람의 가치는 누가 얼마나 담보해 줄 수 있는가에 달려 있습니다. 하나님이 나의 담보물이 되어 주면 현실에 대해 염려할 필요가 없습니다. 하나님이 나를 보증해 주면 그 인생은 위대한 인생이 됩니다. 그러나 하나님이 내 인생을 담보해 주지 않는다면 초라한 인생이 될 수밖에 없습니다. 인간의 담보물은 불에 탈 수도 있고, 도둑맞을 수도 있고, 사라질 수도 있지만, 하나님이 담보물이 되어 주면 그보다 안전한 것은 어디에도 없습니다.

욥은 담보물을 구했고, 하나님은 그에게 응답했습니다. 그래서 그는 다시 일어섰습니다. 우리는 욥보다 더욱 확실하고 완전한 담보물을 소유하고 있습니다. 그러므로 이제는 의심하거나 낙심하지 말고 미래를 향해 달려가야 합니다.

기도하기

고난 중에도 함께하시는 하나님!

욥은 어떤 상황에서도 흔들리지 않도록 담보물을 달라고 기도했습니다.

그때 하나님은 욥에게 확실한 음성을 들려주었습니다.

그래서 욥은 흔들리지 않고 믿음의 길을 걸어갔습니다.

오늘 우리도 담보물이 필요합니다.

내가 비록 고난을 당하고 있지만 하나님이 나를 사랑한다는 담보물,

어떤 경우에도 나를 버리지 않는다는 담보물,

내 인생은 하나님 안에서 실패가 아니라는 담보물,

내가 세상을 떠날 때 나를 영접해 주시고

두 팔 벌려 안아 주겠다는 담보물이 필요합니다.

그 담보물로 성경을 주었고, 성령을 주었고,

예수님을 주었고, 십자가를 주었습니다.

그 담보물을 꼭 붙들고 의심 없이

살아가는 우리 모두가 되게 하소서.

나눔 질문

† 욥기 17장은 욥이 하나님께 기도하는 내용입니다. 본문에 섞여 있는 세 가지 내용은 무엇인가요?

† 사람들이 나를 무시하고 비난할 때 내가 가져야 할 태도는 무엇인가요? 나의 경험을 비춰 나눠 봅시다.

† 하나님이 우리에게 준 담보물들은 무엇인가요? 그중 최고의 담보물은 무엇인가요?

욥기 19:25-29

25 내가 알기에는 나의 대속자가 살아 계시니 마침내 그가 땅 위에 서실 것이라
26 내 가죽이 벗김을 당한 뒤에도 내가 육체 밖에서 하나님을 보리라
27 내가 그를 보리니 내 눈으로 그를 보기를 낯선 사람처럼 하지 않을 것이라 내 마음이 초조하구나
28 너희가 만일 이르기를 우리가 그를 어떻게 칠까 하며 또 이르기를 일의 뿌리가 그에게 있다 할진대
29 너희는 칼을 두려워할지니라 분노는 칼의 형벌을 부르나니 너희가 심판장이 있는 줄을 알게 되리라

12• 나의 하나님은 살아 계십니다 욥19

_나를 건져 내실 대속자

빌리 그레이엄 목사님의 친구이며 동역자로서 많은 사람을 하나님께로 인도했던 유명한 부흥사 찰스 템플턴이라는 분이 있습니다. 사람들은 그가 빌리 그레이엄보다 낫다고 평가했습니다. 그런 그가 갑자기 하나님을 버렸습니다. 그러면서 쓴 책이 《Farewell to God》(하나님과의 작별)입니다.

기자가 그에게 물었습니다. "하나님에 대한 믿음을 잃어버리게 된 사건이 있습니까?" 그러자 템플턴은 이렇게 설명했습니다. "있습니다. 〈라이프〉라는 잡지에 실린 사진 때문입니다. 아프리카 흑인 여자가 극심한 가뭄 상태에서 죽은 아기를 가슴에 안고 한없이 슬픈 표정으로 하늘을 올려다보는 사진이었습니다. 나는 이 사진을 보고 생각했습니다. '사랑의 하나님이라면 어떻게 이런 일을 할 수 있는가? 이 여자에게는 비가 필요하다. 그런데 왜 비를 내려 주지 않는가? 비는 누구의 소관인가? 하나님의 소관이다. 그런데 비는 내리지 않았다. 악마가 아니고서야 어떻게 엄마에게서 아기를 빼앗아 가고, 목말라하는 그들에게 비를 내리지 않을 수 있단 말인가?' 이해가 되지 않았습니다. 그래서 하나님을 떠나게 되었습니다."

고대 그리스 철학자 에피쿠로스는 말했습니다. "신(神)은 악을 없애고 싶어도 능력이 없거나, 능력은 있어도 그럴 마음이 없거나, 능력도 없고 그럴 마음도 없거나 셋 중에 하나다. 원하는데 능력이 없다면 그는 무능하다. 능력은 있는데 원하지 않는다면 그는 악하다. 능력도 있고 악을 없앨 마음도 있다면 이 세상에 왜 악이 존재하는가?"

"세상에 이렇게 많은 고통이 있는 것은 하나님이 없기 때문이다." 무신론자들의 중요한 명제입니다. 그런데 이 주장의 전제가 무엇입니까? "사랑의 하나님과 고통은 공존할 수 없다"는 것입니다. 그러나 이런 주장이 맞는 것일까요? 고통과 하나님의 선함은 공존할 수 없을까요? 있습니다. 의사가 환자에게 환부를 도려내는 고통을 주고, 코치가 선수들을 훈련시키는 것은 악이 아니라 선입니다. 좋은 부모도 자녀들을 위해 일시적으로 고통을 줄 수 있습니다. 하나님이 고통을 허락하시는 것은 도덕적으로 악한 것이 아닙니다. 하나님은 악을 미워하시고, 결국에는 악을 제거하실 것이지만, 그 과정에서 고통을 허락하시고 선한 목적으로 사용하기도 합니다.

고통의 문제를 깊이 연구해 보면 이상한 결과가 나옵니다. 신학자 제임스 스튜어트는 이렇게 말했습니다. "회의론은 구경꾼, 즉 바깥에서 비극을 쳐다보는 자들 속에서 나오는 법이다. 현장에서 고통을 겪는 이들 속에서 나오는 것이 아니다. 분명한 사실은, 불굴의 믿음으로 가장 빛나는 모범이 되어 준 사람들은 세상에서 가장 큰 고통을 당한 이들이라는 것이다." 고통 때문에 하나님을 부정하는 사람은 편하게 살고 있는 외부 관찰자입니다. 반면, 실제로 고통을 당하는 사람은 고통을 통해 더 굳센 믿음의 사람이 됩니다. 이것을 '고난의 아이러니'라고 합니다.

왜 이런 일이 일어납니까? 어째서 가장 심한 고통을 받는 사람들이 오히려 하나님의 선하심을 확신하는 것일까요? 고통을 당하는 사람들은 하나님을 고통 가운데로 초청하고 부르짖고 그 안에서 그분을 만나는 경험을 하기 때문입니다. 철학에서는 이것을 '비명제적 지식'이라고 합니다. '비명제적'이란 말은 말이나 글로 정확하게 표현하기 어렵다는 뜻입니다. 그러나 '지식'입니다. 이해할 수 있다는 의미입니다.

종합하면, '고난에 대한 논리적 설명은 한계가 있다. 그러나 직접 고난을 경험하면 알 수 있다'는 것입니다. 왜냐하면 하나님은 고통당하는 자들과 함께 아파하며 그들을 만나 주시기 때문입니다. 그러므로 고통은 하나님을 떠나는 이유가 되기도 하지만, 더 많은 경우 하나님을 개별적으로 만나는 가장 좋은 기회가 됩니다.

부르짖으면 살길이 열린다

욥기 18장은 두 번째 친구 빌닷의 두 번째 공격입니다. 빌닷은 처음에는 비교적 부드럽게 말했는데 이제는 태도가 더 거칠어졌습니다.

너희가 어느 때에 가서 말의 끝을 맺겠느냐 • 18:2

여기서 욥은 개인인데 왜 '너희'라고 했을까요? 빌닷은 욥을 악인의 반열에 올려놓고 악인들을 통틀어 '너희'라고 한 것입니다. 그렇다면 악인이 누구입니까? 죄를 지었으면 죄인입니다. 그런데 그 죄인이 회개하지 않으면 악인입니다. 친구들이 죄를 회개하라고 말했는데 욥이 "나는 죄가 없다. 이 고난은 하나님의 뜻이다"라고 말하자 화가 난 것입니다. "그만큼 말했으면 알아들어야지, 계속 아니라고 우기느냐? 언제까지 그럴 거냐? 그 정도로 두들겨 맞았으면 깨달아야 될 것 아닌가?" 이런 뜻입니다.

어찌하여 우리를 짐승으로 여기며 부정하게 보느냐 • 18:3

'짐승으로 여긴다'는 것은 아주 무시한다는 뜻입니다. 예를 들어, 똥개가 짖으면 일일이 상대합니까? 짖거나 말거나 상관하지 않습니다. "개가 짖어도 기차는 간다"는 속담처럼 욥이 친구들의 말을 거들떠보지도 않고 수용하지 않는다고 화를 내는 것입니다.

그러면서 욥을 평가합니다. "울분을 터뜨리며 자기 자신을 찢는 사람아"(18:4). 이는 너무 힘들고 괴로울 때 하는 행동입니다. 욥은 하나님 앞에서 울부짖고 탄식했습니다. 하나님 앞에서 몸부림친 것을 표현한 것입니다. 울분을 터뜨리며 자신을 찢는 것이 좋은 것입니까, 나쁜 것입니까? 너무 힘들고 어려우니까 하나님 앞에 나와서 가슴을 치고 통곡하면서 "하나님, 어찌하면 좋습니까? 왜 이런 일이 있는 것입니까?" 하며 울며 기도하고 매달리는 것은 좋은 것입니다. 다른 곳에 가서 울지 말고 하나님 앞에서 울면 살길이 열립니다.

그런데 믿음 없는 사람의 눈에는 이 모습이 하나님 앞에서 따지고 저항하는 것처럼 보인 것입니다. 그래서 빌닷은 욥을 비난했습니다. "너 때문에 땅이 버림을 받겠느냐 바위가 그 자리에서 옮겨지겠느냐"(18:4). 다시 말하면 이런 뜻입니다. "네가 아무리 그래 봤자 소용이 없어. 아무것도 바뀌지 않아! 엄연한 사실을 왜 부정하느냐? 그런다고 하나님이 들어주실 것 같으냐?" 정말 잔인하지 않습니까? 우리가 어려운 일을 만나서 하나님께 부르짖고 몸부림치는 것이 소용이 없고, 그래 봤자 아무것도 바뀌지 않을까요? 그런 몸부림이 어리석은 일입니까? 아닙니다. 우리는 마음을 하나님 앞에 쏟아 놓아야 합니다.

시편에서 다윗은 탄식하고 몸부림쳤습니다. 그러다 보면 마음이 가라앉고 하나님이 내 기도를 들으시는 것을 깨닫게 되고, '지금까지 내 힘으로 산 것이 아니구나. 앞으로도 은혜로 돌보실 것이다'라는 사실을 확인하면서 위로를 받고, 탄식이 감사의 찬송으로 바뀝니다.

언젠가 저녁 시간에 잠깐 예배당에 들어갔는데, 한 성도님이 맨 앞줄에 앉아 가슴을 치며 발을 동동 구르며 기도하고 있었습니다. 너무 답답한 심정이 뒤에서도 보여 가슴이 찡했습니다. 그 모습을 보면서 생각했습니다. '저분이 여기 잘 왔구나. 저 마음으로 다른 데 가면 죽는데, 하나님 앞으로 왔으니 살았구나. 제대로 찾아왔구나. 하나님, 저분의 몸부림을 보시지요? 기억하시고 해결해 주소서. 저 울부짖음이 찬양이 되게 하소서!' 뒤에서 그분을 바라보며 조용히 기도하고 나왔습니다.

괴로울 때 아무 말 없이 점잖게 있는 것이 믿음이 아닙니다. 울면서 자기를 찢으세요! 그러면 삽니다. 길이 열립니다. 이런 기도를 못하는 것이 문제입니다. 아무리 힘들고 어려운 일을 만나도 낙심할 필요 없습니다. "내가 하나님 앞에서 기도하다 죽으리라!" 이런 각오로 부르짖으면 살길이 열립니다. 주님 자신이 길이신데, 길이 열리지 않겠습니까.

진정한 위로를 하려면

빌닷이 정말 좋은 친구였다면 이렇게 말해 주며 격려했어야 합니다. "욥아, 그래 울어, 실컷 울어. 그래야 살지. 너의 찢어지는 마음을 하나님 앞에 다 쏟아 내. 하나님이 치유하시고 놀라운 일을 행하실 거야." 부르짖음에 대해 하나님은 약속하셨습니다. "너는 내게 부르짖으라 내가 네게 응답하겠고 네가 알지 못하는 크고 은밀한 일을 네게 보이리라"(렘 33:3).

그런데 빌닷은 욥을 악인으로 매도하면서 5절 이하에서 악인이 당하는 저주를 열거합니다. 악인의 빛은 꺼지고, 빠지고, 얽히고, 무너지고, 망한다는 얘기만 합니다. 이런 말을 듣고 욥이 대답하는 말이 19장입니다. "너희가 내 마음을 괴롭히며 말로 나를 짓부수기를 어느 때까지 하겠느냐"(19:2). 그러면서 이어지는 4절에서는 "그래, 좋다. 나는 죄인이라서 고난을 당한다고 하자. 그런데 하나님 앞에서 죄인이 아닌 사람이 있느냐?" 이렇게 말했습니다.

친구들은 욥을 위로하러 왔지만 위로하지 못했고, 오히려 괴롭게 만들었습니다. 그 이유가 무엇일까요? 교만하기 때문입니다(19:5). 교만하면 위로할 수 없습니다. 어떤 교만입니까? '우리가 너보다 의롭다. 너보다 하나님을 더 잘 안다'고 생각하는 것입니다. 그러므로 위로하려면 겸손해야 합니다. 또한 '얼마나 힘이 들까?' 불쌍히 여기는 마음이 있어야 위로할 수 있습니다(19:21). 고난당하는 자를 향한 겸손한 마음, 불쌍히 여기는 마음이 있어야 진정한 위로가 됩니다.

그날을 의식하고 살아야 넘어지지 않는다

모든 사람이 욥을 떠나고 무시하고 쳐다보지도 않았습니다. 세상에서 자기편은 아무도 없는 처절한 외로움을 느끼면서 욥은 소원을 말했습니다. "나의 말이 곧 기록되었으면, 책에 씌어졌으면, 철필과 납으로 영원히 돌에 새겨졌으면 좋겠노라"(19:23-24). 자기 말을 듣는 자가 아무도 없고, 자기 고통을 아무도 몰라준다는 말입니다. 나의 말이 책에 기록되고 돌에 새겨졌으면 좋겠다고 한 이유가 무엇입니까? 지금은 아무도 모르지만 언젠가 먼 훗날에라도 누군가가 읽고 '욥이란 사람이 죄 없이 고난을 당했구나. 정말 외롭고 힘들었구나' 하고 이해해 줄지 모르니까요. 욥이 얼마나 외로웠는지 알 수 있겠지요?

하지만 욥은 이런 상황에서 위대한 신앙 고백을 합니다.

내가 알기에는 나의 대속자가 살아 계시니 마침내 그가 땅 위에 서실 것이라 • 19:25

'내가 알기에는' 이 말은 '누가 뭐래도 나는 안다'는 뜻입니다. "누가 뭐래도 나는 안다. 나의 하나님은 살아 계신다!" 신앙은 '함께' 하는 부분이 있습니다. 그러나 마지막에는 '홀로' 고백하는 부분도 있습니다. 그러므로 신앙은 '우리'도 중요하지만 '나'가 더 중요합니다.

그런데 욥이 하나님을 어떻게 부르나요? '대속자'로 부릅니다. '대신 구속하시는 분'이라는 뜻입니다. 개역한글 성경에서는 '구속자'라고 번역했습니다. '구속'(拘束)이란 검찰에서 '죄인을 체포하여 가둔다'는 말입니다. 그러나 성경에서 말하는 '구속'(救贖)은 정반대로, '죄를 지어 갇힌 사람을 대가를 주고 건져 낸다'는 의미입니다.

대속자의 현재적 의미는 '내 모든 사정을 아시는 분'입니다. 내가 이런 고통 중에 있다는 것을 아무도 모르는데 그분은 아십니다. 대속자의 미래적 의미는 '이 모든 고통에서 나를 건져 주실 분'입니다. 세상 사람들은 모두 나를 버렸습니다. 그러나 어떤 값을 지불하고서라도 나를 반드시 건져 내실 분이 대속자입니다. 그분이 살아 계신다고 욥은 고백했습니다. 나를 아시고 사랑하시고 건지시는 분, 대속자인 하나님이 살아 계십니다. 이 믿음을 가진 사람은 어떤 고난도 견딜 수 있습니다.

'땅 위에 선다'는 말은 하나님의 약속이 이 땅에서 현실적으로 성취되는 시간이 있다는 뜻입니다. 지금 고난 속에서는 모든 것이 다 흔들리고 감추어지고 악과 불의가 이기는 것 같습니다. 그러나 모든 것이 환하게 밝혀질 것입니다. 왜 이런 고난이 있었는지, 하나님이 이 사건의 의미를 환하게 밝혀 주실 그날이 분명히 있을 것입니다. 그날이 대속자가 땅 위에 서는 날입니다.

그날이 언제일까요? 욥은 자기가 곧 죽는다고 생각했습니다. 그래서 26절에서 "내가 육체 밖에서 하나님을 보리라"라고 말한 것입니다. '나는 죽은 후에 하나님을 뵐 것이다. 이 고난의 문제는 세상에서는 해결될 문제가 아니라 죽은 다음에야 해결되겠구나'라고 생각했습니다.

이어 욥은 하나님이 자신을 어떻게 대하실까에 대한 이야기를 합니다. "내가 그를 보리니 내 눈으로 그를 보기를 낯선 사람처럼 하지 않을 것이라 내 마음이 초조하구나"(19:27). 욥은 하나님을 낯선 사람처럼 대하지 않고 하나님을 반갑게 만날 것이라고 합니다. 하나님도 욥을 반갑게 대하실 것입니다. 욥이 "하나님!" 하고 부르면 하나님은 "욥아, 어서 오너라. 수고했다. 의롭게 사느라고 힘들었지? 고난 중에도 믿음을 잃지 않으려고 얼마나 힘들었니?" 하고 맞아 주실 것입니다.

욥은 중요한 사실을 깨닫게 됩니다. "내가 왜 지금까지 고난 중에서 실망하고 낙심하고 분노했던가? 왜 가족들에게 서운했고, 친구들의 위로와 인정을 그토록 갈망했는가? 고난을 받을 때 '하나님, 하나님!' 하면서도 건강과 명예와 사람들의 칭찬을 바랐구나. 내 생각과 소망이 땅의 것에 붙들려 있었구나." '육체 밖에서' 하나님을 반갑게 만날 생각을 하고 오늘을 보니까, 자신이 지금까지 '육체 안에' 붙들려 있었다는 사실을 깨닫게 된 것입니다. 그러므로 우리는 육체 안에서 살지만, 순간순간 육체 밖으로 나가야 합니다. 육체를 떠나 하나님을 반갑게 만날 것을 생각하면서 오늘을 살아야 한다는 의미입니다. 그럴 때 육체에 붙들리지 않은 삶을 살 수 있습니다.

본문을 읽으면서 '욥은 어떻게 이처럼 위대한 고백을 할 수 있었을까?' 생각해 보았습니다. 저는 아름다운 신앙 고백을 했을 때 제가 믿음이 좋아서 한 줄 알았습니다. 그런데 어느 순간 알게 되었습니다. 내가 고백하기 전에 하나님이 내 영혼에 그 음성을 들려주셨다는 것을. 나는 그 음성을 듣고 하나님 앞에 내 입으로 고백했을 뿐입니다.

그러니까 욥이 몸부림칠 때 하나님이 그에게 음성을 들려주신 것입니다. "욥아, 내가 너의 대속자다. 나는 살아 있다. 내가 땅 위에 설 것이다. 네가 육체 밖에서 나를 보리라. 내가 반갑게 너를 맞아 줄 것이다." 하나님이 이 음성을 들려주셨기에 욥이 입술로 고백할 수 있었던 것입니다.

마르틴 루터는 "사람에게는 가장 중요한 두 시제가 있다. 그것은 바로 오늘과 그날이다"라고 말했습니다. 그날을 의식하고 살아야 이 땅의 것에 넘어지지 않을 수 있습니다. 그날에 '육체 밖에서 주를 뵐 것이다'라고 생각하며 살아야 오늘 육체 안에서의 삶이 제대로 살아집니다.

기도하기

하나님 아버지! 욥은 알았습니다.

세상에는 참된 위로가 없다는 것과

위로하려고 해도 위로의 능력이 없다는 것과

참된 위로자는 나의 대속자뿐이라는 것을 말입니다.

내 사정을 아시고 나를 건져 줄 분,

내 삶에 진정한 의미를 부여하는 분은 오직 하나님뿐입니다.

나의 대속자는 살아 계신다고 고백하며 살게 하소서.

내가 육체 밖에서 하나님을 반갑게 만날 것임을

알고 믿고 사모하며 오늘을 살게 하소서.

나눔 질문

† 고난의 아이러니와 그 이유는 무엇인가요?

† 친구들은 욥을 위로하러 왔지만 위로하지 못하고 오히려 괴롭게 만들었습니다. 그 이유는 무엇인가요?

† '대속자'라는 말의 현재적 의미와 미래적 의미는 무엇인가요? 그 의미를 내 삶에 적용해 보고 나눠 봅시다.

욥기 21:15-19

15 전능자가 누구이기에 우리가 섬기며 우리가 그에게 기도한들 무슨 소용이 있으랴 하는구나

16 그러나 그들의 행복이 그들의 손 안에 있지 아니하니 악인의 계획은 나에게서 멀구나

17 악인의 등불이 꺼짐과 재앙이 그들에게 닥침과 하나님이 진노하사 그들을 곤고하게 하심이 몇 번인가

18 그들이 바람 앞에 검불 같이, 폭풍에 날려가는 겨 같이 되었도다

19 하나님은 그의 죄악을 그의 자손들을 위하여 쌓아 두시며 그에게 갚으실 것을 알게 하시기를 원하노라

13• 나는 그들과 다르다 욥 20-21

_악인과는 다른 자세

'코로나19 바이러스는 왜 발생했을까? 왜 이렇게 세계적인 현상이 되었을까? 이후에 우리의 삶은 어떻게 변할까?' 이에 대해 분석한 책을 여러 권 읽어 보았습니다. 정치적인 이유, 경제적인 이유, 군사적인 이유, 윤리적인 이유 등 나름대로 다양한 각도에서 분석이 되고 있습니다. 그런데 가장 중요한 것은 신학적인 이유입니다. 하나님은 왜 코로나19 바이러스를 인류에게 허락하셨을까요? 우리가 가장 듣고 싶은 이유입니다. 저는 목사로서 신학적인 이유를 간단하게 세 가지만 제시하려고 합니다.

첫째, 인간은 악하다는 것을 보여 줍니다. 이 질병의 원인은 근본적으로 악에서 나온 것입니다. 이것이 창조 질서에 대한 도전이든, 군사적 목적을 가지고 있든, 경제적 목적이든, 정치적이든, 어떤 이유에서든 인간의 죄가 이 질병을 발생시켰고, 또한 전 세계적으로 퍼뜨렸습니다.

왜 보이지 않는 죄가 보이는 질병으로 나타났을까요? 죄를 깨닫게 하려는 것입니다. 죄는 영적인 것이라서 죄가 있어도 금방 깨닫지 못합니다. 그러나 인간은 자기 몸은 조금만 아파도 금방 압니다. 보이지 않는 죄에 대해서는 근심하지 않지만, 보이는 작은 아픔에 대해서는 민감합니다. 그러므로 질병을 통해 하나님은 우리가 영적으로 얼마나 죄인이며 부패했는가를 보여 주는 것입니다.

날마다 자기 머리로 하나님을 부정하고 욕되게 한다는 것을 깨닫지 못하지만, 자기 머리카락이 길고 짧은 것은 금방 아는 존재가 인간입니다. 그러므로 죄의 모습을 눈으로 보고 경험해야 강팍한 우리가 어떤 상태이며 죄의 대가가 무엇인지 알 수 있습니다. 죄는 코로나19 바이러스보다 더 위험한 것입니다. 해결책은 회개입니다. 그런데 회개하지 않습니다. 아직은 확실하지 않지만 만약 이 질병을 퍼뜨리고 이용한 사람들이 있다면 반드시 심판을 받게 될 것입니다.

둘째, 인간은 약하다는 것을 보여 줍니다. 인간의 수고와 노력이 대단한 것 같아도 하루아침에 무너지고 초토화될 수 있다는 것을 보여 줍니다. 그렇게 애써서 쌓아 올린 번영과 결코 변하지 않을 것 같았던 삶의 패턴이 하루아침에 완전히 무너지고 변할 수밖에 없게 되었습니다. 물론 우리는 수고하고 노력해야 하지만, 하나님의 은총이 없다면 아무것도 아님을 정확하게 보여 주고 있습니다.

셋째, 그러므로 하나님께로 돌아오라는 부르심입니다. 죄에 대한 심판인 동시에, 하나님께로 돌아오라는 은혜의 초대장입니다. 정말 두려워할 것은 바이러스가 아니라 하나님입니다. 사회적 거리를 두어야 안전하다고요? 맞습니다. 그러나 이 말은 하나님과의 거리를 좁혀야만 안전하다는 것을 강조하는 표현입니다.

이렇게 볼 때 "우리는 질병의 원인을 바르게 진단하고 있는가? 그리고 하나님이 보시기에 바르게 해결하고 있는가? 이 질병을 통해 하나님이 하시는 말씀에 제대로 응답하고 있는가?"라고 질문해야 합니다. 앞으로 이런 일은 더욱 많아질 것이기 때문입니다. 하나님은 우리보다 높은 분입니다. 이 사건을 통하여 하나님은 우리가 생각하는 것보다 훨씬 더 많은 일을 이루어 가실 것입니다. 인간은 악을 만들고, 그래서 이 땅에 고통은 더 많아지지만 하나님은 그 모든 악을 선으로 바꿀 수 있습니다. 그러므로 하나님 앞으로 나와야 합니다. 두려워할 대상은 하나님이지, 바이러스가 아닙니다.

성숙은 나이에 비례하지 않는다

욥기 20장은 세 번째 친구 소발이 욥에게 하는 말입니다. 요지가 2절에 나옵니다. "내 중심이 조급함이니라"(20:2). 지금 고통당하고 있는 사람은 욥인데, 왜 소발이 초조해할까요? 오히려 여유가 있어야 하지 않습니까?

그 이유는 욥이 자기를 책망했기 때문이라고 소발은 밝혔습니다(20:3). 언제 욥이 소발을 책망했습니까? 책망한 적은 없고 단지 소발의 말을 수용하지 않았을 뿐입니다. 그것을 왜 책망으로 들었을까요? 자기만 생각하기 때문입니다.

[2]그러므로 내 초조한 마음이 나로 하여금 대답하게 하나니 이는 내 중심이 조급함이니라 [3]내가 나를 부끄럽게 하는 책망을 들었으므로 나의 슬기로운 마음이 나로 하여금 대답하게 하는구나 • 20:2-3

여기에 '나'라는 말이 7회나 나옵니다. 그러니까 소발은 자기밖에 모르는 사람이에요. 욥을 위로하러 왔지만 욥에게는 관심이 없습니다. 그는 오직 '나', '나', '나'만 생각하고, 자기 논리에 갇혀서 욥을 판단했습니다. 그런데 자기 말을 수용하지 않으니까 공격받았다고 생각해서 화가 난 것이지요. 그래서 초조해졌습니다.

소발은 화가 나서 악담을 했습니다. 그런데 직접적으로는 안 되니까 돌려서 공격하되, 악인의 삶을 이야기했습니다. 원래 악인에게는 심판이 있다는 것입니다. 악인이 잘되는 까닭은 잠시, 잠깐이라는 것입니다(20:5). 악인도 잠시는 성공하고, 잠깐은 잘될 수 있습니다. 그러나 그들은 똥처럼 영원히 망할 것입니다(20:7). 흔적도 없어집니다. 그럼 잘나가는 때는 그가 왜 악인인지 모르는 것일까요?

[12]그는 비록 악을 달게 여겨 혀 밑에 감추며 [13]아껴서 버리지 아니하고 입천장에 물고 있을지라도 • 20:12-13

12-13절에 의하면, 악을 감추고 있기 때문에 몰랐을 뿐이지, 그때도 역시 악인이었다고 소발은 말했습니다.

왜 이런 말을 한 것일까요? 욥의 과거 행복은 악인의 잠시 동안의 형통이었다는 것입니다. 욥이 과거에 가장 화려했다가 지금 가장 비참하게 된 이유는 그가 그만큼 자기 죄를 잘 은폐한 교활한 악인이었기 때문이고 그 결과 크게 망했다는 것입니다. 이것은 욥의 과거를 완전히 부정한 말입니다. 이로써 2라운드가 끝납니다.

지금 욥은 혼자이고, 친구들은 셋입니다. 1 대 3의 논쟁입니다. 그것도 욥은 고난 중에 있습니다. 나이도 친구들이 많습니다. 당연히 친구들이 이길 것 같은데, 아닙니다. 친구들의 말은 그 자리를 뱅뱅 맴돌고 있습니다. 반면, 욥은 갈수록 더 깊은 것을 말하고, 갈수록 더 침착해지고, 위대한 신앙을 고백합니다. 이것이 어떻게 가능할까요?

교육학에 "성숙은 나이에 비례하지 않고, 사건을 극복하는 수준에 비례한다"는 말이 있습니다. 나이가 많다고 지혜가 생기는 것이 아닙니다. 나이만 들었지 어리석고 유치한 사람도 많습니다. 그러나 나이는 어려도, 사건을 어떻게 풀어 가야 하는가를 잘 판단하고 고민하고 극복하는 사람은 성숙할 수 있습니다.

욥은 고난이 자기 문제이기에 너무나 절박해서 하나님께 나아가 매달렸습니다. 문제의 근원이 무엇인지 파고들어 갔습니다. 하나님을 찾으면서 그 영혼이 예민해졌습니다. 그러다 보니 하나님이 깨닫게 하셨습니다. 그래서 매번 말할 때마다 더 깊고 깊은 것을 끌어올릴 수 있었습니다. 그러나 친구들은 자기가 이미 알고 있는 관점에 붙들려서 욥의 말꼬투리만 잡았습니다.

잘 듣는 것 자체가 위로다

이제 3라운드가 시작됩니다. 욥이 대답합니다.

> 너희는 내 말을 자세히 들으라 이것이 너희의 위로가 될 것이니라 • 21:2

다시 말해, "너희들이 나를 위로한다고 하는데, 어떻게 해야 위로가 되는지 알려 주마. 그것은 내 말을 잘 들어 주는 것이다. 그것이 너희가 나에게 줄 수 있는 위로다"라는 의미입니다.

우리는 다른 사람을 위로하려고 할 때 뭔가를 자꾸 말하고 가르치려고 합니다. 그런데 아닙니다. 들어야 합니다. "이제 말을 다 했습니다"라고 말할 때까지 들어야 합니다. 그런데 공감하며 듣기가 사실은 어려워요. 앞에 있는 사람이 힘들었던 이야기를 하는데, 마음을 다해 듣다 보면 그 고통이 나에게 와서 내가 아파집니다. 그래서 듣는다는 것은 그 짐을 함께 지는 것입니다. 그래서 말하는 자에게는 위로가 됩니다. 그런데 놀라운 것은 잘 듣다 보면 듣는 사람도 위로를 받는다는 것입니다. 그 속에 하나님의 역사가 있기 때문입니다. 환자를 방문하고 위로하러 갔다가 위로를 받고 올 때가 많습니다. 고난을 받는 사람이 위로하는 사람을 위로할 수도 있는 것입니다. 그러므로 잘 들어 주는 것이 중요합니다.

이어지는 3절에서 욥은 "나를 용납하여 말하게 하라 내가 말한 후에 너희가 조롱할지니라"(21:3)라고 말합니다. 듣고 나서 나중에 조롱해도 좋으니 일단 잘 들으라고, 끊지 말고 끝까지 들으라는 것입니다.

나의 원망이 사람을 향하여 하는 것이냐 내 마음이 어찌 조급하지 아니하겠느냐 • 21:4

이는 "지금 내가 하는 말은 하나님께 하는 말이다. 이해가 되지 않는 사건을 만나서 '하나님, 어찌 된 일입니까? 말씀하소서' 하며 하나님께 묻고 통곡하고 신음하는 것이다. 그런데 그 말을 듣고 '욥이 믿음이 없어. 회개하지 않네. 교만하구나' 하며 판단하고 정죄하지 말라. 내가 하나님께 하는 말을 가지고 왜 시비하느냐? 너희가 하나님이냐?" 이런 뜻입니다.

“나는 악인과 다르다”

그러면서 욥은 친구들의 논리를 공격합니다(21:7-13). “너희들은 악인이 결국 망한다고 했지? 그러나 현실을 보라. 너희 말대로 되고 있는가? 어찌하여 악인이 생존하고 장수하며 세력이 강한가? 생각보다 쉽게 망하지 않는다. 세상을 보면 너희들의 주장과 같지 않다. 악인이 오래 살고, 세력도 강하고, 후손들도 잘된다. 그들은 평안하다. 두려움도 없고, 하나님의 매도 임하지 않고, 사업도 잘되고, 자녀들도 춤을 추고, 게다가 죽을 때도 편하게 죽는다. 그렇다면 너희들의 말이 틀린 것 아니냐?”

[14]그러할지라도 그들은 하나님께 말하기를 우리를 떠나소서 우리가 주의 도리 알기를 바라지 아니하나이다 [15]전능자가 누구이기에 우리가 섬기며 우리가 그에게 기도한들 무슨 소용이 있으랴 하는구나 • 21:14-15

14-15절에서 욥은 현실이 이렇기 때문에 악인들은 “하나님이 어디 있느냐? 하나님을 뭐 하러 믿는가? 전능한 신이 있다고? 내가 왜 보이지도 않는 하나님을 섬기겠느냐? 나 그런 것 필요 없다”라고 말하는 것입니다. 이 사람들이야말로 악인이지요. 그런데 그들은 멀쩡합니다. 그러므로 내가 악인이기 때문에 망했다는 말은 틀렸다는 것입니다. 끝까지 망하지 않는 악인들이 세상에는 더 많기 때문입니다.

그렇다면 욥은 무슨 말을 하려는 것인가요? 하나님을 믿어도 소용이 없다는 것일까요? 의롭게 살 필요가 없다는 의미일까요? 아닙니다. 16절은 아주 중요한 구절입니다. “그러나 그들의 행복이 그들의 손안에 있지 아니하니”(21:16상). 겉으로는 악인들이 행복해 보이지만 사실은 아니라는 것입니다. 악인에게는 눈에 보이는 행복, 세상이 주는 행복이 없다는 말이 아닙니다. 재산도 명예도 권력도 다 가졌어요. 자녀도 잘 풀립니다. 그런데 영원한 행복이 없다는 것입니다. 이 세상의 것은 다 가졌지만, 진짜 중요한 행복은 없다는 것입니다.

인간은 하나님의 형상을 가지고 있습니다. 이 말은 사람이 진정으로 행복하려면 하나님을 만나고, 그분과의 관계가 회복되어야 한다는 뜻입니다. 그런데 악인들은 이런 행복이 없어요. 그래서 모든 것을 가지고 있으면서도 뭔가를 더 얻으려 하고 허무에 시달립니다.

그다음에 나오는 말을 봅시다. “악인의 계획은 나에게서 멀구나”(21:16하). 이것이 욥이 하고 싶은 말입니다. 나의 계획과 악인의 계획은 멀다는 것입니다. 개역한글 성경에는 “악인의 계획은 나와 판이하니라”라고 번역했습니다.

욥은 악인들의 생각이 자신과는 전혀 다르다고 했습니다. 믿는 자는 믿지 않는 자와 무엇이 다를까요? 믿는 자는 잘될 때 내가 잘났다고 교만하지 않습니다. 하나님의 은혜라고 겸손하게 고백합니다. 어려울 때는 ‘하나님의 뜻이 어디 있는가?’ 하며 기도하고 더 진실하게, 더 가까이 주님께 나아갑니다. 그래서 아우구스티누스는 “하나님의 사람은 잘되면 하나님의 은혜로 돌리고, 안되면 내 잘못으로 돌린다”라고 말했습니다. 악인은 어떨까요? 잘되면 내가 잘나서, 안되면 남의 탓을 합니다. 더 힘들어지면 하나님을 욕합니다. 하나님을 믿지도 않으면서, 어려워지면 하나님께 핑계를 댑니다.

욥은 이렇게 말했습니다. “나는 악인과 다르다. 악인은 고난을 만나면 하나님을 원망하며 떠나고 낙심하여 쓰러지지만 나는 그렇지 않다. 이 고난 속에서도 하나님의 은혜를 고백한다. 하나님 앞으로 더 가까이 나아가고 있다. 이 고난 속에도 하나님의 뜻이 있음을 알고 낙심하지 않는다. 이것이 크게 다른 점이다."

하나님을 믿는 사람도 고난을 당합니다. 그러나 고난의 겉모습은 같아도 그 내용, 자세와 태도, 결과는 전혀 다릅니다. 하나님은 고난을 통해 하나님의 자녀들을 정화시키고 훈련시키고 성숙시킵니다. 그리고 잘 견디면 상을 줍니다. 그러므로 고난을 당하면서 낙심하지 마세요. 하나님의 사람들은 고난을 당할 때 믿지 않는 사람들과 달라야 합니다.

기도하기

사랑하는 하나님!
모든 사람이 똑같이 고난을 당합니다.
그러나 고난의 목적과 그것을 대하는 자세와
그 결과는 사람마다 다릅니다. 우리로 하여금 고난 속에 들어 있는
하나님의 음성을 듣게 하소서.
그리고 바로 응답하게 하소서. 그래서 고난을 통해 이루려는
하나님의 계획이 다 성취되기를 기도합니다.
특별히 하나님의 자녀들이 악인의 형통을 부러워하지 않게 하소서.
그들은 그럴지라도 "나는 그들과 다르다!" 라고 말했던
욥처럼 고난 속에서도 낙심하지 않고,
더 가까이 하나님을 향해 나아가게 하소서.

나눔 질문

† 인류에게 고난이 있는 신학적인 이유를 나눠 봅시다.

† 잘될 때와 어려울 때 믿는 사람과 믿지 않는 사람의 태도는 어떻게 다른가요?

† 고난당할 때 믿는 사람의 자세는 무엇이며, 내 삶에 고난이 있다면 어떤 자세로 대처하고 싶은지 나눠 봅시다.

◢ 고난 중에 내가 할 일

- 나의 길 오직 그가 아시나니 (욥 22-23)
- 의인의 고난인가, 악인의 형벌인가 (욥 24-25)
- 온전함을 버리지 않겠습니다 (욥 26-27)
- 지혜는 어디에 있는가 (욥 28)
- 욥의 인생 평가서 (욥 29-31)

4부

내가 할 일은 무엇인가요?

욥기 23:10-14

10 그러나 내가 가는 길을 그가 아시나니 그가 나를 단련하신 후에는 내가 순금 같이 되어 나오리라
11 내 발이 그의 걸음을 바로 따랐으며 내가 그의 길을 지켜 치우치지 아니하였고
12 내가 그의 입술의 명령을 어기지 아니하고 정한 음식보다 그의 입의 말씀을 귀히 여겼도다
13 그는 뜻이 일정하시니 누가 능히 돌이키랴 그의 마음에 하고자 하시는 것이면 그것을 행하시나니
14 그런즉 내게 작정하신 것을 이루실 것이라 이런 일이 그에게 많이 있느니라

14• 나의 길 오직 그가 아시나니 욥 22-23

_고난은 순금을 만드는 작업이다

현대인의 생각과 행동을 지배하는 두 개의 커다란 흐름이 있습니다. 행동주의와 허무주의입니다. 먼저, 행동주의에 속한 사람들은 행동하지 않으면 불안해합니다. 일하고 있을 때만 살아 있다는 것을 느끼고, 일하지 않을 때는 무가치하다고 느낍니다. 할 일이 없으면 슬퍼집니다. 언제나 목표를 세우고 그것을 향해 달려갑니다. 시간에 대해 민감하고 일을 많이 합니다. 그러나 문제는 마음에 쉼이 없다는 것입니다. 쫓기는 삶을 살아갑니다. 행동주의는 자기가 자기 인생의 창조자이며 시간의 주인공이라고 생각합니다. '내 인생은 내 거다. 내가 노력해서 내 삶을 지배하겠다'라고 생각합니다. 그런 사람들이 좋아하는 말이 있습니다. "하면 된다!"

허무주의는 행동주의와 정반대입니다. 여기에 속한 사람들은 행동의 결과에 대해 불안해합니다. '잘될 수 있을까?' 고민하며 노력해 봐야 소용없다는 두려움에 빠져 있습니다. 그래서 의욕을 잃고 되는 대로 살아갑니다. 허무주의는 자기가 자기 인생의 지배자가 아니며 시간의 주인공이 아니라고 생각합니다. '어차피 인생은 정해진 대로 흘러가는 것이다. 내가 발버둥 쳐 봐야 아무 소용이 없다'는 것입니다. 그들이 좋아하는 말이 있습니다. "다 팔자소관이다!"

둘 중에 무엇이 맞는 것 같습니까? 둘 다 아닙니다. 그런데 두 흐름은 우리 삶에 교묘하게 섞여 있습니다. 우리가 알아야 하는 것은 우리는 시간의 지배자가 아니라는 것입니다. 시간은 우리의 의지와 상관없이 우리에게 다가오고, 또 떠나 버립니다. 그렇다면 우리는 시간에 완전히 종속된 허수아비일까요? 그렇지 않습니다. 그 시간 안에서 나름대로 뭔가를 해 낼 수 있고, 그 과정을 통해 내가 어떤 존재인지를 표현합니다.

하나님은 우리에게 때와 시간을 주십니다. 태어날 때가 있고 죽을 때가 있고, 건강할 때가 있고 병들 때가 있고, 심을 때가 있고 거둘 때가 있고, 고난의 때가 있고 형통할 때가 있습니다. 이 시간과 때를 내 마음대로 조절할 수 없습니다. 이런 의미에서 인간은 시간의 주체가 아니라, 수동적 존재입니다. 그러나 주어진 시간 안에서 시간의 목적을 성취하는 능동적 존재이기도 합니다. 그러므로 시간의 주인이라고 착각하지도 말고, 시간 앞에서 무기력해져도 안 됩니다.

어떤 시간이든지 하나님이 그 시간과 환경을 통해 이루시려는 하나님의 뜻이 있다는 것을 인정해야 합니다. 우리가 통제할 수 없는 더 높은 뜻에 의해 주어진 시간을 잘 수용하고, 그 시간을 선물로 받아 하나님의 뜻을 이루어야 합니다. 그럴 때 두려움과 분노와 원망은 사라지고, 우리 인생을 멋진 작품으로 만들 수 있습니다. '왜 이렇게 힘든 시간을 주셨는가?' 불평하지 말고, '이때에 나는 무엇을 할 것인가?'를 생각해야 합니다.

엘리바스 논리의 허점

이제 3라운드가 본격적으로 시작됩니다. 엘리바스가 말합니다. "너 같은 존재는 하나님께 유익이 되지 않는다. 너는 하나님 앞에 있으나 마나 아무 소용도 없다"(22:2-3). 무슨 뜻일까요? "네가 의인이라고? 하나님이 너의 구속자라고? 다른 악인들과는 다르다고? 네가 아무리 그래 봐야 하나님은 너에게 관심도 없으시다"라는 말입니다.

왜 이런 말을 하는 것일까요? 엘리바스는 하나님과 욥의 관계에는 관심이 없고, 오직 보이는 고난에만 관심이 있었습니다. 그런데 욥이 고난을 당하고 있습니다. 그러니 어떻게 하나님이 너를 사랑하고 관심을 가진다고 할 수 있겠냐는 것입니다. "하나님이 너를 사랑한다면 돈을 주고, 건강을 주고, 명예를 주고, 모든 일이 형통해야한다. 그래야 하나님이 사랑하는 거지" 이런 말입니다.

엘리바스의 논리를 잘 이해해야 합니다. 왜냐하면 많은 사람들이 '네가 고난을 받고 있다는 것은 하나님이 너를 버렸다는 뜻이다', '하나님은 높은 곳에 있기 때문에 네 음성에 귀를 기울이지 않는다', '네가 하나님께 무슨 유익이 되겠느냐? 너는 하나님 앞에서 아무 쓸모없다' 이렇게 생각합니다. 엘리바스의 주장이 맞습니까? 틀렸습니다. 고난은 하나님께 버림받은 증거입니까? 아닙니다. 칼 바르트는 이렇게 말했습니다. "하나님의 사랑은 진노 속에서 구체화된다." 고난은 내가 비록 잘못되었어도 나를 끝까지 버리지 않겠다는 하나님의 사랑의 표현입니다.

또 엘리바스는 하나님을 높인다고 하면서 오히려 하나님을 우리에게 무심한 분으로 묘사했습니다. 그러나 하나님은 높고 위대하고 거룩하신 분이지만 우리 삶에 개입하고 우리를 사랑하십니다. 결코 무심하지 않습니다. 우리의 음성을 들으시고 눈물을 씻어 주는 분입니다.

사실 우리는 하나님께 물질이나 지혜나 그 어떤 것도 드릴 수 없습니다. 유익의 관점으로 본다면 우리는 하나님께 가치가 별로 없어요. 마치 부모와 자녀의 관계 같습니다. 자식이 부모에게 무슨 유익을 줍니까? 자식이 공부하면 부모가 유식해집니까? 자식이 돈을 벌면 부모가 부자가 됩니까? 아닙니다. 그렇다면 자녀가 유익을 주지 못한다고 필요 없는 존재일까요? 아닙니다. 자녀가 나에게 유익을 주지 못해도 자녀는 나에게 가장 소중합니다. 내가 사랑하는 내 자녀니까요! 그래서 자녀의 눈물을 보면 가슴이 메고, 자녀가 기뻐하면 행복해지는 것입니다. 하나님도 그러십니다.

사람이 무엇이기에 주께서 그를 생각하시며 인자가 무엇이기에 주께서 그를 돌보시나이까 시 • 8:4

엘리바스는 고난받는 욥을 철저히 하나님께 버림받은 사람으로, 쓸모없는 사람으로 매도했습니다. 그러나 그는 하나님을 오해한 것입니다. 하나님은 우리를 버리지 않고, 우리에게 무심하지 않으며, 우리를 사랑하고 소중히 여기십니다.

욥, 미래를 바라보다

엘리바스는 하나님을 설명한 후에 욥의 죄를 만들어 냅니다. 22장 7-9절을 쉽게 정리해 보겠습니다. "너는 목마른 자에게 물을 주지 않았다. 그러니까 지금 네가 목마른 것이다. 배고픈 자에게 양식을 주지 않았으니 네가 지금 배고픈 것 아니냐? 과부를 돌려보냈으니 홀아비가 되었고, 고아의 팔을 꺾는 일을 했기 때문에 지금 너를 도와줄 사람이 하나도 없는 것이다." 고난을 보며 넘겨짚어서 죄를 고발합니다. 정말 잔인합니다.

욥은 여기에 대하여 반박하고 싶지도 않았습니다. 말해 봐야 소용이 없기 때문이었습니다. 그래서 그는 탄식했습니다. "내가 어찌하면 하나님을 발견하고 그의 처소에 나아가랴"(23:3). 하나님께 내 마음을 쏟아 놓고 싶은데, 하나님을 만나고 싶은데 만날 수가 없어 답답하다는 것입니다. "앞으로 가도 안 보이고, 뒤로 가도 볼 수 없고, 왼쪽으로 가도, 오른쪽으로 가도 하나님을 만날 수 없구나!"(23:8-9).

욥은 여기서 인간의 한계점에 도달합니다. 아무리 생각해 봐도 왜 이런 고난이 있는지 이해할 수 없고, 아무리 설명해도 친구들은 듣지 않고, 그들의 말을 도무지 수용할 수도 없고…. 그는 철저한 단절을 경험했습니다. 인간의 논리, 철학, 이성으로는 더 이상 나갈 수 없었습니다. 이럴 때 사람들은 낙심하거나 자살을 하기도 합니다. 그러나 욥은 여기서 위대한 신앙의 점프를 합니다.

그러나 내가 가는 길을 그가 아시나니 그가 나를 단련하신 후에는 내가 순금같이 되어 나오리라 • 23:10

그러나 내가 가는 길을 그가 아시나니

욥은 "나는 내가 가는 길을 모릅니다. 내 앞에 어떤 일이 생길지 나는 몰라요. 당장 내일 일도 알 수가 없습니다" 하고 뼈저리게 느꼈습니다. 이것이 인간의 한계입니다. 그러나 하나님은 아십니다. 하나님은 나를 아시고, 나의 길을 인도하십니다. 이 사실을 아는 것이 신앙입니다. 그러므로 지금 이 고난은 잘못된 것이 아니라 반드시 필요한 일이며 다만 지금 내가 모르고 있을 뿐입니다.

그가 나를 단련하신 후에는

그렇다면 오늘 이 고통의 의미는 무엇입니까? 이 고통은 단련입니다. '단련'이란 말은 직역하면 '담금질'입니다. 무쇠를 불에 달구어서 망치로 불순물을 빼내면 분자 결합이 치밀해져서 강철이 됩니다. 원석을 녹여 불에 넣고 가공하면 보석이 됩니다. 이 과정이 단련입니다. 쇠는 자기를 왜 때리는지 모르나 때리는 사람은 알고 있습니다. 쇠를 아무 목적 없이 때리는 사람은 없습니다. 목적과 이유가 있습니다.

혹여 때리는 사람도 그 이유를 모른다고 합시다. 그러나 치라고 명령한 사람은 왜 쳐야 하는지를 알고 있습니다. 그러므로 고난은 목적과 이유가 있습니다. 하나님이 나를 버린 것이 아닙니다. 오히려 더욱 쓸모 있게 만들려는 것입니다. 더 좋은 것으로, 더 가치 있는 존재로 만들기 위한 목적이 있는 작업이 고난입니다.

내가 순금같이 되어 나오리라

이제 욥은 '나의 미래는 어떠할 것인가?' 하며 미래를 바라봅니다. 오늘의 나와 미래의 나, 고난을 경험하기 전의 나와 경험한 후의 나는 다릅니다. 고난 후에는 순금같이 될 것입니다. 전에는 불순물이 많아 쓸모가 많지 않았어요. 버릴 것이 많고 흠이 있었습니다. 그러나 욥은 이 고난,

이런 시련을 통하여 훌륭한 인격으로, 아름다운 사람으로, 큰 믿음의 사람으로, 하나님 나라에 합당한 사람으로 성장할 것이라고 자신의 미래를 내다보았습니다.

그러므로 고난 중에 있는 사람은 "나는 하나님께 버림을 받았다. 하나님은 나에게 관심이 없으시다. 나에게는 미래가 없다"라고 말해선 안 됩니다. 오히려 이렇게 말해야 합니다. "하나님은 나의 미래를 알고 인도하신다. 나는 지금 단련을 받고 있다. 앞으로 순금같이 될 것이다."

고난, 하나님이 내게 작정한 것을 이루는 것

그렇다면 이제 내가 할 일은 나의 자세를 바르게 하는 것입니다. "하나님을 바로 따르며 치우치지 않겠습니다. 지금까지는 휘청거리고 억지로 따라갔지만 이제는 그러지 않겠습니다. 말씀을 사모하고 부지런히 먹는 사람이 되겠습니다"(23:11-12).

하나님의 뜻은 일정합니다. 하나님은 목적이 있고 계획이 있습니다. 누가 그 뜻을 돌이킬 수 있겠습니까? 하나님은 우리에게 "나는 너를 변화킨다. 그러므로 나에게 뜻을 바꾸라 하지 말고 네가 변해라" 이렇게 말씀하십니다. 그러므로 우리는 자세를 바꾸어 이렇게 기도해야 합니다. "하나님, 이제는 '이렇게 저렇게 해 주세요. 빨리 낫게 하시고 잘되게 해 주세요' 이렇게 떼쓰는 기도를 하지 않겠습니다. 오히려 하나님의 뜻을 묻겠습니다. 그 뜻을 알고 거기에 나를 맞추겠습니다"(23:13).

하나님은 온 우주와 세상을 향하여 큰 계획을 가지고 있습니다. 그러나 나 같은 사람을 향한 개인적인 계획도 가지고 있을까요? 그렇습니다. 하나님이 내게 작정한 것, 하나님의 나를 향한 경륜(dispensation), 나를 향한 뜻이 있습니다. 하나님은 내게 작정한 것을 이루실 것입니다. 하나님이 원하는 작품을 만들어 가는 것입니다. 이것이 고난입니다.

친구들은 욥이 죄 때문에 버림을 받았고, 그에게는 미래가 없다고 했습니다. 그러나 욥은 멋지게 대답했습니다. "아니다. 나는 버림을 받은 것이 아니고 오히려 하나님이 나를 단련하고 있는 것이다. 또한 미래가 없는 것이 아니라 나는 순금이 되어 가고 있다. 내 미래는 더욱 멋진 하나님의 작품이 될 것이다."

그러므로 욥은 이렇게 고백합니다. "그러므로 내가 그 앞에서 떨며 지각을 얻어 그를 두려워하리라"(23:15). 이제 정신을 차리고 하나님을 경외하며 흔들리지 않고 주님의 길을 따라가겠다는 다짐입니다. 욥의 고백이 나의 고백이 되길 기도합니다.

기도하기

하나님 아버지!
엘리바스는 고난이 하나님께 버림받은 것이라고 했습니다.
그러나 욥은 아니라고, 나는 모르지만 하나님은 알고 있다고
대답했습니다. "고난은 단련이다. 순금을 만드는 작업이다.
그러므로 나는 낙심하지 않고 내 미래에 대해 소망을 가지고
흔들리지 않겠다. 하나님이 내게 작정하신 것, 나를 향한
하나님의 경륜을 이룰 것이다. 그것을 믿고 흔들리지 않겠다"고
했습니다. 이런 욥의 고백이 우리의 고백이 되게 하소서.

나눔 질문

† 현대인의 생각과 행동을 지배하는 두 개의 커다란 흐름은 무엇이고, 시간을 대하는 바람직한 태도는 무엇일까요?

† 엘리바스가 욥의 고난을 바라보는 잘못된 관점은 무엇인가요?(22:2-3)

† "그러나 내가 가는 길을 그가 아시나니 그가 나를 단련하신 후에는 내가 순금같이 되어 나오리라"(23:10)에 담긴 욥의 위대한 고백의 내용을 정리하고 나의 언어로 표현해 봅시다.

욥기 25:1-6

1 수아 사람 빌닷이 대답하여 이르되

2 하나님은 주권과 위엄을 가지셨고 높은 곳에서 화평을 베푸시느니라

3 그의 군대를 어찌 계수할 수 있으랴 그가 비추는 광명을 받지 않은 자가 누구냐

4 그런즉 하나님 앞에서 사람이 어찌 의롭다하며 여자에게서 난 자가 어찌 깨끗하다 하랴

5 보라 그의 눈에는 달이라도 빛을 발하지 못하고 별도 빛나지 못하거든

6 하물며 구더기 같은 사람, 벌레 같은 인생이랴

15• 의인의 고난인가, 악인의 형벌인가 욥 24-25

_고난의 성격 제대로 알기

어느 분이 제게 이런 말을 했습니다. "남편이 요즘 힘들어합니다. 무슨 말을 해 줘야 할지 모르겠어요." 제가 이렇게 말했습니다. "'하나님은 당신을 사랑하십니다.' 이 말을 자주 해 주세요. 그러면 남편이 말할 것입니다. '하나님이 왜 날 사랑하시지?' 그럼 이렇게 대답하세요. '그 이유는 나도 몰라요. 성경에 그렇게 쓰여 있어요. 그런데 나는 그 말씀을 확실히 믿어요."

왜 이런 말을 해야 할까요? 인간의 깊은 마음속에는 어둡고 빈 공간이 너무 많습니다. 두렵고 텅 빈 마음을 무엇으로 채울 수 있겠습니까? 물질로? 명품으로? 아닙니다. 하나님의 사랑으로만 채울 수 있습니다. 그러므로 이런 말을 들을 때마다 세상에 지친 영혼은 하나님께로 다가오게 되고, 하나님의 사랑이 부어지면 그 영혼은 언제든지 소생하게 됩니다.

그리고 그분에게 이렇게 말해 주었습니다. "혹시 하나님이 나 같은 사람을 왜 사랑해? 하나님이 예뻐할 사람이 없어서 나 같은 인간을 예뻐하시겠냐?'라고 말하면 '꿈에라도 그런 말 하지 마세요. 그것은 마귀의 말입니다' 하고 끊어야 합니다. 언제나 하나님의 사랑을 선포하세요."

요즘 많은 사람이 "피곤하다", "쉬고 싶다"는 말을 자주 합니다. 그런데 사람들이 원하는 가장 큰 위로와 쉼(휴식)이 무엇인지 아세요? 6개월간의 휴가, 엄청난 금액의 보너스, 업적에 대한 칭찬일까요? 그것보다 더 크고 놀라운 것이 있습니다. 고대 알렉산드리아의 유대인 철학자인 필로(Philo)는 이렇게 말했습니다. "인정을 하든지, 하지 않든지 모든 사람은 쉼과 위로를 찾고 있다. 왜냐하면 인생이라는 거대한 상대와 싸우고 있기 때문이다. 그 싸움의 핵심은 어떻게 의를 얻느냐는 것이다."

인생의 싸움이 힘들지만 그중에서도 가장 힘들게 하는 것은 인간이 죄인이라는 사실입니다. 수많은 종교가 행하는 고행과 몸부림의 목적은 '어떻게 의로워질 수 있는가?'에 대한 답을 찾기 위해서입니다. 그러므로 인생 최고의 위로와 쉼은 내가 용서받았다는 것을 확인할 때 주어집니다.

그리스도인들이 가장 크게 오해하는 것은 구원을 하나님의 차원에서 이해하지 않고, 내 차원에서 이해하는 것입니다. 내 의와 내 행위와 내 수고와 내 결심에 기초한 것처럼 착각합니다. 그래서 좀 잘 믿을 때는 예수님 안에 있는 것 같고, 조금 잘못하면 예수님 밖으로 쫓겨난 것 같습니다. 회개하면 다시 예수님 안으로 들어오는 것 같고, 또 잘못하면 나가는 것 같습니다. 예수님 안에서 들락날락하는 것 같습니다. 그러므로 십자가의 은혜를 믿는다고 하면서도 불안하고 초조하고 의심합니다.

왜 용서를 믿지 못하는 것일까요? 용서를 확실히 믿고 살면 그리스도인들이 너무나 강력해지기에 마귀가 방해를 합니다. 마귀는 "너 또 죄를 지었지? 난 네가 한 일을 알고 있다. 네 속에는 음란과 이기심과 탐욕이 가득해. 그러므로 너는 의롭지 않고, 너의 구원도 장담할 수 없어" 하며 우리를 속입니다. 이런 위협 앞에서 우리는 어떻게 해야 할까요?

여기서 질문하겠습니다. "나는 계속 죄를 짓고 있지만 예수 안에서 의로워졌다"는 말은 맞습니까? 맞습니다. 하나님은 우리를 예수 그리스도의 십자가 은혜로 용서하셨습니다. 그러므로 누가 뭐래도, 내가 비록 실패하고 넘어져도 '나는 하나님의 자녀다. 하나님은 나를 의롭다고 인정하셨다. 가까이 오라고 나를 부르신다'는 것이 정답입니다.

그런데 우리는 보장받은 법 안에 있으면서도 불법의 공격으로 그 행복을 누리지 못할 때가 많습니다. 주님은 우리를 의롭게 하셨는데, 그 의를 자꾸 빼앗깁니다. 확신이 없어서 하나님의 자녀들이 마귀에게 놀아나는 것입니다.

하나님이 원하시는 믿음은 하나님이 내게 행한 일, 예수님이 십자가에서 이룬 일을 믿는 것입니다. 주님이 입혀 주는 옷을 입는 것입니다. 그런데 이 옷을 왜 빼앗깁니까? 내가 뭔가 의를 더 행해야 한다고 착각하기 때문입니다. 그러나 내가 죄를 짓고 넘어지거나 스스로 비참해하는 그 순간에도 나는 존귀하며, 여전히 하나님의 자녀라는 사실을 알아야 합니다. 자녀가 잘못했다고 부모가 호적을 파나요? 잘못했어도 자녀입니다. '내가 잘못했으니 멀리 떠나 버려야지'라고 해서는 안 됩니다. 가까이 다가와서 "제가 잘못했어요" 하고는 돌이키면 됩니다. 이것이 부모를 향한 자녀의 마땅한 태도입니다.

하나님의 시간에 관한 인간의 탄식

내가 가는 길을 그가 아시나니 • 23:10

욥은 위대한 신앙 고백을 했습니다. "내가 가는 길, 나는 모릅니다. 그러나 하나님은 아시고 인도하십니다. 지금 이 고난은 하나님이 나를 버렸기 때문에 온 것이 아니라 나를 단련하는 것입니다. 목적이 있어서 이 과정을 나에게 준 것입니다. 그 후에는 내가 순금같이 될 것입니다. 고난 중에도 더 나은 미래를 바라봅니다."

그러나 이렇게 믿음의 고백을 했지만, 현실은 너무나 힘이 들었습니다. 그래서 욥은 24장에서 악인의 형통에 대해 말합니다. 왜 욥이 이런 말을 했을까요? "너의 고난은 죄 때문이다"라고 친구들이 말하지만, 세상에는 죄인이 형통한 경우도 많고 죄 없이 고난당하는 사람도 많다는 것입니다. 악인의 형통과 의인의 고난, 이것이 현실이고 실존이라는 말입니다. 이런 세상에서 하나님은 나를 순금으로 단련하고 있지만 언제 그 시간이 끝날지 모릅니다. 그래서 24장은 하나님의 시간에 관한 인간의 탄식입니다.

어찌하여 전능자는 때를 정해 놓지 아니하셨는고 그를 아는 자들이 그의 날을 보지 못하는고 • 24:1

'그때'가 언제일까요? 하나님의 뜻이 완전히 드러나는 날, 하나님이 심판하는 날, 모든 것을 갚아 주는 날입니다. 그날이 빨리 와야 하는데, 그

날을 알 수 없기 때문에 사람들은 악을 행합니다.

세상에는 못된 짓을 하는 사람들이 많습니다(24:2-4). 법을 무시하고, 힘없는 사람들을 유린하고, 그래서 도처에 신음하는 사람들이 넘쳐 납니다. 욥은 잘살 때는 몰랐습니다. 그런데 자기가 병들고 가난해지고 무시를 받다 보니 부조리한 세상의 모습이 보였던 것입니다. 그런데 12절 하반절에서 그는 "하나님이 그들의 참상을 보지 아니하시느니라"라고 말했습니다. 그래서 악인들은 더욱 대담해져서 죄를 짓는 것을 무서워하지 않습니다. "하나님은 그에게 평안을 주시며 지탱해 주시나 그들의 길을 살피"(24:23)십니다. 그러나 그들은 잠깐 높아졌다가 심판을 받을 것입니다(24:24).

여기서 악한 자가 형통하는 이유, 심판이 유예되는 이유를 알아야 합니다. 세 가지가 있습니다. 첫째, 죄인이 스스로 회개하고 돌아오기를 바라기 때문입니다. 죄를 짓는 현장에서 벌을 주면 다 죽으니 스스로 깨닫고 돌아오라는 것입니다. 둘째, 하나님은 이러한 시간을 통해 하나님의 백성을 단련시킵니다. 셋째, 이런 환경 속에서 그 사람의 진정한 모습을 드러내고 그 죄를 심판함으로써 심판의 정당성을 만민이 알게 하려는 것입니다.

그러면서 욥은 25절에서 "가령 그렇지 않을지라도", 세상에서 악인이 끝까지 잘된다 하더라도, 의인이 끝까지 고난을 받아도 "나는 악인의 길로 가지 않겠다"고 고백했습니다. 나는 하나님의 심판을 믿기 때문에, 내가 하나님 앞에 설 것이기 때문입니다. 그러므로 "나는 악인의 형통함을 부러워하지 않는다. 고난 중에 있어도 나의 의로움을 굽히지 않겠다"는 것입니다.

끝까지 조롱을 쏟아 붓는 빌닷

이에 두 번째 친구 빌닷이 한 말이 25장입니다. 세 번째 친구 소발은 다시 등장하지 않습니다. 그래서 빌닷의 말이 세 친구들의 마지막 말이 됩니다. 그래서 25장이 중요합니다. 25장은 짧지만 내용이 난해합니다. 두 가지 내용으로 나눌 수 있습니다. 1-3절은 "하나님은 위대하시다", 4-6절은 "인간은 벌레와 같이 천하다"는 것입니다. 이 주장이 맞습니까? 맞습니다. 그런데 이 말이 욥을 정말 힘들게 만들었습니다. 그래서 욥은 이 말을 듣고 이후 무려 여섯 장(26-31장)에 걸쳐 자기의 마음을 쏟아 놓았습니다. 이처럼 빌닷의 말은 고난받는 자를 끝까지 괴롭히는 말입니다. 도대체 어떤 내용인가 살펴보겠습니다.

"하나님은 주권과 위엄을 가지셨고 높은 곳에서 화평을 베푸시느니라"(25:2). 하나님께는 주권이 있습니다. 주권이란 하고 싶은 대로 할 수 있는 최고의 권력입니다. 풀어서 말하면, "하나님은 뜻하는 일을 행하는 분이며 위엄을 가지고 계신다. 감히 그분 앞에서 누가 뭐라고 할 수 없다. 그리고 하나님은 높은 곳에서 화평을 베푸심으로 세상의 질서를 세우신다. 하나님은 잘못된 일을 행하지 않으시고, 하나님께는 갈등이 없다"는 것입니다. 또한 "그러므로 너의 고난은 하나님의 주권과 위엄 속에 있는 것이다. 하나님이 주권과 위엄을 가지고 너를 심판하는데, 하나님은 이 문제로 갈등하지 않는데(화평하신데), 너는 왜 이런 일이 있느냐고 항의하느냐? 있을 만하니까 있는 것이지! 또한 네가 반발한다고 되겠느냐?"는 말입니다.

그러면서 3절에서 빌닷은 "그의 군대를 어찌 계수할 수 있으랴 그가 비추는 광명을 받지 않은 자가 누구냐"라고 말했습니다. "하나님의 군대가 얼마인데 감히 대들어? 또한 하나님의 영향력 아래 있지 않은 자가 어디 있느냐? 그분의 광명으로부터 벗어날 자가 있겠느냐? 태양을 피할 수 있느냐? 달빛을 피할 수 있느냐? 그분의 뜻으로부터 피할 자가 있겠느냐?" 이런 의미입니다.

우리는 고난을 받을 때 하나님의 주권과 위엄을 부인하려고 합니다. "하나님, 왜 이렇게 하십니까?" 하며 이의를 제기하고, 그분의 위엄에 도전합니다. 그리고 하나님이 하신 일을 보면서 마음에 평화가 아니라 갈등과 불평을 느낍니다. 그러면 안 된다는 것입니다.

계속해서 빌닷은 욥에게 "너는 어찌해야 하는가? 너는 의롭지도 않고 깨끗하지도 않다. 하나님 앞에서는 달과 별도 빛을 잃는다. 그 어떤 것도 하나님 앞에서는 밝다고 할 수 없다"(25:4-5)고 했습니다. 그러고는 "하물며 구더기 같은 사람, 벌레 같은 인생이랴"(25:6) 하며 끝내 버렸습니다. "하나님이 얼마나 높고 위대하신데, 너 같은 사람, 벌레 같은 인간이 의롭다고? 지금 이 고난도 하나님의 사랑 속에 있는 것이라고? 죄인이 고난 속에서 건방진 소리를 하고 있구나" 하고 조롱한 것입니다.

빌닷의 말을 다시 표현하면 이렇습니다. "그래, 이 세상에는 악인의 형통도 있고, 의인이 잠시 고난을 받을 수도 있다고 인정해 보자. 많이 양보해서, 세상에는 의로운 자의 고난이 있다고 하자. 그러나 너 자신을 의인이라고 단정하는 것은 교만이다. 너의 고난을 의인의 고난이라고 말할 수 있느냐? 어떤 근거로? 그러니까 너의 고난은 죄인의 형벌이야!"

의인의 고난 vs. 악인의 형벌

욥기 25장을 한마디로 줄이면 이 장 제목입니다. "의인의 고난인가, 악인의 형벌인가?" 이 도전은 엄청난 것입니다. 이제 욥은 여기에 대답해야 합니다. 이 도전을 극복하지 못하면 낙심하여 쓰러질 수밖에 없습니다. 그런데 자기를 살펴보면 죄 없는 사람이 어디 있겠어요. 나의 고난 속에 내 책임이 전혀 없다고 누가 감히 말할 수 있겠습니까. 욥의 고난이 죄 때문이 아니라는 것을 욥기 1-2장은 보여 주었지만, 욥은 고난 속에서 자기의 부족함과 잘못을 예민하게 느꼈습니다.

빌닷의 말은 욥에게 엄청난 고통을 주었습니다. '정말 이 고난에는 내 잘못이 전혀 없는가? 나는 정말 순수한 의인으로서 고난을 당하는 것인가?'라고 생각하니 자신이 없는 것입니다. 사실은 내 잘못이 직간접적으로 있을 수 있습니다. 그럴 때 우리는 어떻게 해야 할까요? '역시 나는 죄인이야. 그러므로 죄인의 징계를 받는 것이다'라고 받아들여야 할까요? 사람을 참 괴롭히는 어려운 문제입니다.

빌닷의 공격은 고난을 당할 때 마귀가 우리 영혼을 공격하는 말입니다. 우리 이웃들도 이렇게 말합니다. 내 마음에도 이런 생각이 떠오릅니다. 이 공격에 우리는 어떻게 대답해야 할까요? 질문은 이렇습니다. "나는 과연 의로운가? 나의 고난은 의인의 고난인가, 악인의 형벌인가? 나를 망하게 하려는 것인가, 구원하려는 것인가? 하나님의 분노 속에 있는 것인가, 사랑 속에 있는 것인가?"

어떤 분이 감옥에서 제게 편지를 보냈습니다. 그 일부를 소개하겠습니다. "목사님, 제가 신앙생활을 열심히 하면서 이만하면 의롭다고 생각했는데, 이제는 남들이 다 손가락질하는 죄인이 되었습니다. 참 비참하지만 진정한 회개를 하게 되었습니다. 돌이켜 보니 '지금까지 내가 하나님 앞에서 한 회개는 형식적이었구나' 하며 정말 가슴을 찢으며 회개했습니다.

이렇게 살지 않겠다고 결심했습니다. 그러다가 깨달은 것이 있습니다. 하나님이 나를 정말 의롭게 하셨다는 것을요! 그래서 저는 이 감옥에서 제가 하나님 앞에서 의롭게 된 것을 확인하게 되었습니다."

그분은 모두가 자신을 죄인이라고 손가락질하는 감옥의 한복판에서 진정으로 의인이 되었음을 확인한 것입니다. 저는 편지를 읽으면서 깊이 깨달았습니다. "하나님이 자녀인 우리에게 주는 고난은 어떤 것도 형벌이 아니라 사랑이다!"

그리스도인에게 있어서는 어떤 고난도 죄에 대한 형벌이 아닙니다. 이미 나의 죄는 십자가에서 용서를 받았습니다. 그러므로 나는 죄인이지만, 오늘도 실수하고 있지만 나는 법적으로 율법이 아니라 은혜에 속한 사람입니다. 그러므로 의로운 자입니다. 이 고난은 나를 더욱 단련하여 하나님께로 나아가게 하는 사건임을 인정해야 합니다.

미국의 영적 지도자인 조이 도우슨은 "내 죄를 대자보에 써서 온 인류가 다 볼 수 있도록 우주의 벽에 걸어 놓는다 해도 나는 부끄럽지 않다"고 말했습니다. 죄가 없다거나 뻔뻔해서가 아닙니다. "내 죄의 목록은 끝이 없다. 그러나 그 목록이 아무리 많고 길어도 예수님이 십자가 피로 다 깨끗하게 하셨으므로 두려움이 없다"는 것입니다. 이것이 성도의 자유이며 용기요, 믿음입니다.

기도하기

살아 계신 하나님!

하나님은 위대하십니다. 우리는 비천합니다.

그러나 하나님은 우리에게 무심하지 않습니다.

자녀로 삼고, 소중한 존재로 여기며, 우리의 기도를 듣습니다.

우리의 고난은 죄인에게 주는 형벌이 아니라,

우리를 버린 결과가 아니라 자녀에게 주는 연단임을 믿습니다.

그러므로 어떤 고난 속에서도 결코 낙심하거나

하나님의 사랑에서 멀어진 것으로 오해하지 않고,

더욱 주님께 가까이 나아가는 우리가 되게 하소서.

나눔 질문

† 십자가의 은혜를 믿는다고 하면서도 불안하고 초조하고 의심될 때 우리가 반드시 기억해야 할 것이 무엇인가요?

† 악한 자가 형통하는 이유, 심판이 유예되는 이유는 무엇인가요?

† '나의 고난은 의인의 고난인가, 악인의 형벌인가?' 이 질문에 답하고 고난에 담긴 하나님의 뜻이 무엇인지 나눠 봅시다.

욥기 27:1-5

1 욥이 또 풍자하여 이르되

2 나의 정당함을 물리치신 하나님, 나의 영혼을 괴롭게 하신 전능자의 사심을 두고 맹세하노니

3 (나의 호흡이 아직 내 속에 완전히 있고 하나님의 숨결이 아직도 내 코에 있느니라)

4 결코 내 입술이 불의를 말하지 아니하며 내 혀가 거짓을 말하지 아니하리라

5 나는 결코 너희를 옳다 하지 아니하겠고 내가 죽기 전에는 나의 온전함을 버리지 아니할 것이라

16• 온전함을 버리지 않겠습니다 욥 26-27

_고난 중에 보여야 할 분명한 태도

최근에 어떤 청년이 찾아와 "미래가 전혀 보이지 않습니다. 어떻게 해야 할지 몰라 죽고 싶은 생각이 들 때도 있습니다. 절망을 극복할 방법이 없을까요?"라고 물었습니다. 저는 이렇게 대답했습니다. "철학자 키르케고르가 쓴《죽음에 이르는 병》이라는 책이 있는데, 읽어 보았어요?" 읽어 본 적이 없다는 말에 저는 이렇게 말했습니다. "읽어 보세요. 거기서 말하는 죽음은 육체가 아니라 자기 존재의 죽음을 의미하는데, 내 존재를 죽음에 이르게 하는 병은 육체의 질병이 아니라 절망이라는 것입니다. 이 책을 읽어 본 후에 얘기를 나눕시다."

절망에는 세 종류가 있습니다.

첫째, 아무 생각이 없는 경우입니다. 요즘 사람들을 보면 왜 공부를 해야 하는지, 왜 직장에 다녀야 하는지, 왜 살아야 하는지 아무 생각 없이 살아가는 이들이 많습니다. 목표도 없고, 하고 싶은 일도 없습니다. 미래에 대한 어떤 희망과 기대도 없고, 단지 주어진 하루하루를 살아갈 뿐입니다. 그래서 거침없이 자기 몸을 자해하거나 약을 먹기도 하고, 아무 생각 없이 탈선하거나 범죄를 저지르기도 합니다. 왜 이렇게 된 것일까요? 절망했기 때문입니다.

둘째, 완전히 다른 사람을 모방하는 경우입니다. 어떤 연예인이 입은 옷을 나도 입고, 그가 하는 말을 따라서 하고, 어떤 사람이 지지하는 후보를 따라서 지지하고, 자기가 좋아하는 사람의 말이나 행동을 무비판적으로 따라 합니다. 아무 생각 없이 살아도 안 되지만, 완전히 다른 사람을 따라서 살아도 안 됩니다. 왜냐하면 그것은 자기의 삶이 아니기 때문입니다.

셋째, 철저히 자기 자신이 되려고 고집을 부리는 경우입니다. 자기 속에 있는 욕망과 열정을 성취하려고 애를 씁니다. '나는 이런 사람이 될 거야. 내가 원하는 인생은 이런 거야'라는 목표를 세우고 실현하려고 몸부림칩니다. 그러나 그 목표를 이루어도 절망입니다. 왜냐하면 더 나은 자기 자신을 모르기 때문입니다.

그러므로 아무 생각 없이 살거나, 남들만 따라서 하거나, 또는 오직 자기가 세운 목표를 이루려고 살아가는 사람 모두 절망에 빠질 수밖에 없습니다.

그렇다면 절망에 빠지는 것이 나쁜 것일까요? 아닙니다. 환자는 자기가 병이 들었다는 것을 깨닫고 나서야 의사를 찾아갑니다. 마찬가지로 자신이 얼마나 절망에 빠져 있는지를 알아야만 절망에서 빠져나갈 길도 찾게 됩니다. 그러므로 절망은 자기를 찾는 과정입니다.

그렇다면 진정한 자기가 되는 방법은 무엇일까요? 자기 자신과 관계를 맺는 동시에 하나님과 관계를 맺는 것입니다. 쉽게 말하면, 하나님 안에서 나를 발견해야 합니다. 자기를 만드신 하나님 앞에서 자기를 찾고 그것을 향해 나아갈 때 절망에서 벗어날 수 있습니다. 그러므로 절망의 반대말은 희망이 아니라 '신앙'입니다.

절망은 인생을 힘들게 만들지만, 그것 때문에 진정한 삶으로 나아가게 합니다. 문제는 절망에서 벗어나려 하지 않는 것입니다. 그러니까 환경이 나쁘다고 절망하지 말고, "나는 누구이며 어떻게 해야 합니까?"를 하나님께 묻고, 하나님 안에 있는 무한한 가능성을 바라보아야 합니다. 그때 절망에서 벗어날 수 있습니다. 하나님 안에 참된 소망이 있습니다. 길이 없다고요? 하나님 자신이 길입니다.

의로운 고난도 있다

욥은 빌닷의 엄청난 도전을 받고 여섯 장에 걸쳐서 대답을 합니다. 먼저, "네가 힘없는 자를 참 잘도 도와주는구나 기력 없는 팔을 참 잘도 구원하여 주는구나"(26:2)라는 말로 시작합니다. "나는 힘이 없다. 기력도 없다. 그런데 나를 도와준다면서 이런 말을 하느냐? 너의 말은 나를 도와주는 말이 아니라 낙심하여 쓰러지게 하는 말이다"라는 것입니다. 그리고 이어서 "너는 지금 누구에게, 어떤 영으로 하는 말이냐? 친구를 향해 하나님의 영으로 하는 말이냐, 아니면 원수를 향해 악한 영으로 하는 말이냐?"라고 했습니다(26:4). 빌닷의 말은 하나님의 영으로 하는 말이 아닙니다. 사랑의 마음으로 하는 말도, 욥을 위해서 하는 말도 아닙니다.

욥이 왜 이런 말을 하는 것일까요? 지금 빌닷이 하나님을 잘 안다고 생각하는데, 자신도 하나님을 안다는 것입니다. 그래서 5절 이하에서 하나님이 어떻게 다스리는지를 이야기했습니다. 하나님은 보이지 않는 지하 세계도, 사람이 눈으로 볼 수 없는 우주의 별자리들도, 어두운 영의 세계도 다스린다고 말했습니다. 정리하면 이렇습니다.

"네가 하나님을 알면 얼마나 알겠는가? 그러므로 하나님을 다 아는 것처럼 말하지 말라. 하나님의 세계는 크고도 넓어서 우리가 다 이해할 수 없다. 그 다스림 속에 우리가 있는 것이다. 죄 때문에 고난이 있지만 의로운 고난도 있다. 고난은 벌을 주는 수단만이 아니라 고난을 통해 많은 일이 이루어진다. 또한 하나님은 위대하시다. 그러나 벌레 같은 우리의 세미한 음성에 응답하는 분이다. 그러므로 네가 하나님을 다 안다고 착각하지 말라."

욥이 또 풍자하여 이르되 나의 정당함을 물리치신 하나님, 나의 영혼을 괴롭게 하신 전능자의 사심을 두고 맹세하노니 • 27:1-2

'나의 정당함을 물리치신 하나님'이 무슨 의미일까요? 1-2절을 쉽게 풀어 보면 알 수 있습니다. "고난 속에서 나의 의로움은 무너졌습니다. 망하고 병들고 나니 모든 사람이 나를 죄인 취급합니다. 아무도 나의 의를 인정해 주지 않습니다. 하나님이 내 의를 빼앗았기 때문입니다. 나의 영혼을 괴롭게 하신 하나님, 많은 비난을 받으니 너무 괴롭습니다." 즉 나의 정당함을 물리치셨고, 나의 영혼을 괴롭게 하신 분이 하나님이라는 뜻입니다.

이렇게 보면 지금 욥이 하나님에 대해서 불평하는 것 같지만, 아닙니다. '풍자'라는 단어에서 알 수 있습니다. 풍자는 있는 그대로의 말이 아니라 돌려서 하는 말입니다. "나의 상황을 보면 마치 하나님이 나의 정당함을 물리친 것 같고 나의 영혼을 괴롭게 하는 것처럼 보일 것이다. 하지만 아니다. 비록 하나님은 나에게 고난을 주어 나를 죄인처럼 만들고 나의 영혼을 괴롭게 하는 것 같지만, 사실은 나를 의롭다고 믿어 주고 위로해 주시는 분이다"라는 의미입니다.

그러면서 욥은 "전능자의 사심을 두고 맹세하노니"라고 말했습니다. 이 말은 이스라엘에서는 거의 사용하지 않는, 최고로 엄숙한 맹세입니다. 대개는 하늘 혹은 하나님을 상징하는 단어를 사용하지, 하나님을 직접 대상으로 하지는 않습니다.

하나님이 살게 하신다

나의 호흡이 아직 내 속에 완전히 있고 하나님의 숨결이 아직도 내 코에 있느니라 • 27:3

욥은 호흡이 내 속에 있고, 하나님의 숨결이 내 코에 있다고 고백했습니다. 내가 숨을 쉬고 내가 호흡하는 것처럼 보이지만, 사실은 하나님이 나에게 숨을 불어 넣어 주셨기 때문입니다. 오늘 내가 이렇게 살아 숨 쉬는 것은 하나님의 은혜입니다. 하나님이 살게 하지 않았다면 나는 이미 죽었을 것입니다. 하나님이 생명을 주시고, 믿음을 주시고, 감당할 힘을 주지 않으면 내가 어떻게 살았으며, 이 고난을 어떻게 감당할 수 있겠습니까?

그 하나님 앞에서 욥은 맹세했습니다. "내 생명이 살아 있는 동안 결코 내 입술이 불의를 말하지 아니하며 내 혀가 거짓을 말하지 아니하리라"(27:4). 내 입술이 있고, 그 안에 혀가 있습니다. 입술과 혀는 코와 연결되어 있습니다. 숨을 쉬고 말해야 합니다. 즉 "내 코에 하나님의 숨결이 있는데, 그 힘으로 숨을 쉬면서 어떻게 내 입으로 딴소리를 하겠습니까? 그럴 수 없습니다" 이런 의미입니다.

그런데 세상에는 하나님이 주시는 숨을 쉬면서 "하나님이 어디 있냐? 난 하나님을 모른다" 이런 말을 하는 사람이 많습니다. 그러나 욥은 그럴 수 없다는 것입니다. "나는 힘들고 어려워도 불의한 말, 거짓말을 하지 않겠습니다. '하나님이 왜 나에게 이런 고난을 주시는가?' 하며 원망하거나 '하나님이 나를 버리셨다. 하나님이 나를 사랑하지 않으신다. 내 기도를 듣지 않으신다. 그러나 나는 하나님을 모른다'라는 말을 하지 않겠습니다."

내 생애를 비웃지 않으리라

그런 다음 욥은 결코 '정직하게 살면 뭐 하나? 되는 대로 살지' 하며 포기하지 않겠다고 했습니다(27:5). "내가 내 공의를 굳게 잡고 놓지 아니하리니"(27:6상). 끝까지 하나님 앞에 의롭고 정직하게 살아갈 것을 결심했습니다. 형통할 때 의로운 척하지 않겠고, 고난을 당한다고 초라해지거나 비굴해지지 않겠다는 것입니다.

고난 중에 낙심한다면 그는 하나님이 아니라 물질적이고 세속적인 형통에 기초를 둔 사람입니다. 하지만 욥처럼 살았을 때 그 결과는 무엇일까요? "내 마음이 나의 생애를 비웃지 아니하리라"(27:6하). 너무나 멋진 말입니다. 내 인생이 초라해지지 않을 수 있는 비결이 무엇일까요? 남들의 평가는 중요하지 않습니다. 자기 스스로 비웃게 되는 것이 무서운 것입니다. 어떻게 살아야 내 인생에 대해 나 스스로 비참해지지 않을 수 있을까요? 어떻게 해야 자기 인생을 비웃지 않게 될 수 있을까요?

그 비결 중 하나는 이미 언급했듯이 '온전함을 버리지 않는 것'입니다. 또 하나는 이어지는 8절에 나오는 '불의한 자의 형통을 부러워하지 않는 것'입니다. "불경건한 자가 이익을 얻었으나 하나님이 그의 영혼을 거두실 때에는 무슨 희망이 있으랴"(27:8). 하나님은 때로 악인을 형통하게 하십니다. 그러나 영혼을 거두실 때, 그는 하나님 앞에서 심판받을 것입니다. 그때 그의 형통이 무슨 소용이 있겠습니까?

"그가 어찌 전능자를 기뻐하겠느냐 항상 하나님께 부르짖겠느냐"(27:10). 악인이 죽을 때 하나님을 기뻐할 수 있겠습니까? 그럴 수 없지요. 그러나 욥은 비록 고난 중에서 죽어 가지만 하나님을 만날 기대와 갈망이 있기에 하나님께 기쁜 마음으로 나아갈 수 있었습니다. 하나님이 "욥아, 어서 오너라!" 하고 자신을 반갑게 영접해 주실 것이라는 확실한 소망이 욥에게는 있었던 것입니다.

욥은 세상의 모든 것을 가져도 보았고, 잃어도 보았습니다. 세상에서 잘되는 것, 형통하고 부자가 되는 것이 별것 아니라는 사실을 알게 되었습니다. 부한 자도 가난한 자도, 성공한 사람도 실패한 사람도 언젠가는 다 죽습니다. 그러나 그때가 되면 악인과 선인, 죄인과 의인은 완전히 달라집니다. 악인의 형통에 대한 욥의 평가가 13절 이하에 계속됩니다. 미래에 하나님 앞에 선다는 것을 놓고 인생을 평가해야 한다는 것입니다.

우리는 고난 자체가 우리를 비참하게 만든다고 생각합니다. 그렇지 않습니다. 고난에 대한 태도가 더 중요합니다. 욥은 고난 중에 있었지만 "온전함을 버리지 않겠다. 악인의 형통을 부러워하지 않겠다"고 결심했습니다. 이렇게 살 때 먼 훗날 '내가 그때 참 잘 견뎠지' 하며 스스로 자부심을 가질 수 있고, 하나님도 "그때 네가 잘 견뎠느니라"라고 칭찬하실 것입니다. 욥은 그런 멋진 인생을 살겠다고 결심했습니다. 우리도 지금 고난 중에 있다면 절망하지 말고 "온전함을 버리지 않겠다. 악인의 형통을 부러워하지 않겠다"고 결심하기 바랍니다.

기도하기

살아 계신 하나님!
욥은 고난 중에도 절망하지 않았습니다.
오히려 "나의 온전함을 버리지 않겠다.
악인의 형통을 부러워하지 않겠다"고 맹세했습니다.
우리도 고난 중에 그런 고백을 하게 하소서.
그래서 훗날에 내 인생을 비웃지 않도록
어떤 환경 속에서도 올바로 살아온 세월임을
기뻐할 수 있는 멋진 인생을 살게 하소서.

나눔 질문

† 절망은 자기를 찾는 과정이라고 할 때 진정한 자기가 되는 방법은 무엇인가요?

† 고난 중에 어떻게 해야 내 인생에 대해 나 스스로 비참해지지 않으며 절망에 빠지지 않을 수 있을까요?

† 악인의 형통함을 바라볼 때 우리는 어떻게 행동해야 하나요?

욥기 28:23-28

23 하나님이 그 길을 아시며 있는 곳을 아시나니
24 이는 그가 땅 끝까지 감찰하시며 온 천하를 살피시며
25 바람의 무게를 정하시며 물의 분량을 정하시며
26 비 내리는 법칙을 정하시고 비구름의 길과 우레의 법칙을 만드셨음이라
27 그 때에 그가 보시고 선포하시며 굳게 세우시며 탐구하셨고
28 또 사람에게 말씀하셨도다 보라 주를 경외함이 지혜요 악을 떠남이 명철이니라

17• 지혜는 어디에 있는가 욥28

_고난 속에서 캐내는 소중한 지혜

몇 년 전 일입니다. 결혼을 앞둔 신부가 저를 찾아와서 고민을 털어놓았습니다. "목사님, 저는 내일모레 결혼을 하는데 너무 불안합니다. 우리의 앞날이 행복할지, 불행할지 아무리 생각해도 모르겠습니다. 어떻게 하면 좋습니까?" 행복한 미소 속에도 그런 불안이 있는 줄 그때 알았습니다. 저는 이런 말을 해 주었습니다.

"논리적으로 따져 보는 것은 중요합니다. 그러나 지식에는 한계가 있습니다. 아무리 분석하고 확인해도 결과를 보장할 수는 없습니다. 지식보다 중요한 것이 있는데, 그것은 믿음입니다. 마지막으로는 믿어야 합니다. 먼저는 하나님을 믿으세요. '하나님이 나의 하나님이시며, 그 사람의 하나님이다. 하나님이 우리를 사랑하셔서 하나가 되게 하시고, 내게 꼭 맞는 배우자를 주셨다'고요. 그다음에는 그 사람을 믿으세요. 그의 인격과 사랑을 믿으세요. 그런데 정말 믿어지지 않으면 오늘이라도 취소하면 됩니다. 좀 민망하긴 하지만 결혼 후보다 결혼 전에 취소하는 것이 훨씬 낫습니다. 다 이해해 줍니다.

마지막으로는 자기 자신을 돌아보세요. 나는 가만히 있으면서, '그 사람이 나를 변함없이 사랑해 줄까?' 하고 기대하면 안 됩니다. 부부 사랑은 부모 자식 간의 사랑과는 달리 상호적입니다. 일방적이지 않습니다. 내가 잘하면 상대방도 잘합니다. '그 사람이 좋은 남편이 될까?'보다 중요한 질문은 '내가 어떻게 좋은 아내가 될까?'입니다. 그 사람을 걱정하지 말고, 내가 그에게 좋은 아내가 되겠다고 결심하세요. 그러면 행복할 수 있습니다. 결혼은 엄청난 모험입니다. 그러나 열매가 풍성한 모험입니다. 믿고 결혼하세요."

지식과 믿음의 관계를 분명히 알아야 합니다. 지식과 믿음, 둘 중에 어느 것이 더 강하고 위대할까요? 믿음입니다. 우리는 지식과 믿음을 상반된 개념으로 볼 때가 많습니다. 그래서 "지식이 없으니까 무조건 믿어!"라고 말합니다. 그렇다 보니 믿음을 우습게 봅니다. 그러나 지식은 믿음을 가지기 위한 수단입니다. 모든 지식과 논리의 결론이 믿음입니다. 그러므로 믿음은 지식의 총체요, 모든 지식의 완성입니다.

인류의 사상과 신앙 체계를 둘로 나누면 헬레니즘과 헤브라이즘입니다. 헬레니즘은 "알면 믿게 된다"고 말합니다. 그러나 헤브라이즘은 "믿으면 알게 된다"고 합니다. 어느 것이 맞을까요? 우리는 헬레니즘 교육을 받았기 때문에 알면 믿게 된다고 생각합니다. 기초 단계에서는 이것이 맞는 것 같습니다. 그러나 깊이 들어가면 반대입니다. 믿으면 알게 됩니다.

갈라디아서에서 사도 바울은 예수님이 오시기 전 이 세상의 모든 지식과 세계관, 철학과 종교를 가리켜 '초등학문'이라고 했습니다. 초등학문 중에서 최고가 율법입니다. 하나님이 직접 주신 것이기 때문입니다. 그러나 율법에 구원이 있는 것이 아닙니다. 율법을 통해서는 하나님의 자녀가 될 수 없습니다. 때가 차매 하나님이 그 아들을 보내셨고 그분을 믿는 믿음 안에서 우리는 하나님의 자녀가 됩니다. 그러므로 예수를 믿으면 내가 누군지, 세상이 무엇인지, 하나님이 누구신지 온전히 알게 됩니다. 그러므로 예수를 믿는 것이 가장 위대한 지식이며, 철학이고 종교이며, 최고의 학문입니다.

왜 지혜를 말하는가?

지금까지 격렬하게 논쟁을 했는데, 그러나 욥이 신앙을 고백하자 친구들은 더 이상 할 말이 없어졌습니다. 지식은 끝없는 논쟁을 가져오지만, 신앙 고백(믿음)은 모든 것을 조용하게 만듭니다. 친구들이 잠잠해지자 욥도 마음이 가라앉았습니다. 이제 욥은 차분한 마음으로 자기 마음을 표현하는데, 그것이 28장의 내용입니다. 지혜는 어디에 있으며, 어떻게 얻을 수 있는가를 설명합니다.

그런데 욥이 왜 갑자기 지혜를 말하는 것일까요? 욥과 친구들은 지혜자들입니다. 그런데 지혜를 가진 사람들끼리 모여서 논쟁을 했지만 결론이 나지 않았습니다. 그들이 가진 사람의 지혜로는 해결이 안 되기에 더 높은 지혜를 찾는 것입니다. 어떻게 지혜를 찾을 수 있을까요?

금과 은, 그리고 철과 동을 얻으려면 어떻게 해야 할까요? 각종 보석과 광물 자원 등 가치 있는 것을 얻기 위해서는 광맥을 찾아야 합니다. 땅속까지 파고 들어가 속에 있는 보석을 캐냅니다. 4절은 광산에서 채광하는 모습을 묘사합니다. 구멍을 깊이 뚫어 수직 갱도를 만들고, 줄에 맨 두레박을 타고 들어갑니다. 그 절벽에 매달려서 흔들거리면서 광물을 캐냅니다. 그러다 보면 물줄기가 터져 나오기도 합니다. 그러면 그 지하 깊은 곳에서 배수로를 만들어 물길을 돌리고, 그 밑에 있는 광맥을 살핍니다. 또한 그 물을 이용해 보석을 골라내기도 합니다. 캐낸 돌 위로 물을 흐르게 하면 흙은 씻겨 나가고, 가벼운 돌도 떠내려갑니다. 남아 있는 무거운 금속만 땅 위로 올립니다. 욥은 이런 과정을 설명합니다.

미국 서부 영화를 보면 사람들이 금을 캐기 위해서 광산촌으로 모여듭니다. 금이 나온다는 소문만 듣고 고향 산천을 버리고 낯선 곳에 마을을 세웁니다. 그 후 총으로 서로를 위협하고 죽이면서 위험을 무릅쓰고 한 줌의 금을 얻기 위해 몸부림을 칩니다. 항해 기술도 금을 얻으려는 노력 때문에 발전했습니다. "어디에 가면 금이 있다더라!" 이 말이 바다 사나이들의 모험심을 자극해 생명을 건 항해를 시도합니다.

금을 향한 인간의 몸부림은 처절합니다. 사람들은 땅속 깊은 곳까지 보석을 찾으러 들어갑니다. 가치가 있기 때문입니다. 그런데 지혜는 금보다 귀합니다. 얼마나 귀합니까? "순금으로도 바꿀 수 없고 은을 달아도 그 값을 당하지 못하리니"(28:15). 금과 은으로도, 어떤 보석과도 비교 불가입니다.

지식에서 믿음으로

보석은 광산에 매장되어 있지만 지혜는 어디에 있나요? 사람들은 보석을 얻기 위해 땅속 깊은 곳까지 들어가 결국 금과 은을 찾아내 얻고야 마는데, 지혜도 어디에 있는지를 알면 이렇게 집요한 노력으로 얻을 수 있다면 좋겠다는 것입니다. 하지만 문제는 지혜가 어디에 있는지 모르겠다는 것입니다. 그렇다면 욥이라는 사람은 정말 무지한 것일까요? 아닙니다. 28장에 언급된 과학 지식만 봐도 놀랍습니다. 그중 하나만 살펴보겠습니다.

"음식은 땅으로부터 나오나 그 밑은 불처럼 변하였도다 그 돌에는 청옥이 있고 사금도 있으며"(28:5-6). 음식은 땅으로부터 나옵니다. 모든 풀이 땅 위에 있고, 나무들이 열매를 맺으면 채취해 먹습니다. 그럼 땅 밑에는 무엇이 있을까요? '불처럼 변하였도다'라는 말에서 알 수 있듯이 엄청나게 뜨겁습니다. 너무 뜨거워서 보석과 광물이 녹아 있을 정도입니다.

지표면을 지각이라고 합니다. 그 밑에는 맨틀이라는 층이 있습니다. 금속 성분이 많은 암석 덩어리들입니다. 그 아래 핵이 있습니다. 철이나 니켈, 금 같은 합금이 물처럼 끓고 있습니다. 온도가 6,000도나 됩니다. 이 같은 지구의 구조를 알게 된 것이 20세기의 일입니다. 그런데 욥은 이미 알고 있었습니다. 지식이 많았던 것입니다.

그럼에도 욥은 나에게 닥친 고난의 이유를 모르겠다고 했습니다. 그러니까 답답해서 "지혜는 어디 있는가?" 하고 질문합니다. "깊은 바닷속에 있는가?" 아닙니다. "어느 생물이 알까? 공중의 새가 알까?" 아닙니다. "깊은 땅속으로 파고 들어간다고 지혜가 나오는가?" 아닙니다. "공중으로 올라간다고 나오는가?" 아닙니다(28:14, 21). 그렇다면 지혜를 어디서 얻을 수 있을까요? 22절에 의하면, 사망도 지혜에 대한 소문은 들어 보았다고 합니다. 죽음은 지혜에 대하여 조금은 말할 수 있다는 뜻입니다. 죽음에 직면하면 약간의 지혜가 생겨납니다. 인생이 무엇인지 죽음 앞에서 조금 알게 됩니다. 그러나 확실히는 모릅니다.

욥은 찾고 찾았으나 결국 "그 길을 사람이 알지 못하나니 사람 사는 땅에서는 찾을 수 없구나"(28:13)라고 말했습니다. 사람이 사는 곳에서는 발견할 수 없고 인간의 힘으로는 찾을 수 없다는 것을 알았으므로, 그는 이제 눈을 어디로 향합니까? 하나님을 바라봅니다. 하나님이 아신다는 것입니다(28:23).

욥은 지혜를 추구하다가 인간이 알 수 없다는 사실을 발견하곤 낙담하거나 허무에 빠지지 않았습니다. 인간은 인간을 다 알 수 없고, 자기에게 닥친 고난의 의미를 다 이해할 수 없습니다. 여기서 사람들은 낙심합니다. "인생의 고난, 왜 있는가?"를 아무리 연구해도 알 수 없습니다. "내 인생은 무엇인가? 고난은 왜 있는가?"라는 주제를 놓고 책을 읽어 보세요. 답이 안 나옵니다. 답이 있다면 철학이 벌써 대답했겠지요. 땅속 깊은 곳에 숨겨져 있는 금과 은을 캐내는 인간이라도, 고난의 의미를 스스로 알아낼 수 없습니다.

그러나 욥은 신앙적으로 점프를 해서 지식에서 믿음으로 나아갔습니다. "하나님이 그 길을 아시며 있는 곳을 아시나니"(28:23). 우리는 몰라도 하나님은 아십니다. 하나님이 어떻게 아십니까? "이는 그가 땅끝까지 감찰하시며 온 천하를 살피시며 … 비구름의 길과 우레의 법칙을 만드셨음이라"(28:24-26). 하나님은 지혜로 세상을 만드셨습니다. 비바람과 번개, 그 속에 얼마나 많은 지혜가 있겠습니까. 그러나 아무리 연구해도 이 땅에 나타난 하나님의 지혜는 절대로 다 찾아내지 못합니다. 눈에 보이는 것, 나타난 지식 하나도 얻기가 어려워요. 하물며 눈에 보이지 않는 신령한 지혜는 말할 필요도 없습니다.

어떻게 지혜를 얻는가

그렇다면 모든 지혜를 넘어서는 신령한 지혜는 무엇이며, 어디에 있습니까? "또 사람에게 말씀하셨도다 보라 주를 경외함이 지혜요 악을 떠남이 명철이니라"(28:28). 욥은 마침내 그렇게도 찾던 지혜와 명철을 발견했습니다.

참된 지혜는 여호와를 경외하고 악에서 떠나는 것입니다. 여호와를 경외한다는 것은 하나님을 인정하고 신뢰하고 사랑하고 순종하려는 자세, 나의 한계를 인정하고 그분을 높이는 마음입니다. "하나님, 나는 모릅니다. 그러나 하나님은 아십니다. 나를 사랑하시고 돌보고 계심을 믿습니다. 나의 고난을 통해서도 주님이 뜻한 바를 이루실 줄 믿습니다"라고 믿는 것이 지혜입니다.

또한 악에서 떠남이 명철입니다. '이렇게 살아서 뭐 해? 정직하게 살아도 고난이 오는데. 내 마음대로 살 거야'라는 태도는 어리석습니다. 하나님의 선하심을 끝까지 믿고, 온전함을 버리지 않고, 악인의 형통을 부러워하지 않고, 끝까지 내 길을 하나님께 맡기고 걸어가야 합니다. 그럴 때 내 머리로 알 수 없는 내 인생의 문제, 도저히 답이 없는 삶의 문제가 하나님 안에서 답을 찾게 됩니다. 그리고 고난을 견딜힘을 위로부터 공급받습니다. 다시 한 번 언급하지만, 지식의 문제가 아니라 믿음의 문제입니다.

그렇다면 욥은 이런 지혜를 어떻게 얻었을까요? 고난 속에서 발견했습니다. 광부가 저 깊은 땅속에서 광물을 캐내는 수고 후에 보석을 얻듯이, 욥도 고난의 한가운데서 신령한 지혜를 얻었습니다. 모진 시련과 엄청난 갈등을 통해서 지혜를 얻었습니다. 고난을 통하지 않고는 지혜를 손에 넣을 수 없습니다.

이렇게 얻은 지혜는 누군가와 교환할 수 있는 것이 아닙니다. 오직 본

인만 누릴 수 있습니다. 그러므로 욥은 "나는 이 고난 속에서 지혜를 발견하고 있다. 비록 땅속에 있는 보화를 캐내는 것 같은 고난을 겪고 있지만, 그 후에는 엄청난 보석을 손에 얻듯이 소중한 지혜를 얻게 될 것이다" 이렇게 말했습니다.

본문을 세 문장으로 요약하면 이렇습니다. "고난이란 금을 캐는 것처럼 힘든 과정이다. 고난은 인간의 한계를 깨닫고 하나님을 바라보게 한다. 그 결과 여호와를 경외하고 악에서 떠나게 한다."

오늘도 고난을 당하는 사람들은 어떻게 해야 할까요? 고난의 의미를 이해하려고 아무리 머리를 싸매고 고민해도 답이 나오지 않습니다. 그럴 때면 욥처럼 고백해야 합니다.

"여호와를 경외하는 것이 지혜요, 악에서 떠나는 것이 명철이다."

기도하기

하나님!

욥과 친구들은 그 당시에 가장 지혜로운 사람들이었습니다.

그러나 왜 욥에게 이런 문제가 찾아왔는지 알 수 없었습니다.

결국 인간의 지혜로는 인생의 문제를 해결할 수 없었습니다.

그 기나긴 토론 끝에 욥은 깨달았습니다. "결국 지혜는

하나님께 있는 것이로구나. 하나님을 경외하는 것이 지혜요,

그걸 인정하는 것이 명철이구나." 주님! 이 시간 우리도 깨닫게 하소서.

오늘도 하나님을 경외하며 악에서 떠난 삶을 살게 하소서.

나눔 질문

† 지식과 믿음의 관계는 무엇인가요?

† 욥은 지혜를 추구하다가 인간이 알 수 없다는 것을 발견하고는 낙담하거나 허무에 빠지지 않았습니다. 욥이 깨달은 지혜는 무엇인가요?

† 주변에 고난의 의미를 이해하려고 애쓰는 사람이 있다면 어떤 이야기를 해 줄 수 있을까요?

욥기 29:3-7

3 그 때에는 그의 등불이 내 머리에 비치었고 내가 그의 빛을 힘입어 암흑에서도 걸어다녔느니라
4 내가 원기 왕성하던 날과 같이 지내기를 원하노라 그 때에는 하나님이 내 장막에 기름을 발라 주셨도다
5 그 때에는 전능자가 아직도 나와 함께 계셨으며 나의 젊은이들이 나를 둘러 있었으며
6 젖으로 내 발자취를 씻으며 바위가 나를 위하여 기름 시내를 쏟아냈으며
7 그 때에는 내가 나가서 성문에 이르기도 하며 내 자리를 거리에 마련하기도 하였느니라

18• 욥의 인생 평가서 욥 29-31

_우리는 어떻게 살아야 하는가

오래전에 〈리더십〉이란 미국 잡지를 읽다가 아주 놀라운 사실을 알게 되었습니다. 한 기자가 성공한 사람들에게 질문했습니다. "당신이 성공한 후에 정말 하고 싶은 일은 무엇입니까?" 대답이 무엇이었을까요? "나의 과거를 고치고 싶습니다"라는 것이었습니다. 왜 그렇습니까? 이런 날이 올 줄 몰랐거든요. 그래서 적당히 살았는데 이제는 주목받는 사람이 되었습니다. 그러다 보니 많은 사람이 나의 과거에 관심을 가집니다. 그들에게 "나는 이렇게 살았습니다" 하며 자기의 과거를 당당하게 밝히기가 너무나 부끄러운 것입니다. 그러므로 진정한 성공은 높은 자리도, 많은 돈도 아니라 부끄럽지 않은 과거를 소유하는 것입니다.

이 기사의 결론은 이렇습니다. "당신이 진정으로 성공한 사람이 되려면 결과만 생각하지 말고, 과정을 소중히 여기고 부끄럽지 않게 오늘을 살아야 한다."

미래를 예측하는 학문에는 두 가지가 있습니다. 하나는 미래학인데,

이것은 과학입니다. 또 하나는 종말론인데, 이것은 신학입니다. 미래학은 오늘을 기점으로 미래를 바라보는 것입니다. "오늘 이런 상태가 이어진다면 5년 후에는 이렇게 될 것이고, 10년 후에는 이런 미래가 올 것이다"라고 예측합니다. 그러나 미래가 내가 예측한 대로 전개됩니까? 아닙니다. 미래학은 좋은 것이지만 얼마든지 틀릴 수 있습니다. 인간은 미래를 알 수 없기 때문입니다. 그러나 예측은 필요합니다. 그래야 미래를 대비할 수 있습니다.

이와 달리 종말론은 하나님 앞에 설 그날을 기점으로 오늘을 바라보는 것입니다. 그날은 하나님 안에서 확실합니다. 상상력을 발휘해 보세요. 내가 미리 천국에 가서 천국을 향해 걸어오는 지금 내 모습을 본다면 어떠할까요? 안타깝겠지요? "너 왜 그래?" 이런 소리가 나올 것입니다. "하나님이 나를 주목해 보고 나에게 상을 주는 날이 있는데, 내가 왜 그때 낙심하고 두려워했을까? 그 일을 통해 이루려는 하나님의 아름다운 계획이 있었는데, 왜 모르고 방황했을까?" 하며 탄식하게 될 것입니다. 그런 생각을 하며 오늘을 살아가는 것이 종말론적 삶입니다. 미래를 잘 예측하고 대비해야 합니다. 그러나 더 중요한 것은 신앙적으로 종말론적 시각을 가지고 살기를 바랍니다. 그래야 후회 없는 인생을 살 것입니다.

과거를 회고하기

욥은 하나님을 바라보았습니다. 세상을 창조하고 우리를 다스리시는 하나님께 지혜가 있다는 것을 발견하고는 이렇게 고백했습니다. "주를 경외함이 지혜요, 악을 떠남이 명철이다!"

"하나님, 나는 모릅니다. 그러나 하나님은 아십니다. 오늘도 나를 사랑하시고 돌보심을 믿습니다. 고난을 통해서도 주님이 뜻한 바를 이루실 줄 믿습니다." 이렇게 믿는 것이 최고의 지혜입니다. 우리는 하나님의 선하심을 끝까지 믿고, 온전함을 버리지 않으며, 악인의 형통을 부러워하지 않고, 하나님께 맡기고 걸어가야 합니다. 그럴 때 이해할 수 없는 내 인생의 문제, 도저히 답이 없는 삶의 문제가 하나님 안에서 해결될 것입니다. 고난을 견딜 수 있는 힘을 위로부터 공급받게 되는 것입니다.

이제 욥은 29-31장, 총 세 장에 걸쳐서 자기의 지나온 과거를 담담하게 회고합니다. 왜 이런 이야기를 했을까요? 첫째, 사람이 죽을 때가 가까워지면 지나온 한평생이 주마등처럼 스쳐 지나가기 때문입니다. 둘째, 바른 신앙을 고백하고 나서 마음이 많이 안정되었기 때문입니다. 이제는 지나간 옛날을 살펴볼 여유가 생겼기에 욥은 고요히 과거를 회상했습니다. 셋째, '내가 지금까지 살아온 인생은 과연 어떠했는가?' 하며 자기 생애를 객관적으로 평가하기 위해서입니다. 세 장 전체를 한마디로 정리하면, "욥의 인생 평가서"입니다.

먼저는 29장에서 욥은 옛날 잘살았을 때를 추억했습니다. 과거의 행복을 추억하는 것은 좋은 일입니다. 왜냐하면 자기 인생을 바라보는 균형 감각을 가질 수 있기 때문입니다. 사람들은 현재 중심적 사고를 하기 때문에, 현재가 힘들고 어려우면 과거의 은혜를 부정하기 쉽습니다.

예를 들어, 어떤 아이가 가정 형편이 어려워서 대학에 진학하지 못했다고 합시다. 부모님이 "우리 집 형편이 어려워서 대학을 보내 줄 수 없다"고 말한다면 그는 "부모님이 언제 나를 사랑한 적이 있습니까!" 하고 대꾸할 수 있습니다. 현재가 힘드니까 과거도 부정하는 것입니다. 그러나 이것은 잘못입니다. 오늘은 비록 힘들지만 '그래도 나는 많은 사랑을 받왔다'는 사실을 인정해야 합니다. 더 중요한 것은 그래야만 고난 속에서도 왜곡된 시각을 갖지 않고 살아갈 수 있습니다.

그렇다면 욥은 형통할 때 어떤 모습이었습니까? 욥이 과거를 회고하는 내용이 순서대로 나옵니다.

첫째, 하나님과의 관계입니다. "그때에는 그의 등불이 내 머리에 비치었고 내가 그의 빛을 힘입어 암흑에서도 걸어 다녔느니라"(29:3). 세상은 흑암 중에 있었지만 욥에게는 하나님의 지혜와 총명이 있었고, 그는 하나님과 동행하는 기쁨을 누리며 살았습니다. 욥이 "하나님!" 하면 하나님이 "오냐, 욥아!" 하는 관계였습니다.

둘째, 가족과의 관계입니다. 4절은 행복했던 욥의 가정을 보여 줍니다. 욥은 건강했고, 하나님은 욥의 가정(장막)에 기름을 발라 주었습니다. 머리에 기름을 바르는 것도 축복을 의미하는데, 장막에까지 기름을 발라 주었다는 것은 가정에 축복이 넘쳐흘렀다는 의미입니다. 욥의 자녀들은 욥과 함께 즐거워했고 화목했습니다.

셋째, 사회적 관계입니다. 욥은 "사람들이 나를 존경했다. 내 말에 권위가 있었고, 사람들이 내 말을 귀담아들었다. 내 말을 듣기를 사모했다. 듣고 나서 그들은 위로와 소망을 가졌다"(29:8-10)라고 말했습니다.

그렇다면 이렇게 좋은 환경에서 욥은 어떻게 살았을까요? 내 힘으로 성공했다고 거들먹거리며, 특권 의식을 가지고 자기만을 위해 살았을까요? 아닙니다. 욥은 하나님이 주신 것을 가지고 많은 사람을 섬겼고(29:12), 도움이 필요한 사람들을 돌보았습니다(29:15-17). 하나님의 축복을 나누며 살았습니다. 그래서 욥은 자기의 미래가 아주 평안할 것이라고 생각했습니다.

내가 스스로 말하기를 나는 내 보금자리에서 숨을 거두며 나의 날은 모래알같이 많으리라 하였느니라 • 29:18

현실과 마주하기

30장은 "그러나 이제는"(1절)이라는 욥의 고백으로 시작합니다. 아주 중요한 표현입니다. 과거의 아름다운 추억도 좋지요. 그러나 과거에만 빠져 있으면 안 되고, 이제는 현실로 돌아와야 합니다. 욥은 현실로 돌아왔습니다.

지금 현실은 어떻습니까? 욥보다 젊은 자들이 그를 비웃는데, 그들의 아비들은 아주 천한 사람들입니다. 형편없는 사람들까지도 욥을 무시하고 비방했습니다(30:8). 10절에 의하면 침을 뱉고 돌을 던지며 저주했습니다. 왜 그런 행동을 하는가? 저 사람에게 닥친 저주스러운 일이 나에게는 일어나지 말라는 뜻에서 하는 행동입니다. 그러나 당하는 사람 입장에서는 얼마나 비참하겠습니까? 몸도 힘들고 괴로운데 모든 사람이 저주까지 하니 말입니다.

이런 무시와 비방을 당하면서 욥은 어떻게 반응했을까요? 사람을 바라보거나 욕하지 않고, 하나님께로 얼굴을 돌렸습니다. "하나님이 내 활시위를 늘어지게 하시고"(30:11). 활시위가 팽팽해야 화살이 과녁을 맞힐 텐데, 활줄이 느슨해지면 소용이 없습니다. 그러므로 활시위를 늘어지게 하셨다는 것은 나를 무력하게 만들고 나를 낮추었다는 뜻입니다. 욥은 그래서 사람들도 자신을 비난하는 것이라고 생각했습니다.

남의 이야기나 소설처럼 생각하지 말고 내 이야기라고 생각해 보세요. 아주 실감나게 다가올 것입니다. 나는 지금 고난의 극치를 경험하고 있습니다. 모든 사람이 나를 무시하고 정죄합니다. 이제 나는 곧 죽게 될 것입니다. 그렇다면 무엇을 해야 하겠습니까? '옛날에는 좋았는데!' 하며 과거만 그리워하면 되겠습니까? '지금 내 모습은 왜 이런가?' 하며 현실에 대해 탄식하고 원망만해야 하겠습니까? 아닙니다. 이제는 복잡한 마음을 다 내려놓고 주님 앞에서 인생을 결산해야 합니다.

인생 체크 리스트

31장에서 욥은 자기 인생을 점검합니다. 1절에서는 "내가 내 눈과 약속하였나니"라고 말했는데, 어떤 약속일까요? 처녀에게 주목하지 않겠다는 약속입니다. '처녀'는 아름다움의 상징입니다. 관능과 쾌락에 대한 갈망입니다. 그 당시 욥 정도의 부자에다 높은 명예를 가지고도 처녀를 쳐다보지도 않겠다고 약속한 것은 대단한 일입니다. 그런데 왜 하필이면 처녀입니까? 남의 아내를 탐내는 것은 죄입니다. 그러나 당시는 일부다처 시대이기 때문에 처녀를 탐내는 것은 공식적으로는 죄가 되지 않았습니다. 그러나 욥은 그조차 하지 않겠다고 한 것입니다.

죄의 시작은 눈으로부터 옵니다. 견물생심이라고, 눈으로 보면 유혹을 느끼고 마음에 불이 붙습니다. 보고도 참는 것은 더 어렵습니다. 안 보는 것이 좋습니다. 욥은 죄를 유혹의 단계에서부터 멀리하려고 결심했습니다. 왜냐하면 위에 계신 하나님이 원하는 것이 아니기 때문입니다. 하나님이 내 길을 살피십니다(31:2, 4). 하나님이 내 걸음을 다 세고 계십니다. 욥은 그런 하나님 앞에서 정결하게 살기로 결심했던 것입니다.

"만일 내가 허위와 함께 동행하고 내 발이 속임수에 빨랐다면"(31:5).

이 말은 "내가 언제 허위와 동행하고 속임수에 빨랐는가? 자기 이익을 위해서, 혹은 남을 해롭게 하려고 거짓말을 한 적이 있는가?"라는 뜻입니다. 그리고 만약 그런 적이 있다면 하나님의 저울에 달리기를 원한다고 말했습니다(31:6). 또한 "만일 내 마음이 여인에게 유혹되어 이웃의 문을 엿보아 문에서 숨어 기다렸다면 내 아내가 다른 남자와 동침하기를 바란다"고 했습니다(31:9-10). 욥은 그만큼 정직하고 반듯하게 살았습니다.

욥은 가난한 사람들을 차별하지 않고 동등한 형제로 생각했습니다. 또한 가난한 자나 과부를 실망시키지 않았습니다(31:13, 16). 배고픈 사람, 의복이 없는 사람을 외면하지 않았습니다. 욥은 만약 자신이 그들을 향해 손을 펴지 않았다면 "내 팔이 어깨뼈에서 떨어지고 내 팔뼈가 그 자리에서 부스러지기를 바라노라"(31:22)라고 말했습니다. 욥은 자신이 재물을 의지했다면, 종교적으로 하나님이 아닌 다른 것에 미혹이 되었다면, 남의 불행을 보고 기뻐했다면, 나그네를 재워 주지 않았다면, 내 죄를 은폐한 사실이 있다면, 남의 것을 공짜로 먹었다면 자신은 벌을 받아 마땅하다고 말했습니다.

욥의 친구들은 지금 욥의 고난을 보면서 "네가 이런 죄를 지었을 것이다"라고 짐작하며 공격하지만 욥은 그렇게 살지 않았습니다. 남의 것을 탐내기는커녕 마음으로라도 죄를 짓지 않으려고 애를 썼고, 하나님이 주시는 것으로 섬기며 살았습니다.

욥이 친구들과 하나님 앞에서 주장한 그의 결백에 대한 마지막 선언이 35절입니다. "누구든지 나의 변명을 들어다오 나의 서명이 여기 있으니 전능자가 내게 대답하시기를 바라노라 나를 고발하는 자가 있다면 그에게 고소장을 쓰게 하라"(31:35). 즉 "지금까지 내가 한 말은 모두 사실이다. 틀림이 없다는 것을 확인한다" 하고는 자기가 서명한 것입니다. 여기에 대해 반대 의견이 있으면 나를 고발하라고, 하나님이 판단하실 것이라면서 말입니다.

욥은 자기 인생을 점검하는 체크 리스트를 작성했습니다. '나는 어떻게 살아왔는가?'를 하나하나 점검했습니다. '재물과 지식을 가지고 무엇을 했는가? 하나님이 주신 축복을 나누었는가? 어려울 때 낙심하거나 원망하거나 하나님을 멀리하지 않았는가? 언제나 하나님을 생각하면서 살려고 노력했는가?' 이것을 점검했습니다.

그런데 욥은 '이렇게 살아온 결과가 고난이란 말인가? 정직하게 살았던 삶이 아무 의미도 없고, 이익도 되지 않는구나!' 하며 불평하고 후회했습니까? 정반대입니다. 죄 가운데서 죽지 않고, 올바르게 살다가 죽게 된 것을 감사했습니다.

우리는 어떻게 살아야 할까요?

내 소유는 이것이니 곧 주의 법도들을 지킨 것이니이다 •시 119:56

하나님의 말씀을 따라 살았던 것만이 내 진정한 소유입니다. 왜냐하면 하나님 앞에 가지고 갈 것은 그것뿐이기 때문입니다.

과거를 바꿀 수는 없습니다. 그러나 방법이 있습니다. 이미 지나간 과거는 어쩔 수 없지만, 미래의 그날에서 보면 과거는 바로 오늘입니다. 그러므로 과거를 바꾸는 방법은 바로 오늘을 바꾸는 것입니다. 욥은 하나님이 다 보고 있는데, 정확하게 세고 있는데, 그리고 철저히 심판하는데 '나

이대로 끝내도 괜찮은가?' 하고 점검했습니다. 우리 역시 자기 인생을 평가하면서 살아가야 합니다.

기도하기

욥의 인생 평가서를 통해 어떻게 살아야 하는가를 가르쳐 주신 주님!
오늘 아무리 힘들어도 과거의 은혜를 부정하지 않게 하소서.
형통할 때는 하나님이 주신 복을 나누며 살게 하시고,
고난의 때에는 낙심하거나 의심과 원망이 없게 하소서.
욥처럼 자기를 점검하게 하시고 하나님이 나의 삶을 바라보고 있고,
세고 있으며, 저울에 달아 보고, 심판하는 분이라는 것을 알고
하나님의 시선을 의식하며 살게 하소서.

나눔 질문

† 욥이 자신의 과거를 담담하게 회고하는 세 가지 이유는 무엇입니까?

† 욥이 과거를 회고하는 세 가지 순서는 무엇입니까?

† 우리는 지나간 과거를 바꿀 수 없지만, 다가올 과거는 바꿀 수 있습니다. 어떻게 하면 될까요? 어제의 내 모습을 돌아보며 오늘이 끝나기 전 꼭 해야 할 일이 무엇인지 나눠 봅시다.

◢ 고난의 양면성

5부

네
고난에는
의미가
있단다

욥기 32:12-17

12 내가 자세히 들은즉 당신들 가운데 욥을 꺾어 그의 말에 대답하는 자가 없도다

13 당신들이 말하기를 우리가 진상을 파악했으나 그를 추궁할 자는 하나님이시요 사람이 아니라 하지 말지니라

14 그가 내게 자기 이론을 제기하지 아니하였으니 나도 당신들의 이론으로 그에게 대답하지 아니하리라

15 그들이 놀라서 다시 대답하지 못하니 할 말이 없음이었더라

16 당신들이 말없이 가만히 서서 다시 대답하지 아니한즉 내가 어찌 더 기다리랴

17 나는 내 본분대로 대답하고 나도 내 의견을 보이리라

19• 엘리후의 역할 욥32

_ 이 시대에는 중보자가 필요하다

토니 캠폴로 목사님에게 어떤 교인이 찾아와서 자기가 암에 걸렸으니 낫게 해 달라고 기도 부탁을 했습니다. 목사님은 그를 위해 뜨겁게 기도했습니다. 일주일 후에 목사님은 환자의 아내로부터 전화를 받았습니다. "목사님, 며칠 전에 제 남편을 위해 기도해 주셨지요? 그런데 제 남편이 죽었습니다." 그 순간 목사님은 '항의하는 전화로구나' 싶어 가슴이 덜컹했는데, 그분은 이렇게 말했습니다.

"목사님, 제 남편은 분노로 가득 차 있었고, 58세의 젊은 나이에 자녀들이 성장하는 모습도 제대로 보지 못하고 죽는 것이 너무 억울하다고 하나님을 저주하곤 했어요. 그 모습을 볼 때마다 가족과 이웃들도 남편과 함께 있는 것이 너무 힘들었어요. 그런데 목사님이 기도해 주신 후에 제 남편에게 기쁨과 평화가 찾아왔어요. 목사님, 지난 3일 동안 우리는 삶에서 가장 행복한 시간을 보냈어요. 함께 웃고 노래 부르며 성경을 읽고 기도했어요. 남편을 위해 기도해 주신 것에 대해 진심으로 감사드립니다.

남편은 치료되지는 않았지만 치유되었습니다(He was not cured, but he was healed)."

'치료하다'(cure)는 아픈 부분을 의학적으로 고치는 것으로, 의사들이 감당합니다. 반면에 '치유하다'(heal)는 종합적으로 몸과 마음과 영혼을 고치는 것입니다. 치유는 하나님이 하십니다. 하나님을 모르는 사람들은 '치유'가 '치료'보다 좀 더 넓은 개념이라고 생각하지만, 사실 치유 속에는 영적인 의미가 들어 있습니다. 정확하게 말하면, 치료는 치유의 아주 작은 부분일 뿐입니다.

우리는 몸이 병들었을 때 빨리 치료되기를 갈망합니다. 그러나 그보다 더 중요한 것은 그것을 통해 내 인생의 문제를 치유받는 것입니다. 우리는 치유가 바깥에서 오는 사건이라고 생각합니다. 좋은 곳에 가서 잘 먹고 쉬고 즐거운 시간을 가졌다고 합시다. 그러면 어느 정도 치유가 되겠지만, 그러나 진정한 치유는 내적인 것입니다. 하나님이 내 영혼을 만질 때 가능합니다. 그리고 그것을 내가 믿음으로 받아들일 때 나타나는 것입니다.

그러므로 아무리 고통스러운 환경에 있어도 '하나님이 다스린다. 주님이 나와 함께하신다. 이것이 나를 향한 하나님의 사랑이다'라는 사실을 확실히 믿는다면 고난은 상처가 되지 않습니다. 오히려 그 고난을 통해 빛나는 보석으로 변화됩니다.

엘리후가 등장하는 이유

욥은 하나님 앞에서 자기 인생을 결산했습니다. 자기가 얼마나 철저하게 하나님 앞에 의롭게 살려고 몸부림쳤는지를 회고했습니다. 말씀대로 살았는지 체크 리스트를 작성하면서 하나하나 자기 인생을 점검했습니다. 그는 참 반듯하게 살았습니다. 죄악 중에 죽지 않고 의로운 가운데 죽게 된 것을 감사했습니다. 그리고 마지막에 결론을 내렸습니다. "지금까지 내가 한 말은 다 사실이다. 내 이름을 서명하겠다. 여기에 대하여 반대증거가 있으면 나를 고소해라. 하나님이 대답할 것이다." 그리고 이제 말을 마칩니다. 친구들에게 하고 싶었던 모든 말, 하나님께 드리고 싶었던 모든 말을 다 쏟아 놓습니다. 그런 후 욥은 자신은 더 이상 할 말이 없다며, 대답을 하나님께 넘겼습니다.

"욥이 자신을 의인으로 여기므로 그 세 사람이 말을 그치니"(32:1). 욥이 이렇게 나오자 친구들은 더 이상 할 말이 없었습니다. 욥과 세 친구는 많은 논쟁을 벌였지만 결론이 나지 않았고, 끝까지 평행선을 그었을 뿐입니다.

그럼 이제 누가 등장해야 할까요? 논리적으로는 하나님이 나타나 대답해 주어야 합니다. 그런데 엘리후라는 사람이 나옵니다.

람 종족 부스 사람 바라겔의 아들 엘리후가 화를 내니 그가 욥에게 화를 냄은 욥이 하나님보다 자기가 의롭다 함이요 • 32:2

도대체 엘리후는 누구인가요? 람 종족 부스 사람 바라겔의 아들입니다. 소개가 좀 길지요? 성경에서 어떤 사람을 소개하는데 그 사람의 아버지 이름이 나오면 아주 뼈대 있는 가문이라는 뜻입니다. 그 아버지 이름만 대면 "아, 그 집?" 하며 알아주는 집이라는 의미입니다. 그러니까 엘리후는 좋은 가문에서 태어나 공부도 많이 했고 신앙도 좋았으며 젊었습니다.

그런데 엘리후가 왜 갑자기 이 시간에 등장하는 것일까요? 즉 엘리후는 하나님이 나타나셔야 할 순간에 대신 나타난 사람입니다. 그럴 만한 이유가 있어서 나타났을 텐데, 엘리후가 등장한 이유는 무엇이고, 그의 역할은 무엇일까요?

엘리후가 나타나서 한 일은 화를 내는 것이었습니다. 아니, 왜 갑자기 화를 내는 것일까요? 사실 갑자기가 아닙니다. 그는 욥과 세 친구의 대화를 처음부터 다 들었습니다. 그러니까 오래 참고 있다가 화를 내는 것입니다. 또한 자기를 위해서 화를 내는 것이 아닙니다.

그가 욥에게 화를 냄은 욥이 하나님보다 자기가 의롭다 함이요 • 32:2

욥이 하나님보다 자기가 더 의롭다고 말한 적이 있나요? 없습니다. 그러나 사람들은 누군가 극심한 고난을 당하는 모습을 보면 일단 그것이 죄 때문이라고 생각합니다. 그래서 잘못이 있으면 회개하고 돌아오라고 말합니다. 그런데 욥이 자기가 고난을 당할 만한 죄가 없다고 하니까, 의도와 달리 자기가 의롭다고 주장하는 것처럼 들릴 수 있고, 결국은 하나님이 불의하다고 주장한 꼴이 되고 말았습니다. 엘리후가 욥에게 화를 낸 이유는 하나님을 위해서입니다. 공평하고 사랑이 많은 하나님이 불의한 분이 되었으니 하나님의 영광이 훼손됐습니다. 그래서 하나님을 변호하기 위해서 화를 낸 것입니다.

또한 3절은 "또 세 친구에게 화를 냄은 그들이 능히 대답하지 못하면서도 욥을 정죄함이라"라고 말함으로 엘리후가 화를 낸 또 하나의 이유를 알려 줍니다. 세 친구는 하나님이 왜 욥에게 고통을 주는지 이유도 정확히 모르면서 “이것은 너의 죄 때문이다”라고 단정했습니다. 욥이 “죄 때문이 아니다”라고 하면 “그런가 보다. 하나님께는 뭔가 뜻이 있겠지” 하며 받아들이지 않고 “그럼 네가 의인이란 말이냐?” 하면서 오히려 욥을 더 몰아붙이고 화를 내고 정죄했습니다.

세상에서 잘 살고 평안한 사람은 다 의인인가요? 아닙니다. 악한 사람이 잘되는 경우도 많습니다. 또한 의로운 고난도 있고, 억울한 고난도 많습니다. 고난을 당한다고 꼭 죄인은 아닌데, 그들은 욥을 큰 죄인인 양 정죄했습니다. 그래서 엘리후는 욥을 위해서 화를 냈습니다.

욥기를 연구하는 분들은 엘리후가 등장하는 이유를 세 가지 정도로 생각합니다.

첫째, 지금까지 욥과 세 친구가 논쟁한 내용을 정리해 주기 위해서입니다. 사실 욥과 세 친구의 논쟁은 설명을 듣지 않으면 핵심을 파악하기 어렵습니다. 그런데 결론에 이르기 전에 잠깐 멈추어서, 엘리후가 지금까지 어떤 일이 있었는지 정리해 줍니다. 독자를 위한 것입니다.

둘째, 지금 욥과 친구들은 모두 다 감정이 격앙되어 있습니다. 그들의 마음을 가라앉혀서 진정으로 하나님 앞에 설 수 있도록 준비시켜야 합니다. 하나님을 만나기 전에 그들의 마음을 준비시키는 역할을 엘리후가 한 것입니다.

셋째, 고난에 대한 새로운 의견을 제시해 하나님을 더 깊이 이해하게 해 줍니다.

그러므로 엘리후는 욥과 세 친구들의 논쟁에서 서로 간의 갈등을 완화하고, 상처 난 마음을 치유하고, 하나님의 음성을 들을 수 있도록 준비시키는 중보자 역할을 하고 있습니다.

중보자의 역할

엘리후는 중보자의 역할을 어떻게 감당했으며, 중보자로서 우리는 어떤 방법으로 그 일을 감당해야 할까요? 이 내용을 32장이 잘 보여 주고 있습니다.

첫째, 엘리후는 귀를 기울이고 들었습니다.

> 나는 연소하고 당신들은 연로하므로 뒷전에서 나의 의견을 감히 내놓지 못하였노라 • 32:6

엘리후는 함부로 끼어들지 않고, 그들이 하고 싶은 말을 다 할 때까지, 그들이 더 할 말이 없을 때까지 겸손한 마음으로 인내심을 가지고 끝까지 들었습니다(32:16).

인생의 복잡한 문제들이 왜 해결되지 않습니까? 끝까지 듣지 않기 때문입니다. "하고 싶은 말 다 해 봐. 내가 들을게"라고 말하고선 끝까지 듣기만 하면 실제로 많은 문제가 해결된다고 합니다. 예를 들어, 부부 싸움을 하지 않는 비결은 상대방의 말을 끝까지 다 들어 주는 것입니다. 그런데 끝까지 들어 주지 않기 때문에 계속 싸웁니다. 자녀들과의 갈등도 그렇습니다. 부모는 자녀와 그렇게 오래 같이 살면서도 자녀의 얘기를 안 들어요. 자녀는 하고 싶은 말이 많은데 부모는 "알았어, 알았다고, 다 알았으니 그만해!" 하면서 끝까지 듣지 않고 중단시킵니다. 그러나 조용히 다 듣고 나서 "더 할 말 없니?"라고 하면 문제가 해결되는 경우가 많습니다.

둘째, 엘리후는 자기의 감정을 쏟아 놓거나 자기 경험과 지식으로 판단하지 않았습니다.

그러나 사람의 속에는 영이 있고 전능자의 숨결이 사람에게 깨달음을 주시나니 • 32:8

그는 하나님이 주신 영감으로, '전능자의 숨결'을 의지해서 말했습니다. 아주 신앙적으로 접근한 것입니다. "나도 당신과 똑같은 사람이다. 다만 하나님이 나에게 영감을 주시고, 내게 말씀하는 바가 있기 때문에 말하려고 한다"는 것입니다.

내 이성과 상식을 가지고 상대를 판단하거나 비난하는 마음이 아니라, 사랑하는 마음으로 하나님의 도구가 되어서 하나님이 그 사람에게 해 주고 싶어 하는 말씀을 전하는 자세로 말했습니다. 상대방을 무시하거나 거칠게 말하지 않고, 부드럽게 말하고, 그 사람을 세워 주고 치유하는 말을 했습니다. 특히 자기 의를 드러내려고 하지 않고, 하나님의 뜻을 드러내려고 했습니다.

셋째, 엘리후는 공평하게 대했습니다.

나는 결코 사람의 낯을 보지 아니하며 사람에게 영광을 돌리지 아니하리니 • 32:21

그는 욥의 편만 들거나 친구들의 편만 들지 않았습니다. 한쪽으로 치우치지 않았습니다. 사람의 지위나 체면, 눈치를 보지 않았고 아첨하지도 않았습니다. 다만 옳은 것은 옳고, 그른 것은 그르다고 했을 뿐입니다.

욥과 친구들은 타협점이 없었습니다. 그런데 엘리후는 그들 모두에게 공평하면서 양자의 입장을 넘어서는 자세로, 신앙적으로 접근했습니다.

문제가 있을 때는 제3자적 해결자가 있어야 해결할 수 있습니다. 그 사람이 바로 중보자입니다.

엘리후를 잘 살펴보면 우리가 어떻게 중보자의 역할을 감당할 수 있는지를 알게 됩니다. 살다 보면 다른 사람을 권면하거나 위로하거나 충고하거나 상담할 때가 있습니다. 그때 이 원칙을 기억하세요. 끝까지 들어 주고, 그다음에는 내 감정을 내려놓고, 상대방을 하나님의 눈으로 보고 하나님의 마음으로 말해야 합니다. 사랑하는 마음으로, 하나님이 그에게 하고 싶어 하는 말씀을 전하는 마음으로 말해야 합니다. 마지막으로는 공평해야 합니다. 사람의 눈치를 보거나 아첨하지 말아야 합니다.

엘리후가 필요하다

나이가 들고 신앙이 성숙해져서 많은 사람을 위로하고 그들이 하나님을 만나도록 인도할 때, 우리에게 엘리후 같은 자세, 엘리후 같은 지혜, 엘리후 같은 영감이 있기를 바랍니다. 그런데 우리는 오히려 욥의 세 친구처럼 행동하기가 쉽습니다. 나이가 들고, 지식이 많고, 하나님을 안다고 하면서도 상대방의 고통에 공감하지 못하고, 내 생각을 강요하고, 나의 기준으로 평가하고 정죄할 때가 많습니다. 그래서는 안 됩니다. 이렇게 생각하세요. 욥의 세 친구가 오(誤)시범을 보여 주었다면, 엘리후는 정(正)시범을 보여 준 것입니다.

욥기를 연구해 보면, 엘리후가 하는 일이 설교자의 역할과 비슷하다는 것을 알 수 있습니다. 세상에서 살다 보면 상처도 받고, 속이 상하고, 머리가 복잡하고, 가치관이 혼란스러워집니다. 이런 상태에서는 하나님의 음성을 듣기가 어렵습니다. 중간 단계가 필요합니다. 우리의 상처를 보듣어 주고, 씻어 주고, 부드럽게 해 주고, 현실을 신앙의 눈으로 바라보게 해 주어야 합니다. 그때 우리의 마음이 고요해지고, 치유가 일어나고, 새로운 마음으로 문제를 바라보게 되고, 하나님을 바라볼 수 있고, 그 속에서 하나님의 음성을 듣게 되고, 문제가 해결됩니다. 그러므로 엘리후의 말은 설교와 같습니다.

그렇다면 설교자가 아니면 중보자가 될 수 없습니까? 아닙니다. 신앙이 깊은 사람, 성숙한 사람, 하나님의 뜻에 감동된 사람은 갈등하며 상처받은 사람들을 위로할 수 있습니다. 이 시대는 상처가 많고 깨어진 심령들이 도처에 가득합니다. 누가 그들을 위로해 주고 하나님께로 이끌겠습니까? 이 시대에 어떤 사람들이 필요할까요? 엘리후 같은 사람들이 필요합니다. 그러므로 살면서 여러분 모두가 엘리후 같은 사람을 만나기를 바라고 한편으론 누군가에게 엘리후 같은 사람이 되기를 바랍니다.

기도하기

하나님 아버지!
우리의 병든 몸을 치료해 주시고 우리 삶에 진정한 치유가 일어나게
해 주기를 기도합니다. 성전에 와서 상처 난 몸과 마음과 영혼을
치유받고 회복되어 세상으로 나가게 하소서. 중보자가
필요한 시대입니다. 고통을 당할 때 엘리후 같은 사람을 만나게 하시고,
또한 우리도 누군가에게 엘리후처럼 들어 주고 하나님의 마음을 전하고
치우치지 않고 공평하게 대하는 중보자가 되게 하소서.

나눔 질문

† 엘리후는 욥과 친구들의 논쟁에서 어떤 역할을 하고 있나요?

† 인생의 복잡한 문제가 해결되지 않는 이유는 무엇인가요? 누군가의 이야기를 끝까지 듣지 않아서 어려운 일을 당한 적이 있다면 나눠 봅시다.

† 이 시대에는 어떤 사람들이 필요한지 이야기해 보고 내 삶에 적용해 봅시다.

욥기 33:8-12

8 그대는 실로 내가 듣는 데서 말하였고 나는 그대의 말소리를 들었느니라
9 이르기를 나는 깨끗하여 악인이 아니며 순전하고 불의도 없거늘
10 참으로 하나님이 나에게서 잘못을 찾으시며 나를 자기의 원수로 여기사
11 내 발을 차꼬에 채우시고 나의 모든 길을 감시하신다 하였느니라
12 내가 그대에게 대답하리라 이 말에 그대가 의롭지 못하니 하나님은 사람보다 크심이니라

20· 하나님은 왜 욥33

_하나님을 향한 오해를 풀어라

어떤 자매가 결혼 문제를 놓고 기도하는데, 하늘에서 실이 내려와서 같은 교회를 다니는 형제와 자기를 하나로 묶는 환상을 보았답니다. 자매는 확신을 가지고 그 형제에게 말했습니다. "형제님과 결혼하라는 하나님의 음성을 들었습니다." 그 말을 들은 형제는 이렇게 말했습니다. "나는 그런 음성을 듣지 못했습니다. 결혼은 두 사람이 하는 것인데, 그 말이 맞다면 하나님이 제게도 사인을 보여 주시겠지요. 저는 그때까지 기다리겠습니다."

하나님의 음성을 듣는 것은 꼭 필요하고 좋은 일이지만, 그것 때문에 문제가 일어나기도 합니다. 그러므로 하나님의 음성을 듣기도 해야 하지만 분별도 잘해야 합니다.

많은 성도가 하나님의 음성을 듣는 것에 대해 고민하는 것 같습니다. 저는 이런 질문도 받아 보았습니다. "목사님, 예수님은 '내 양은 내 음성을 듣는다'(요 10:27)고 했는데 저는 예수님의 음성이 들리지 않으니, 정말 예수님의 양인가요? 예수님의 양이라면 예수님의 음성을 어떻게 들을 수 있습니까?" 그 말을 듣고 제가 물었습니다. "아직 못 들어 보셨어요? 예수 믿은 지 얼마나 되셨나요?" 20년쯤 된다는 그분에게 저는 "하나님의 자녀가 하나님의 음성을 듣지 못하면 그 영혼은 살 수 없습니다. 틀림없이 들었을 것입니다. 하나님은 다양한 방법으로 말씀하기 때문에 깨닫지 못했을 뿐입니다"라고 말하고, 하나님의 음성을 듣는 방법에 대해 이야기해 주었습니다.

하나님의 음성을 듣는 방법을 세 가지만 살펴보겠습니다.

첫째, 하나님이 나의 아버지시며 나를 향한 뜻을 가지고 있다는 것을 확실히 믿어야 합니다. 하나님은 말씀하는 분입니다. 아버지의 음성을 듣는 것은 자녀의 특권입니다. 중요한 것은 그분과 나의 관계입니다. 하나님은 돈을 넣고 버튼을 누르면 나오는 자판기가 아닙니다. 우리는 하나님을 인격적으로 대해야 합니다. "주님, 이 문제에 대해서 어떻게 해야 합니까? 주님의 뜻을 가르쳐 주소서"라고 질문해야 합니다. 질문할수록 귀가 예민해지고 잘 분별할 수 있습니다.

둘째, 응답을 기대하며 자기를 깨끗하게 해야 합니다. 한국 교회 성도들이 세상에서 가장 많이 기도하는데, 하나님의 음성을 가장 못 듣습니다. 위탁이 없기 때문입니다. 위탁이란 하나님께 맡기는 것입니다. 마태복음 26장에서 예수님은 십자가를 지기 전에 겟세마네 동산에서 기도했습니다. "내 아버지여 만일 할 만하시거든 이 잔을 내게서 지나가게 하옵소서 그러나 나의 원대로 마시옵고 아버지의 원대로 하옵소서"(마 26:39). 이것이 위탁입니다. 위탁이 없는 기도는 떼쓰는 기도입니다. 하나님께 떼쓰는 사람들은 하나님의 뜻에는 관심이 없고, 내가 원하는 것만 요구합니다. 하나님의 생각을 이기려고 합니다. 그러면 듣지 못하고, 들어도 잘못된 음성을 듣습니다.

왜 위탁하지 못하는 것일까요? 회개가 없기 때문입니다. 회개가 없으면 우리의 기도는 욕심에 붙들립니다. 욕심에 붙들리면 자기 생각을 내려놓지 못합니다. 그러므로 회개는 거룩하신 하나님 앞으로 가까이 가는 방법이며, 정결한 기도의 중요한 요소입니다. 우리는 "주님, 저는 이렇게 되길 원합니다. 그러나 하나님이 가장 좋은 때에, 가장 좋은 방법으로 이룰 것을 믿습니다"라고 기도하고, 기다려야 합니다. 그래서 하나님의 음성을 들으려면 기다림의 훈련이 필요합니다. 그런데 사람들은 마음이 분주해서 기다리지 못합니다. 내가 할 말만 하고 빨리 일어나서 달려 나가는데, 그러면 안 됩니다. 사람들과 대화를 나눌 때를 생각해 보세요. 내가 말한 다음에는 상대방의 말을 들으려 합니다. 하나님 앞에서도 그런 자세가 필요합니다.

셋째, 사탄을 대적해야 합니다. 하나님의 음성을 듣고 순종하면 성도는 강력해지기에 사탄이 방해합니다. 기도에 집중하지 못하도록 복잡한 생각이 들게 하고 산만하게 만듭니다. 사탄의 유혹을 끊어 내야 합니다. "기도를 방해하는 모든 생각은 떠나갈지어다!" 하며 성령을 초청하고, 내 생각을 사로잡아 하나님 앞에 굴복시키는 작업, 방해를 제거하는 작업이 필요합니다.

말씀을 전하는 자세

지금 엘리후는 하나님이 자신을 욥에게 보냈다는 인식이 분명합니다. 하나님이 나를 보냈고, 해야 할 말씀을 주었다는 것입니다. 그것이 사실이라면 욥은 어떤 자세로 들어야 할까요? 하나님이 엘리후를 통해서 나에게 말씀한다고 믿어야 합니다. 이를 신학 용어로 말하면, '카리스마적 관계'를 인정해야 합니다.

엘리후는 "내 마음의 정직함이 곧 내 말이며 내 입술이 아는 바가 진실을 말하느니라"(33:3)라고 말했습니다. 정직한 마음으로, 진실하게 말하겠다는 것입니다. 그러면서 자신과 하나님의 영과의 관계를 밝혔는데, 하나님이 주시는 힘으로 성령의 도움을 받아서 말하겠다고 했습니다(33:4). 이어서 엘리후는 "하나님이 보내서 내가 당신에게 말하지만, 나는 당신과 똑같은 사람이다. 내가 더 의롭거나 지혜로운 것이 아니다. 하나님 앞에서 우리는 다 흙처럼 연약한 존재다. 나도 얼마든지 실수하거나 잘못할 수 있다"고 말했습니다(33:6). 이것이 하나님의 말씀을 전하는 사람의 자세입니다.

엘리후는 왜 이 말을 강조한 것일까요? 세 친구에게는 이런 자세가 없었기 때문입니다. 세 친구는 욥에게 "우리는 고난을 받지 않으니 의인이다. 너는 고난을 받으니 죄인이다"라고 했습니다. '내가 너보다 높다'는 자세, '나와 너는 다르다'는 마음을 가지면 진정한 소통이 일어나지 않습니다. 그래서 엘리후는 "내가 당신의 잘못을 말한다고 해서 내가 당신과 다른 사람은 아니다. 나도 당신과 똑같다"고 말한 것입니다. 이렇게 엘리후가 욥에게 마음을 열자, 욥도 엘리후에게 마음을 열었고, 엘리후의 말이 끝날 때까지 다 들었습니다.

욥의 세 가지 오해

엘리후는 욥이 가지고 있는 하나님에 대한 오해를 설명합니다. 욥이

"하나님은 왜" 하며 하나님께 따지자 엘리후가 하나님은 이런 분이라고 대답한 것입니다. 엘리후는 욥의 말을 인용하며 그의 오해를 하나씩 짚어 나갔습니다.

첫째, "나는 의로운데 왜 나를 원수처럼 여깁니까?"(33:8-10). 이것은 욥만 아니라, 고난을 당한 사람들의 공통된 생각입니다. 그럴 때 뭐라고 대답해야 할까요? 엘리후의 대답은 이렇습니다. "내가 그대에게 대답하리라 이 말에 그대가 의롭지 못하니 하나님은 사람보다 크심이니라"(33:12). 쉽게 말해, "당신이 아무리 힘들어도 그렇게 말하는 것은 잘못이다. 하나님은 크신 분이다"라는 뜻입니다.

"하나님이 당신을 원수로 여긴다고? 원수는 내가 질 수 없는, 반드시 이겨야 하는 상대방이다. 마음에는 들지 않지만 나하고 일대일의 관계를 말한다. 그런데 하나님과 당신이 이런 관계인가? 하나님이 얼마나 크신 분인데 당신과 싸우다니, 말이 안 된다. 이것은 당신이 하나님을 당신 수준으로 낮추었거나, 아니면 당신이 하나님처럼 높아졌거나, 둘 중 하나다. 그러니까 잘못이라는 것이다."

복싱 세계 챔피언은 우리에게 한 게임 하자고 달려들지 않습니다. 상대가 안 되기 때문입니다. 그런데 하나님이 먼지와 같고 바람과 같은 욥을 대적한다니요. 하나님이 나를 원수로 여긴다는 말은 교만한 소리입니다. 하나님이 누구신데 욥 한 사람과 대결하겠습니까. 욥이 뭐라고 하나님이 쫓아다니면서 괴롭히겠어요?

하나님은 우리를 원수처럼 대하지 않습니다. 오히려 우리가 힘들다고 하나님을 원수처럼 여기지요. 하나님은 우리를 불쌍히 여기고 찾아와 주십니다. 그리고 끝까지 사랑하십니다.

둘째, "하나님은 왜 내 질문에 응답하지 않으십니까? 내가 얼마나 간절히 외치는데 왜 아무 말씀도 하지 않으십니까?" 하지만 엘리후는 욥의 이 말이 틀렸다고 했습니다. "하나님께서 사람의 말에 대답하지 않으신다 하여 어찌 하나님과 논쟁하겠느냐"(33:13).

하나님이 스스로 하시는 일에 대해 욥에게 일일이 다 설명해야 합니까? 설명해 봐야 이해도 못합니다. 그러니 엘리후의 말은 "하나님은 너에게 설명할 의무가 없다. 너는 하나님께 요구할 권리도 없다. 하나님은 크신 분이니까!"라는 의미입니다. 그러므로 하나님께 대답을 요구하는 태도를 버려야 합니다. 그런데 욥은 내가 물으면 하나님이 대답하셔야 하고, 대답하지 않으면 나쁜 분인 것처럼 말했습니다.

여기서 놀라운 것은, 하나님은 우리에게 일일이 설명할 필요도, 설명할 의무도 없지만 우리에게 말씀한다는 것입니다. 침묵해도 되는데, 말씀합니다. 왜냐하면 하나님이 말씀하지 않으면, 계시가 없으면 사람들은 잘못되기 쉽거든요. 그런데 슬쩍 지나가는 말로 한 번 말씀하고 말까요? 아닙니다. 여러 가지 방법으로, 여러 번 말씀합니다. 우리가 듣지 못했을 뿐입니다. 왜 듣지 못할까요? "하나님은 한 번 말씀하시고 다시 말씀하시되 사람은 관심이 없도다"(33:14). 듣고자 하는 마음이 없기 때문입니다.

욥은 속이 부글부글 끓었습니다. 친구들을 향해서는 "너희들이 나에게 이럴 수가 있는가?" 하고, 하나님을 향해서는 '나는 잘못이 없는데, 왜 하나님이 내게 이런 일을 주시는가?' 하며 자기 생각에 붙들려 있으니 들리지 않았던 것입니다. 그러나 하나님은 꿈으로, 환상으로 보여 주시고, 또한 사람을 보내서 말씀하기도 합니다. 더 중요한 것은, 사건 자체가 말씀입니다. 그러나 들으려고 하지 않기 때문에 깨닫지 못합니다.

셋째, "하나님은 왜 나에게 고난을 주시는가? 죄에 대한 형벌인가, 아니면 나를 미워하기 때문인가?"입니다. 여기서 '고난의 이유'에 관한 아주 놀라운 대답이 나옵니다. 엘리후는 고난의 이유를 세 가지로 설명합니다.

고난의 세 가지 이유

첫째, 고난은 귀를 열어 줍니다(33:16). 평소에는 하나님이 말씀하셔도 관심이 없기에 못 듣습니다. 그러나 고난을 당하면 귀가 열립니다. 그래서 C. S. 루이스는 이렇게 말했습니다. "내가 즐거워할 때 하나님은 속삭이신다. 그러나 내가 고통을 당할 때 하나님은 고함치신다. 그러므로 고통은 하나님의 메가폰이다."

사람들이 괴로우면 가장 먼저 하는 일이 "하나님, 왜 이러십니까?"라고 묻습니다. 하나님의 소리를 들으려 한다는 것입니다. 듣는 순간 제 가슴에 콱 박힌 한마디가 있습니다. "평안할 때는 성경만 보면 졸렸는데, 감옥에 갔더니 가슴이 저리게 다가오더라고요." 그런 것입니다. 고통이 하나님을 향한 귀를 열어 줍니다. 하나님을 찾고 하나님의 음성을 듣게 합니다.

둘째, 고난은 잘못된 행실을 버리게 하고 교만을 막아 줍니다(33:17). 사도 바울에게는 질병이 있었는데, 고쳐 달라고 40일 기도를 세 차례나 했습니다. 하지만 하나님의 대답은 "내 은혜가 네게 족하도다"(고후 12:9)였습니다. 그 응답에 바울은 기뻐했습니다. 그 고난이 나를 교만하지 않게 하려고, 겸손히 하나님과 동행하게 하려고, 내가 은혜로 산다는 것을 잊지 않게 하려고, 그래서 하나님과 더 깊이 사귀게 하려고 하나님이 주신 은혜의 선물이라는 것을 알았기 때문입니다.

33장 19절 이하에 한 병든 사람이 소개됩니다. 그는 다 죽어 가면서 기도합니다. 건강할 때는 기도하지 않았습니다. 병들자 기도했고, 하나님이 그의 기도를 듣고 고쳐 주십니다. 그는 "하나님이 나의 기도를 들으시는구나!"라고 깨닫고는 건강을 회복할 뿐 아니라 하나님과의 관계도 회복합니다. 이럴 때 고난이 무엇입니까? '대속물'입니다.

하나님이 그 사람을 불쌍히 여기사 그를 건져서 구덩이에 내려가지 않게 하라 내가 대속물을 얻었다 하시리라 • 33:24

대속물이란 구하기 위해 대가로 지불하는 것을 의미합니다. 고난을 주고 영혼을 구원하기 때문에 그 고난은 내 영혼을 살리기 위해 지불하는 대속물이 되는 것입니다.

믿음은 공짜로 생기는 것이 아니라 많은 대가를 요구합니다. 믿음이 얼마나 귀한 것입니까? 온 세상보다도 귀합니다. 믿음은 우리를 하나님의 자녀가 되게 합니다. 천국에 들어가는 믿음이 거저 생긴다고 생각하세요? 고난이 필요합니다. 고난이 없으면 인간은 겸손하기 어렵습니다. 계속 잘되면 인간은 금방 교만해집니다.

셋째, 고난은 공의를 회복시킵니다. 하나님은 이 고난을 통해 과연 욥이 의롭다는 것을 드러내서 큰 영광을 받으려는 것입니다. 하나님은 아브라함에게 이삭을 제물로 바치라고 했습니다. 엄청난 고난입니다. 그런데 아브라함이 잘 견디자 믿음의 조상이 되었습니다.

욥도 마찬가지입니다. 욥이 고난을 받기 전에 사탄이 한 말을 떠올려

보세요. "욥이 하나님을 경외하는 이유는 하나님이 복을 많이 주셨기 때문입니다. 그 복을 거두시면 하나님을 떠날 것입니다." 그러자 하나님은 사탄에게 복을 거두어 보라고 하셨습니다. 욥이 고난을 잘 받는 모습을 보고 하나님이 뭐라고 하셨을까요? "봐라, 욥은 고난을 잘 견디고 있지 않느냐? 과연 욥은 위대한 믿음의 사람이다." 이것이 하나님의 바람입니다. 욥이 오늘까지 인내의 사람, 믿음의 사람으로 우리에게 기억되는 이유는 고난을 잘 견뎠기 때문입니다.

고난을 통해 귀가 열리고, 교만을 버리게 되고, 영혼이 멸망하지 않게 됩니다. 그리고 하나님은 고난을 통해 우리가 어떤 사람인가를 드러내어 상을 주려 하십니다. 그러므로 고난에 대한 결론이 30절에 나옵니다.

그들의 영혼을 구덩이에서 이끌어 생명의 빛을 그들에게 비추려 하심이니라

• 33:30

즉 고난의 이유는 '생명의 빛을 비추려는 것'입니다. 엘리후의 해석은 세 친구의 해석과 아주 다릅니다. 세 친구는 "고난은 죄 때문이다"라고 주장하고, 욥은 "아니다. 이 고난은 죄 때문이 아니다. 더 높은 하나님의 뜻이 있다"고 했습니다. 그러나 엘리후는 "고난은 영혼의 대속물이다. 영혼을 구덩이에서 건져 생명의 빛을 비추려는 것이다"라고 결론을 내렸습니다. 욥기를 배우면 고난에 대한 이해가 깊어지고, 그만큼 우리의 신앙도 깊어집니다.

기도하기

살아 계신 하나님!
우리는 하나님을 오해할 때가 많습니다.
'하나님은 왜 나를 원수처럼 대하는가?
하나님은 왜 나에게 말씀하지 않는가?
하나님은 왜 나에게 고난을 주는가?' 왜냐고, 왜냐고 묻습니다.
그 속에 들어 있는 깊은 의미를 모르고 항의합니다.
마치 어린 자식이 부모의 마음을 모르듯이 우리도 그렇습니다.
우리 속에 있는 하나님을 향한 오해를 풀어 주소서.
하나님은 우리를 원수처럼 여기지 않고 사랑하시며,
우리가 질문할 때 대답하지 않는 분이 아니라
여러 가지 방법으로 말씀하십니다.
고난은 죄에 대한 형벌이 아니라 영혼의 대속물이며
생명을 구원하고 내 의를 빛나게 하려는 것임을 알게 하소서.

나눔 질문

† 하나님의 말씀을 듣는 세 가지 방법은 무엇인가요?

† 하나님에 대해 오해한 적이 있다면 무엇이고, 어떻게 해결되었는지 나눠 봅시다.

† 혹시 내 주변에 하나님을 오해하고 있는 사람들이 있다면 어떻게 해야 할까요?

욥기 34:5-9

5 욥이 말하기를 내가 의로우나 하나님이 내 의를 부인하셨고
6 내가 정당함에도 거짓말쟁이라 하였고 나는 허물이 없으나 화살로 상처를 입었노라 하니
7 어떤 사람이 욥과 같으랴 욥이 비방하기를 물마시듯 하며
8 악한 일을 하는 자들과 한패가 되어 악인과 함께 다니면서
9 이르기를 사람이 하나님을 기뻐하나 무익하다 하는구나

21• 욥의 착각 욥34

_끝이 아니라 과정이다

어떤 사람이 친구 아버지가 위독하다는 말을 듣고 병문안을 갔습니다. 친구 아버지는 뇌종양을 앓고 있었는데, 의사가 길어야 일주일이라는 진단을 내렸습니다. 언제나 건강하고 힘이 넘치던 분이 나약해진 모습을 보니 마음이 아팠습니다. 뭔가 위로하고 싶어서 "요즘 어떻게 지내세요?" 하고 물었더니, 친구 아버지는 "나는 앞으로 다가올 일이 두렵다"라고 대답했습니다. 그는 깜짝 놀랐습니다. 친구 아버지는 오래전부터 신앙생활을 했고 봉사도 많이 했기에 죽음에 대해 걱정하리라고는 전혀 생각하지 않았기 때문입니다. 다음은 두 사람 사이에 오간 대화입니다.

"기독교를 믿고 계시잖아요?" "믿지." "그런데 뭐가 두려우세요? 아버님이 믿는 기독교란 어떤 것입니까?" "하나님과 올바른 관계를 세우는 것이지." "네, 맞습니다. 그렇다면 그 방법이 뭘까요?" "악보다 선을 더 행하려고 노력하는 것이다. 그래서 마침내 선행이 악행을 능가하는 것이지." "그렇다면 그 결과는 무엇일까요?" "그렇게만 된다면 죽은 후에 멋진 일이 생기지 않겠니? 문제는 내 인생이 그렇지 않다는 것이지. 그래서 걱정이 많다."

그는 말했습니다. "기독교를 오해하고 계시군요. 아버님이 생각하시는 기독교는 올바른 기독교가 아닙니다. 올바른 기독교란 이런 것입니다. 첫째, 하나님은 우리가 선을 행하기를 원하지만 그러나 선행으로 하나님과의 관계를 바르게 세울 수는 없다는 것입니다. 둘째, 내 행동이 아니라 예수님이 이미 단번에, 온전히, 영원히 그 일을 이루셨습니다. 예수님이 내 과거와 미래의 잘못에 대한 심판을 받은 것입니다. 셋째, 그러므로 내가 예수님을 믿을 때 더 이상 심판을 두려워할 필요가 없습니다. 구원은 내 공로가 아니라 하나님의 선물입니다. 예수님의 십자가 죽으심을 신뢰하며 하나님의 선물을 받아들이는 것이 기독교입니다. 아버님, 예수님을 나의 구주로 고백하고 하나님의 선물을 받으시겠습니까?"

그 말을 들은 친구 아버지는 말했습니다. "뭐라고? 기독교가 그런 것이야? 이거 정말 엄청난 깨달음인데? 69년 동안 그런 생각은 해 본 적이 없어! 기독교는 내가 생각하는 것과는 완전히 다른 것으로 착각했구나. 지금껏 나는 내가 잘못한 일을 보상하기 위해 한평생 애를 썼는데, 이제야 어떻게 죄책감을 해결하는지 알게 되었구나. 이제는 죽은 다음에 올 일이 기대가 된다." 그가 기도해 주자 친구 아버지는 손을 꼭 쥐고 눈물을 흘리면서 "아멘!" 하고 외쳤습니다.

며칠 후에 친구 아버지는 돌아가셨습니다. 그런데 그 가족들이 이런 말을 했습니다. "네가 다녀간 다음부터 아버지가 아주 기뻐하셨다. '아버지, 어떠세요?' 하고 물었더니 '음, 아주 좋아. 정말 좋아!' 하셨어. 그리고 며칠 후에 하늘나라로 가셨다. 정말 고맙다."

오랫동안 기독교를 믿어 왔고 열심히 신앙생활을 했어도 성도들은 기독교의 진리에 대해 착각하고 있는 것이 많다는 사실을 깨달은 그는 기독교 변증학에 관한 책을 쓰게 되었습니다. 옥스포드 대학의 빈스 비테일(Vince Vitale) 박사의 이야기입니다.

고난 중에 죄짓는 이유

사실 욥은 참 대단한 사람입니다. 고난을 정말 잘 견디고 있습니다. 기도도 많이 하고 있습니다. 순간순간 위대한 신앙 고백을 했습니다. 하지만 욥은 하나님이 내 의를 부인했다며, 하나님을 바라보며 선을 행한 것이 무익하다고 착각했습니다. 그런데 욥이 왜 오해와 실수를 한 것일까요? 성경을 잘 보면, 욥은 혼자 있을 때가 아니라 친구들이 자신을 비난할 때, 그들의 공격을 받고 대답하면서 자기도 모르게 실수를 한 것입니다. 그들이 하는 말을 반박하면서 그 말에 상처를 받았기 때문입니다. 악인의 짓밟음에 대하여 대답하는 중에 나온 것입니다.

그 점을 엘리후는 정확하게 알고 지적해 주었습니다. "당신이 죄 때문에 고난을 받는 것은 아니지만, 고난 중에 죄를 지을 수는 있다. 그러나 당신은 그러면 안 된다. 당신은 위대한 신앙인이기 때문이다. 다른 사람이 그렇게 말해도 받아들이지 말아야지, 그 말에 넘어가서 그들이 하는 말을 그대로 당신에게 적용하면 안 된다. 내 의가 공격을 받고 비난을 받을 때도 실수가 없어야 한다. 그것이 온전한 신앙이다."

34장은 욥이 가지고 있는 잘못된 생각, 하나님에 대한 착각이 무엇인지를 말해 줍니다. 욥의 착각은 크게 세 가지입니다.

욥의 착각 1 : 하나님은 불의하다

첫 번째 착각입니다.

욥이 말하기를 내가 의로우나 하나님이 내 의를 부인하셨고 • 34:5

"나는 의로운데 하나님이 내 의를 부인하셨다"는 것입니다. 즉 사람들은 고난당하는 것을 보고 죄 때문이라고 했습니다. 이로 인해 욥은 "나는 잘못이 없는데 죄인 취급을 받는다. 하나님이 내 의를 부인하셨다. 그러므로 하나님은 불의하다"라고 착각한 것입니다.

여기서 질문하겠습니다. "내가 병들고 실패하면, 사람들에게 욕을 먹으면 하나님이 불의한 것인가요? 반대로, 내가 건강하고, 돈 잘 벌고, 칭찬을 받으면 하나님은 의로운 것인가요?" 아닙니다. 내가 잘되든, 그렇지 않든 하나님은 의로우십니다. 그러므로 내 형편에 따라 하나님의 의와 사랑과 지혜를 판단해서는 안 됩니다.

욥의 첫 번째 착각에 대한 엘리후의 대답이 10-12절에 이어집니다. "하나님은 불의를 행하지 않으신다. 행위를 따라 갚아 주신다. 그러므로 하나님의 의를 인정하라. 내가 어떤 상황에 있어도 하나님은 의로우시다. 전능자는 악을 행하지 않으며 공의를 굽히지 않으신다. 하나님이 누구인가? 온 세상을 공의로 다스린다. 그분의 의 가운데 우리가 사는 것이다." 그리고 "모든 일에 절대 의로운 하나님을 너는 정죄하겠느냐? 불의하다고 몰아붙이겠느냐? 죄인이 정직한 재판관을 보고 불의하다는 말이 성립되겠느냐? 하나님이 얼마나 공평하신데! 그러므로 하나님의 의를 부정하지 말라"(34:17)고 합니다.

36절에서 엘리후는 어려운 말을 합니다. "나는 욥이 끝까지 시험받기를 원하노니"(34:36). 무슨 뜻일까요? 욥이 말버릇을 고칠 때까지 좀 더 고생을 해야만 순금이 되겠다는 의미입니다. 욥은 행위로는 흠이 없습니다. 그러나 더 나아가 말에도 실수가 없어야 합니다. 어떤 비난에도 끝까지 흔들리지 않아야 합니다. 그것이 시험의 목표라는 것입니다.

하나님은 우리의 의를 박탈하는 분이 아닙니다. 오히려 우리에게 의를 주는 분입니다. 우리는 의롭지 않지만 하나님이 우리에게 의를 주셔서 의롭게 된 것입니다. 이것을 '칭의'라고 합니다. 그런데 그 의를 주시는 방법이 거저 되는 것이 아니었습니다. 예수님이 대신 죽으셔야 했습니다. 예수님이 우리 대신 죽으셨다는 사실을 우리가 믿을 때 예수님의 의가 주어지는 것입니다. 값으로 계산할 수 없는 의입니다. 결코 우리의 힘으로 얻을 수 없는 의, 이해할 수 없는 의입니다. 놀라운 은혜(amazing grace)입니다. 그래서 우리가 하나님을 하나님이라 부르고, 하나님을 아버지라 부르고, 그 나라를 유업으로 받게 되는 것입니다. 하나님은 우리가 상상할 수 없는 엄청난 의를 우리에게 주십니다.

그런데 하나님이 내 의를 부인했다고요? 아닙니다! 하나님은 어떻게 해서라도 나에게 의를 주는 분이고, 그 의를 빛나게 하는 분이고, 그 의에 대하여 상을 주는 분입니다. 이 사실을 잊지 마세요.

욥의 착각 2 : 믿어 봐야 소용없다

두 번째 착각입니다.

이르기를 사람이 하나님을 기뻐하나 무익하다 하는구나 • 34:9

"하나님을 기뻐하지만 무익하다. 잘 믿어 봤자 소용이 없다"는 것입니다. 즉 "내가 남보다 진실하고, 가난한 자를 돌아보았고, 좋은 일을 하면서 최선을 다해 살았는데 나에게 돌아온 보상이 무엇인가? 죄인들과 똑같이 망한다면 그렇게 살 필요가 있는가? 뭔가 좀 달라야지. 저 사람이 망할 때 나는 망하지 않고, 다른 사람이 병들 때 나는 건강해야지. 이것이 유익이 아닌가?"라는 말입니다.

여기에 대한 엘리후의 대답이 35장 5-8절에 기록되어 있습니다. 엘리후는 욥에게 "눈을 들어 하늘을 보라"고 했습니다. 즉 하늘을 보면서 '하늘은 참 크고 높다. 그리고 나는 참 작다'는 것을 느끼라는 의미입니다. 엘리후의 말을 정리하면 이렇습니다.

"너는 지극히 작은 존재다. 네가 악하다고 하나님을 해롭게 할 수 있느냐? 네가 선을 행한다고 하나님을 이롭게 할 수 있느냐? 너는 누구를 위해 선을 행한 것이냐? 하나님을 위해서냐, 너 자신을 위해서냐? 너는 하나님을 위해 무언가를 했다고 생각하지만 하나님은 너에게 빚진 것이 없다. 그런데 어찌 감히 빚을 독촉하듯이 하나님께 따지느냐? 네가 무슨 자격으로? 또 선하게 살아 봤자 소용이 없다고? 얼마나 어리석은 소리인가? 우리는 하나님 앞에서는 내세울 것이 없다. 우리는 다 죄인이고, 은혜로 사는 것뿐이다. 그 안에서 쥐꼬리만큼 뭘 했다고 보상을 바라는가? 그렇다면 너는 그 보상을 위해 선을 행했는가?"

우리는 율법적 보상 심리를 버려야 합니다. 선을 행했으나 유익이 없다고 할 때 '유익'의 기준이 무엇인가요? 건강과 물질입니다. 지극히 물질적이고 육체적이고 자기중심적이고 현재적입니다. 당장 내 앞에 보이는 이익이 없다고 해서 하나님을 섬기는 일이 유익이 없다고 말할 수 있습니까? 그런 말을 해선 안 됩니다. 우리의 선한 행위의 목적이라는 것이 이 세상에서 조금 더 나은 축복을 얻겠다는 것인가요? 하늘을 보십시오. 하나님은 아십니다. 하나님이 더 크고 영원한 것을 주려는 것입니다. 우리는 그것을 보지 못하고 빼앗겼다고만 생각합니다. 그래서 엘리후는 욥에게 하늘을 보라고 했습니다.

예를 들어, 순교자가 순교합니다. 의롭게 산 결과 그가 얻는 보상은 무엇이지요? 우리가 이 세상에 살지만 어디까지나 잠깐입니다. 그 뒤에 하늘나라가 있습니다. 요한계시록을 보면 순교자가 가장 큰 영광을 받습니다. 하나님을 바라보고 섬기다가 그 대가로 죽은 것입니다. 세상에서는 고난이지요. 그러나 하늘나라에서는 최고의 영광입니다. 보상은 이 땅에서 다 받는 것이 아니라 저 하늘나라에서 받는 것입니다. 그래서 바울은 "생각하건대 현재의 고난은 장차 우리에게 나타날 영광과 비교할 수 없도다"(롬 8:18)라고 말했습니다. 하나님이 더 크고 영원한 것을 주려는 것입니다. 그러니 높이 보고 멀리 보아야 합니다.

욥의 착각 3 : 다 끝났다

세 번째 착각입니다.

[14]그가 만일 뜻을 정하시고 그의 영과 목숨을 거두실진대 [15]모든 육체가 다 함께 죽으며 사람은 흙으로 돌아가리라 • 34:14-15

"다 끝났다. 이제 소망이 없다. 나는 죽을 것이다"라는 것입니다. 욥은 희망을 포기했습니다. 그러나 내가 볼 때는 다 끝났지만 하나님이 보기에는 끝이 아닙니다. 왜냐하면 하나님께는 능치 못함이 없기 때문입니다.

그래서 엘리후가 말합니다. "너무 힘들고 괴로우니까 그런 말을 하겠지만 하나님은 나를 지은 분이다. 무에서 유를 창조하신 하나님께는 불가능이 없다. 내 눈에는 어둡고 아무 희망이 보이지 않는 밤이지만, 그 속에서 노래를 부르게 하는 분이 하나님이다. 너를 가르치고 지혜롭게 하는 과정이다. 내 인생이 정말 이대로 끝날 것인지, 아닌지 누가 결정하는가? 하나님이 결정하신다. 그런데 네가 뭔데 다 끝났다고 하느냐?"(35:9-11). 철학 용어로 설명하겠습니다. 내가 볼 때는 끝(end)입니다. 그러나 하나님이 보실 때는 과정(process)입니다. 그러므로 전능하신 하나님을 바라보며 절대로 절망하면 안 됩니다.

오늘도 수많은 사람이 고난의 한가운데서 욥과 같이 착각합니다. 이런 착각이 우리 가운데서 빠져나가기를 바랍니다. 그래서 하나님을 제대로 알고, 더 많이 사랑하는 하나님의 자녀가 되길 바랍니다.

기도하기

살아 계신 하나님!

욥은 하나님이 내 의를 부인했다고,

하나님을 바라보며 선을 행한 것이 무익하다고,

나에겐 더 이상 희망이 없고 죽을 일만 남았다고 착각했습니다.

그러나 아닙니다. 하나님은 불의하지 않습니다.

나에게 의를 주는 분입니다. 그리고 나는 하나님을 위해 한 것이 없습니다. 그러므로 하나님은 저에게 빚진 것이 없지만 더 크고 비교할 수 없이 좋은 것으로 갚아 주십니다.

그리고 나는 끝났다고 생각하지만 그것은 나의 착각이고 언제 끝날지는 하나님만 아십니다.

그러므로 포기하거나 낙심하거나 절망하지 않게 하소서.

전능하신 하나님을 바라보며 고난 중에도 죄짓지 않게 하소서.

나눔 질문

† 욥이 가졌던 하나님에 대한 착각 세 가지는 무엇인가요?

† 하나님이 나에게 허락하신 가장 큰 은혜가 무엇인지 나눠 봅시다.

† 나의 눈으로 보았을 때 '끝'이었던 것들이 오히려 '과정'이었고, 좋은 결과가 주어진 적이 있다면 나눠 봅시다.

욥기 36:5-12

5 하나님은 능하시나 아무도 멸시하지 아니하시며 그의 지혜가 무궁하사
6 악인을 살려두지 아니하시며 고난 받는 자에게 공의를 베푸시며
7 그의 눈을 의인에게서 떼지 아니하시고 그를 왕들과 함께 왕좌에 앉히사 영원토록 존귀하게 하시며
8 혹시 그들이 족쇄에 매이거나 환난의 줄에 얽혔으면
9 그들의 소행과 악행과 자신들의 교만한 행위를 알게 하시고
10 그들의 귀를 열어 교훈을 듣게 하시며 명하여 죄악에서 돌이키게 하시나니
11 만일 그들이 순종하여 섬기면 형통한 날을 보내며 즐거운 해를 지낼 것이요
12 만일 그들이 순종하지 아니하면 칼에 망하며 지식 없이 죽을 것이니라

22• 엘리후의 두 가지 시도 욥 36

_고난은 모두에게 필요하다

어떤 분이 이런 질문을 했습니다. "목사님, 같은 성경을 가지고 설교하는 분마다 내용이 달라서 혼란스러울 때가 있습니다. 똑같은 본문을 놓고 각자 다른 내용을 전하면 어떻게 믿을 수 있습니까? 그리고 하나만 더 여쭤 볼게요. 기독교에는 왜 이렇게 교파가 많습니까?" 저는 이렇게 대답했습니다.

"교파가 많은 것은 기독교의 교리가 불완전해서가 아닙니다. 하나님의 진리는 완벽합니다. 문제는 인간이 부족해서 그렇습니다. 진리를 파악하는 능력에 한계가 있거든요. 이렇게 다양한 교단과 교파가 있는 것은 기본적으로 인간의 성향이 다양하기 때문입니다. 성향이 비슷한 사람끼리 모일 수 있는 것이지요. 물론 수준의 차이도 있지요. 또한 인간의 죄성 때문에 자기 이익을 추구하다가 갈라지는 경우도 있습니다. 이런 경우는 마음이 아픕니다.

그러나 다른 것이 꼭 틀린 것은 아닙니다. 이슬람교에서는 신약 성경에 사복음서가 있다는 것 자체가 기독교가 진리가 아니라며 공격합니다. '예수님은 한 분인데 어떻게 네 가지 모습으로 설명하는가? 있을 수 없다'고 합니다. 이에 대해 기독교에서는 '네 종류의 예수님이 있는 것이 아니다. 예수님은 너무 크고 위대하신 분이기 때문에 한 면만 보고는 다 알 수가 없다. 그래서 마태의 각도에서, 마가의 각도에서, 누가의 입장에서, 요한의 관점에서 볼 때 예수님의 전체 모습이 더 정확해지는 것이다. 카메라가 여러 대 설치되어 있으면 더 완전한 영상을 잡아내는 것과 같다'고 설명합니다.

예수님이 하신 말씀도 사람마다 조금씩 다르게 해석됩니다. 이는 예수님이 애매하게 말씀해서가 아닙니다. 예수님은 영적으로 넓고, 깊게, 그리고 정확하게 말씀하셨지만, 그 너비와 깊이와 높이가 너무나 크기 때문에 인간은 자기가 이해하는 만큼 다양한 해석을 하게 되는 것입니다. 또한 사람마다 수준과 단계가 있기 때문에 다양한 해석이 도움이 될 수 있습니다.

그러므로 전하는 사람은 더 깊어지고 넓어져서 주님이 하신 말씀의 온전한 의미를 파악하려고 노력해야 하고, 듣는 사람은 서로의 한계를 인정하고 '저 사람은 왜 저럴까?', '너는 틀렸어!' 하며 판단하는 마음을 버리도록 노력해야 합니다. 저는 다른 분들의 설교를 들을 때 처음에는 아주 힘들었습니다. 그러나 점점 판단하는 마음을 내려놓고 이해하려고 애를 쓰다 보니 '아, 이런 뜻도 들어 있구나!' 하고 깨닫곤 합니다. 더 크고 놀라운 진리에 접근하기 위해서는 겸손하고 열린 마음으로 들어야 합니다. 사람마다 자기의 정답이 있습니다. 그러나 '내가 옳다' 하면서 정답 때문에 싸우거든요. 그러나 정답보다 더 중요한 것은 해답입니다. 내 생각에만 붙들리지 말고, 하나님의 진정한 해답을 향해 걸어가는 자세를 가지면 좀 더 잘 들을 수 있게 될 것입니다."

욥은 자기를 죄인으로 단정하는 세 친구와 논쟁하면서 자기 페이스를 잃어버리고 해서는 안 될 말, 믿음이 없는 말을 했습니다. 그러나 엘리후는 욥에게 "당신은 좋은 사람이다. 그러나 고난 중에 말실수가 있었다. 참된 신앙인은 고난 중에서도 그러면 안 된다"고 지적함으로 욥이 하나님께 바른 자세를 갖도록 도와주었습니다.

하나님의 의로움을 증명하는 엘리후

36장은 엘리후가 욥에게 설명하는 두 가지 내용을 담고 있습니다. 그는 본문에서 아주 어려운 문제 두 가지를 해결하려고 합니다. 지금까지 욥과 세 친구가 실패했던 문제입니다.

그에 앞서 엘리후는 말씀을 듣는 자세에 대하여 말합니다. 하나님의 말씀을 어떻게 들어야 합니까? 특별히 고난 중에 말씀을 듣는 자세는 어떠해야 할까요? "나를 잠깐 용납하라"(36:2). 엘리후의 이 말은 무슨 뜻일까요? "혹시 귀에 거슬려도 참고 들으라. 왜냐하면 나는 내가 하고 싶은 말을 하는 것이 아니라, 하나님의 말씀을 전하는 것이기 때문이다. 나는 어리고 말할 자격도 없다. 그러나 당신은 하나님께 물었고, 하나님은 나를 보내 대답하신다. 그러므로 당신도 '하나님의 말씀이구나' 생각하고 끝까지 들어 달라"는 것입니다.

엘리후의 첫 번째 시도는 하나님도 의롭고, 욥도 의롭다는 것을 증명하는 것입니다. 지금까지 세 친구의 주장은 "네가 고난을 당하는 것은 너의 죄 때문이다"라는 것이었습니다. 이에 욥은 "아니다. 나는 고난을 당할 만큼 죄를 짓지 않았다"고 주장했습니다. 또 그 말을 들은 세 친구는 "네가 의롭다면 하나님이 불의하다는 말이냐?"라고 말했습니다. 즉 하나님이 의로우면 욥은 불의해지고, 욥이 의롭다면 하나님이 불의한 하나님이 되는 것입니다.

둘 중에 어느 한쪽이 불의하다고 말하면 간단합니다. 그러나 그러면 또 문제가 생깁니다. 세 친구는 하나님의 의로움을 주장하다가 욥을 죄인으로 단정했고, 욥은 자기가 의롭다고 하다가 하나님을 불의하게 만들었습니다. 그래서 욥과 세 친구는 논쟁했고, 끝까지 해결되지 않았습니다. 엘리후는 이 문제를 해결하기 위해서 하나님도 의롭고, 욥도 의롭다는 것을 증명하려 한 것입니다.

엘리후는 두 번째 시도로 고난은 모두에게 필요하며, 모두에게 공평하다는 것을 증명하려고 합니다. "고난이 왜 모두에게 필요한가? 의인에게 필요하다면 악인에게는 필요 없고, 악인에게 필요하다면 의인에게는 필요 없어야 하지 않는가? 또한 어찌 고난이 모두에게 공평할 수 있는가? 의인에게 공평하면 악인에게 불공평하고, 악인에게 공평하면 의인에게는 불공평해야 하지 않는가?" 엘리후는 이 문제를 욥에게 설명합니다.

엘리후는 어떤 말을 하려고 하는 것일까요? "내가 하나님을 위하여 아직도 할 말이 있음이라 … 나를 지으신 이에게 의를 돌려보내리라"(36:2-3). 하나님이 의롭다는 것을 증명하겠다는 것입니다. 그럼 하나님은 어떤 분입니까? "하나님은 전능하다. 하나님은 멸시하지 않는다. 지혜가 많으시므로 의인과 악인을 확실히 구별하신다. 하나님은 공의를 베푸신다"(36:5-6). 종합하면, 하나님은 절대적으로 의롭다는 것입니다. 하나님의 공의가 어떻게 나타납니까? 하나님은 악인에 대해서는 철저하게 보응하고, 의로운 자를 주목해 보십니다. 여기서 우리가 기억할 것은 고난은 모순처럼 보이지만, 그 속에는 하나님의 능력과 사랑, 그리고 지혜와 의로움이 들어 있다는 것입니다. 엘리후는 이렇게 하나님의 의로움을 증명했습니다.

그다음에는 의인도 고난을 당할 수 있다고 말합니다(36:7-8). 그러나 하나님은 의인의 고난에 대해서는 그 눈을 의인에게서 떼지 않으십니다. 내가 고난을 받을 때 하나님이 내게서 눈을 떼지 않는다는 것을 믿습니까? 자녀들이 어릴 때 운동회에 가 보면 그 많은 아이 중에 내 아이를 단번에 찾아낼 수 있습니다. 그리고 아이가 뛸 때면 가만히 있나요? "잘 뛰어라!" 하고 응원합니다. 부모의 마음은 아이보다 더 빨리 뛰지요. 하나님도 자녀들이 고난당하는 모습을 바라보고 응원하고 있다는 사실을 알아야 합니다.

고난의 결과

그렇다면 사랑하는 자녀들이 왜 이런 고난을 당해야 할까요? 엘리후는 의인에게 고난이 있는 이유를 세 가지로 설명합니다. 한마디로 '알게 하신다'(36:9), '귀를 열어 듣고 돌이키게 하신다'(36:10), '넓은 곳으로 옮기신다'(36:16)는 것입니다.

여기서 질문을 하겠습니다. "하나님은 의로우신가요?" 맞습니다. 절대적으로 의로우십니다. "그렇다면 욥은 의로운가요?" 네, 의롭습니다. 어떤 의미에서 의롭습니까? 그는 어떤 죄를 지었기 때문에 형벌로서 고난을 받는 것이 아닙니다. 그런 의미에서 그는 의롭습니다. 그러나 욥은 하나님이 보시기에 절대적으로 의로운 존재는 아닙니다. 죄가 있어서 고난을 받은 것이 아니기에 이런 의미에서는 의인이지만, 그는 불완전한 존재입니다.

누가 하나님 앞에 의롭다 할 수 있겠어요? 욥이 의인이지만 그것은 자기가 볼 때이고, 하나님이 보실 때는 하나님이 불쌍히 여기시고, 용서해 주시고, 도와주시고, 의를 부어 주셔야만 구원을 받을 수 있는 존재입니다. 그럴 때 하나님 앞에 설 수 있는 것입니다. 의인이지만 완전한 존재가 아니기 때문에 의인에게도 고난이 있는 것입니다. 다시 말하면, 고난은 의인과 악인 모두에게 필요합니다. 고난을 통해 의인은 자기를 알게 됩니다. 사람은 자기를 잘 모릅니다. 그러나 고난을 당하면 자기를 성찰하게 되지요. 이처럼 의인에게 고난이 있는 이유는 먼저 '알게 하려는 것'입니다.

그다음에는 '듣게' 됩니다. 모른다는 것을 알면 듣게 됩니다. 다 안다고 생각하면 듣지 않습니다. 가령 배가 아파서 병원에 가면 의사에게서 왜 아픈지 그 이유를 듣고 돌이키게 됩니다.

그 결과가 무엇입니까? "그러므로 하나님이 그대를 환난에서 이끌어 내사 좁지 않고 넉넉한 곳으로 옮기려 하셨은즉 무릇 그대의 상에는 기름진 것이 놓이리라"(36:16). 삶이 넓어집니다. 성숙해지고, 폭넓어지고, 더 큰 일을 할 수 있게 됩니다.

성경에는 '하나님이 좁은 곳에서 넓은 곳으로 인도하셨다'는 말이 많이 나옵니다. 예를 들어, 다윗이 어떻게 왕이 되었습니까? 그는 사울왕을 통해 엄청난 고난을 받았습니다. 그러면서 다윗은 먼저 하나님만 신뢰하는 사람이 되었습니다. 그는 어릴 때부터 믿음이 좋았지만, 고난을 받으면서

"내가 믿고 의지할 분은 오직 하나님이다. 하나님은 나의 방패, 나의 피난처, 나의 요새이시며, 내가 피할 바위시다"라고 확실히 고백했습니다.

그다음에 왕이 어떻게 나라를 다스려야 하는지를 배웠습니다. 제왕학을 과외 공부한 것입니다. 물론 고난을 통해서 배웠지요. 백성들은 다윗의 고난을 보면서 사울왕이 잘못되었다는 것을 알게 되었고, 또한 다윗이 얼마나 하나님을 경외하며 백성을 사랑하는가를 다 알게 되었습니다. 그러는 가운데 당연히 다윗이 왕이 되어야 한다는 마음이 백성들에게 생겼습니다.

그 당시는 지금처럼 민주공화정이 아니라 절대왕정이었습니다. 게다가 사울의 후손이 남아 있었습니다. 족보를 바꿀 수 없습니다. 따라서 온 백성이 다윗을 왕으로 삼는 것은 불가능한 일이었습니다. 전문가들은 다윗이 사울왕과 전쟁을 했다면 나라를 통일하는 데 훨씬 더 오래 걸렸을 것이라고 판단합니다. 그러나 다윗은 피를 흘리지 않고 나라를 통일했습니다. 더 나아가서 최고의 성군이 되었습니다. 이스라엘 역사상 가장 위대한 국가를 건설했습니다. 고난이 그를 넓게 한 것입니다.

의인도 고난을 받습니다. 그리고 고난은 아주 유익합니다. 그러므로 "왜 나에게 이런 고난이 있는가? 하나님이 무능해서인가? 나를 사랑하지 않기 때문인가?"라고 말하면 안 됩니다.

고난 중에 하지 말아야 할 일

고난 중에 하지 말아야 하는 일이 있습니다.

그대는 분노하지 않도록 조심하며 • 36:18

분노하지 말아야 합니다. 왜냐하면 분노해 봐야 도움이 되지 않기 때문입니다. 오히려 분노하면 자신만 파괴될 뿐입니다(36:19).

또한 엘리후는 이렇게 했습니다.

그대는 밤을 사모하지 말라 • 36:20

'밤'이란 '죽음', '멸망', '끝' 등의 의미를 가집니다. "죽었으면 좋겠다. 다 망했어! 끝이야"라는 말을 하지 말라는 것입니다. 욥이 이런 말을 한 적이 있나요? 직접적으로는 하지 않았습니다. 그러나 "내가 왜 태어났던가? 차라리 죽어서 태어났더라면 이런 일을 당하지 않는 것인데!"라고 말했습니다. 그는 태어난 날을 저주했습니다. 결국 생명을 주신 하나님께 죄를 지은 것입니다.

고난은 의인에게도 필요하지만 악인에게도 필요합니다. 악인은 고난을 통해 그 죄에 대한 대가를 받습니다. 악인은 고난을 당하면 분노하고 거역하며 더욱 완악해집니다. 의인은 잠깐 불신앙적 마음을 품었어도 뉘우치고 돌아오지만, 악인은 원망할 이유가 없는데도 원망하고, 또 원망합니다. 그리고 점점 더 하나님으로부터 멀어집니다. 그래서 자기가 받아야 할 대가를 다 받습니다. 그래서 고난은 모두에게 필요하고, 모두에게 공평합니다.

고난의 양면성

엘리후는 36장 27절 이하에서 대자연의 법칙을 예로 들며(비와 안개) 고난의 양면성을 설명합니다. 비는 위에서 아래로 내려옵니다. 그러나 안개는 아래에서 위로 올라갑니다. 더 쉽게 말하면, 물은 위에서 아래로 흐르는데 높은 산 위에 호수가 있습니다. 그 물은 어디서 생긴 것일까요? 비가 와서 고인 것이 아닙니다. 폭포가 되어 떨어져도 물은 계속 고여 있습니다. 어떻게 가능할까요? 밑에서 위로 물이 올라가기 때문입니다. 높은 나무 위에도 수분이 있지요? 빗물이 아니라 나무가 땅속의 물을 빨아들인 것입니다. 이렇게 밑에서 위로 물이 올라가는 현상을 '모세관 현상'이라고 합니다.

물은 분명히 위에서 아래로 흐릅니다. 그러나 그것은 겉으로 볼 때만 그렇습니다. 속에서는 위로 올라갑니다. 우리는 밑으로 내려오는 물만 보았지, 소리 없이 보이지 않게 위로 올라가는 물은 보지 못합니다. 고난도 그렇습니다. 고난과 함께 내려오고, 무너지고, 없어지고, 잘못되고, 사라지는 것만 보입니다. 그러나 보이지 않는 곳에서는 올라가고, 더 소중한 것들이 세워지고, 견고해지고, 하나님의 뜻이 이루어지고 있는 것입니다.

똑같은 비가 내립니다. 그러나 그 비가 홍수가 되어 심판할 수도 있고, 단비가 되어 곡식을 자라게 할 수도 있습니다. 고난도 그렇습니다. 똑같은 고통이지만 복도 되고, 화도 됩니다. 징계도 되지만, 축복의 도구이기도 합니다. 그러므로 왜 나에게 고난을 주느냐고 하나님을 원망하지 말아야 합니다. 이 고난을 통해 하나님의 뜻이 이루어질 것을 믿고 잘 견뎌야 합니다.

고난 중에 해야 할 일

그렇다면 고난 중에 우리가 해야 할 일은 무엇일까요?

그대는 하나님께서 하신 일을 기억하고 높이라 잊지 말지니라 인생이 그의 일을 찬송하였느니라 • 36:24

과거를 기억하고 하나님을 높여야 합니다. "하나님이 나를 어떻게 인도하셨는가? 과거의 고난을 헤쳐 나와 오늘에 이르게 하셨지. '하나님, 지금까지 은혜로 살았습니다'" 하며 하나님을 높이고 찬송하라는 것입니다. 신학 용어로 '초월적 감사'입니다. 시편에서는 '새 노래'라고 합니다. 고난 중에 부르는 찬송입니다.

즐거워서 부르는 노래는 새 노래가 아니라 평범한 노래입니다. 고난 중에 부르는 찬송이야말로 정말 감격스러운 노래입니다. "주님을 찬송하면서 할렐루야 할렐루야 내 앞길 멀고 험해도 나 주님만 따라가리"(새찬송가 370장). 새 노래는 형편이 좋을 때 부르는 노래가 아닙니다. 옛 성도들은 찬송을 많이 불렀습니다. 앞길이 막막하고, 먹을 것이 없고, 자녀들에게 학비를 줄 수 없을 때도 눈물을 흘리면서 찬송을 불렀습니다. 그때 말할 수 없는 위로와 소망이 생겼습니다. 하나님이 책임지는 체험을 했던 것입니다.

잘 먹고 건강하고 편안해지면 감격하며 부르는 찬송이 사라집니다. 먹고살 만하면 불평이 더 많아집니다. 언제 눈물을 흘리며 진정한 감격의 찬송을 불렀나요? 고난 중에 있다면, 앞이 캄캄하다면 다시 찬송을 부릅시다.

기도하기

하나님 아버지!

엘리후는 욥에게 설명하고 싶었습니다.

“하나님은 의로운 분이다. 그러므로 절대로 원망하거나 불평하지 말라.

그리고 의인도 고난받을 수 있다.

오히려 그 고난을 통하여 듣고 깨닫고 돌이키고 더 성장하게 된다.”

그러니 하나님이 무능하다, 나를 사랑하지 않으신다,

지혜가 없다며 낙심하지 않기를 원합니다.

고난 속에도 하나님의 뜻이 있음을 믿고,

더욱 주의를 기울여 알고 듣고 돌이키고, 성장하게 하소서.

특별히 고난 중에 찬송을 잊지 않게 하소서.

나눔 질문

† 엘리후가 욥과 친구들의 모습을 보면서 증명하려고 한 두 가지는 무엇인가요?

† 의인에게 고난이 찾아오는 이유는 무엇인가요? 하나님이 고난을 허락하시는 이유는 무엇인가요?

† 고난 중에 우리가 해야 할 일은 무엇인가요? 그리고 그렇게 행동했을 때 하나님이 내게 주신 은혜가 있다면 나눠 봅시다.

욥기 37:9-14

9 폭풍우는 그 밀실에서 나오고 추위는 북풍을 타고 오느니라
10 하나님의 입김이 얼음을 얼게 하고 물의 너비를 줄어들게 하느니라
11 또한 그는 구름에 습기를 실으시고 그의 번개로 구름을 흩어지게 하시느니라
12 그는 감싸고 도시며 그들의 할 일을 조종하시느니라 그는 땅과 육지 표면에 있는 모든 자들에게 명령하시느니라
13 혹은 징계를 위하여 혹은 땅을 위하여 혹은 긍휼을 위하여 그가 이런 일을 생기게 하시느니라
14 욥이여 이것을 듣고 가만히 서서 하나님의 오묘한 일을 깨달으라

23• 엘리후의 결론 욥 37

_우리 속에 있는 구름을 벗기라

엘리후는 두 가지를 증명하려고 했습니다. 첫째는 하나님도 의로우시고 욥도 의롭다는 것이며, 둘째는 고난은 의인과 악인 모두에게 필요하고 동시에 모두에게 공평하다는 것입니다.

욥이 죄 때문에 고난을 받은 것은 아닙니다. 그런 의미에서 그는 의롭습니다. 그러나 하나님이 보시기에 절대적 의인은 아닙니다. 하나님이 보실 때는 하나님이 용서해 주시고, 의를 부어 주시고, 도와주어야만 구원받을 수 있는 불완전한 존재입니다. 의인이지만 완전한 존재가 아니기 때문에 의인에게도 고난이 있을 수 있습니다. 의인은 고난을 통해 자기를 알게 되고, 듣고 돌이키게 되고, 넓은 곳으로 옮겨집니다. 성장하는 것입니다. 그러므로 고난은 의인에게도 필요합니다. 동시에 고난은 악인에게도 필요합니다. 악인은 고난을 당하면 분노하고 거역하며 더욱 완악해집니다. 악인은 고난을 통해 그 죄에 대한 대가를 받습니다. 공평한 것이지요.

욥기 37장은 엘리후의 결론입니다. 엘리후는 지금까지 욥을 인정해 주었고, 욥에게 하나님의 음성을 들려주는 중보자의 역할을 감당했습니다. 그리고 욥이 스스로 깨닫지 못했던 실수, 고난 중에 상처받고 친구들의 말에 대답하면서 자기도 모르게 하나님을 원망했던 잘못을 고쳐 주었습니다. 그래서 하나님에 대한 올바른 태도를 갖도록 권고했습니다. 그리고 마침내 세 가지 결론을 내립니다.

듣는 귀를 가지라

첫째, 엘리후는 하나님의 말씀을 들으라고 합니다.

하나님의 음성 곧 그의 입에서 나오는 소리를 똑똑히 들으라 • 37:2

하나님의 소리는 세상에 가득합니다. 그런데 왜 안 들릴까요? 들으려면 무엇이 필요할까요? 마음을 비워야 합니다. 내 생각이 꽉 차 있으면 결코 상대방의 말이 들리지 않습니다.

어떤 사람이 인생의 문제를 가지고 상담을 하러 왔습니다. 그리고 자기 얘기를 계속하자 듣던 사람이 "차나 한 잔 하시지요" 하고 차를 따라 주었습니다. 그런데 찻잔에 물이 넘쳤습니다. "물이 넘칩니다!"라고 말하자 차를 따라 주던 사람이 이렇게 말했다고 합니다. "맞습니다. 당신의 마음이 이 찻잔과 같습니다. 생각이 가득 차서 넘치니 내가 무슨 말을 하겠습니까?" 들으려면 마음을 비워야 합니다.

욥은 '이 고난이 왜 나에게 일어났는가? 내가 무엇을 잘못했단 말인가?'라고 생각하며 마음이 복잡하고 속이 부글부글 끓었습니다. 그러므로 듣지 못한 것입니다. 자신에게 일어난 사건, 모든 복잡한 일을 내려놓고 단순한 마음으로 들어야 합니다. 그러면 하나님의 음성이 여러 가지 방법으로 들려옵니다.

"하나님은 놀라운 음성을 내시며 우리가 헤아릴 수 없는 큰일을 행하시느니라"(37:5). 하나님은 말씀을 통해 큰일을 이루십니다. 하나님은 인간에게만 말씀하는 것이 아니라 모든 피조물에게도 말씀합니다. 천둥과 번개, 눈과 비를 통해서도 말씀하고, 구름을 통해서도 말씀합니다. 저 구름은 왜 흘러갑니까? 하나님의 말씀을 듣고 그 뜻을 이루기 위해 흘러가는 것입니다. 짐승들도 하나님의 음성에 따라 움직입니다. 폭풍도 하나님이 오라면 오고, 가라면 갑니다. 구름도 모이라면 모이고 흩어지라면 흩어집니다.

게다가 모든 피조물은 하나님의 말씀에 순종합니다. "눈을 명하여 땅에 내리라 하시며 적은 비와 큰 비도 내리게 명하시느니라"(37:6). 하나님이 "눈이 내려라" 하면 그 장소에 정확하게 눈이 내립니다. 적은 비를 내리라면 적게 내리고, 큰 비를 내리라면 큰 비를 내립니다. 하나님은 말씀하고, 모든 피조물은 그 음성을 듣고 순종하며, 그렇게 하나님은 세상을 다스립니다. 그것을 통해 심판도 하고, 긍휼을 베풀기도 합니다. 하나님의 뜻을 이루십니다(37:12-13).

오직 사람만 하나님의 소리를 듣지 않습니다. 미련하기 때문일까요? 더 정확하게 말하면 스스로 똑똑하다고 착각하기 때문에 듣지 못하는 것입니다. 그러므로 듣는 귀를 가져야 합니다.

깨닫기 위해 노력하라

둘째, 엘리후는 이제 하나님의 말씀을 들었으니 잘 생각하고 깨닫기 위해 노력하라고 합니다.

욥이여 이것을 듣고 가만히 서서 하나님의 오묘한 일을 깨달으라 • 37:14

즉 "하나님의 말씀에 대해 어떻게 응답해야 하는가?"라고 물은 것입니다. 그런데 엘리후는 욥에게 깨달으라고 하면서 "그대가 아느냐?", "그대는 아느냐?" 하고 계속 질문합니다. 무슨 뜻일까요? 모른다는 것입니다. 내 수준 이하의 것은 알 수 있습니다. 웬만한 것은 알려고 노력하면 알게 됩니다. 그러나 차원이 다른 것은 알기 어렵습니다. 하나님의 초월적 지식은 깊고도 넓어요. 내가 알고 싶다고 알 수 있는 것이 아닙니다. 그렇다면 알려고 노력할 필요도 없을까요? 아닙니다. 알려고 해야 합니다. 여기까지가 우리가 해야 할 일입니다.

마음속 구름을 제거하라

셋째, 엘리후는 하나님의 오묘한 일을 알려고 할 때 하나님이 우리에게 알게 한다고 말합니다.

그런즉 바람이 불어 하늘이 말끔하게 되었을 때 그 밝은 빛을 아무도 볼 수 없느니라 • 37:21

밤하늘에는 별이 있습니다. 그런데 그 별을 항상 볼 수 있는 것은 아닙니다. 그렇다면 보이지 않으니까 없는 것인가요? 보이지 않을 뿐 분명히 있습니다. 왜 보이지 않을까요? 구름이 가렸기 때문입니다. 공기가 오염되었기 때문입니다.

언젠가 성지 순례를 가서 사막에서 하룻밤을 잤습니다. 그때 하늘이 참으로 넓다는 것을 깨달았습니다. 하늘이 위에만 있는 줄 알았는데, 180도가 다 하늘이었습니다. 앞도, 뒤도, 옆도 온통 하늘뿐이었습니다. 또 하나 놀라운 것은 별이 너무도 많다는 것이었습니다. 하늘에 별이 꽉 차 있었습니다. 저는 너무 놀라서 이렇게 말했습니다. "세상에! 별이 너무 많아. 그런데 왜 내가 이것을 몰랐지? 하긴 서울에는 별이 없으니까!" 그러자 옆에서 누군가가 말했습니다. "서울에 별이 없는 것이 아닙니다. 서울 하늘도 똑같지요. 보이지 않을 뿐입니다." 맞습니다. 별이 없는 것이 아니라, 보이지 않는 것입니다. 그렇다면 왜 보이지 않습니까? 구름으로 가려져 있고, 오염으로 탁해져 있기 때문입니다. 구름을 거두고 오염된 공기를 제거하면 보입니다.

언제 구름이 사라집니까? 바람이 구름을 거두어 가야 합니다. 그러나 바람을 내가 불게 할 수 없습니다. 이것이 인간의 한계입니다. 하나님이 바람을 불게 해 구름이 물러가게 해야, 그때 찬란하게 아름다운 하늘을 볼 수 있습니다. '구름을 걷어 주는 것', 이것을 신학 용어로 '계시'라고 합니다. '계시'는 헬라어로 '아포칼립시스', 즉 '너울을 벗긴다'는 뜻입니다.

옛날에는 결혼식을 할 때 신부가 면사포를 썼습니다. 결혼식 날까지 신랑의 얼굴도 몰랐습니다. 신부의 너울을 누가 벗깁니까? 자기가 벗는 것이 아니라 신랑이 벗깁니다. 그래서 신부로 하여금 신랑을 보게 해 줍니다. 계시도 마찬가지로 자기가 보는 것이 아닙니다. "내가 계시를 보았다"는 말은 거짓말입니다. 하나님이 보게 하시고, 하나님이 열어 준 만큼 만 보는 것입니다. 이 원리를 정확하게 알아야 합니다.

수고는 내가 합니다. 그러나 그것이 공로가 될 수는 없습니다. 수고보다 더 중요한 것은 은총이라는 사실을 잊지 말아야 합니다. 우리는 종종 "내가 기도했는데요!"라고 말합니다. 이 말은 기도했는데 응답이 없다는 뜻이지요. 그러나 기도보다 중요한 것은 응답입니다. 내가 아무리 열심히 기도해도 하나님이 들어주셔야 합니다. 그러므로 기도하되 감사함으로, 겸손한 자세로 해야 합니다.

"전능자를 우리가 찾을 수 없나니"(37:23). 내가 전능자를 찾는다고 만날 수 있는 것이 아닙니다. 그렇다면 찾지 않아도 됩니까? 그렇지 않습니다. 나는 전능자를 사모해야 합니다. 그럴 때 전능자가 나를 찾아와서 만나 줍니다. 내가 자기 지혜를 내려놓고 겸손히 엎드릴 때 그분이 다가오는 것입니다.

고난도 마찬가지입니다. 고난이 왜 있는지, 내가 아무리 애써도 깨달을 수가 없어요. '왜 이런 일이 하필이면 내게 있는가? 내가 뭘 잘못했단 말인가?' 이런 의심과 분노, 원망 등이 구름처럼 가려서 맑은 하늘을 못 보게 합니다. 그래서 엘리후는 욥을 향해 다음과 같이 결론을 내렸습니다.

"당신에게 있는 의심과 불평과 원망하는 마음을 내려놓으라. 그런 마음으로는 하나님의 말씀을 제대로 들을 수 없다. 또한 하나님이 당신에게 사건으로 주신 말씀을 깨닫기 위해 노력해야 한다. 그렇다고 모두 깨닫는 것은 아니다. 그러나 여기까지가 당신이 할 일이다. 고통과 모든 분노와 의심을 내려놓고 순수한 마음으로 하나님의 음성을 들으려고 할 때, 고난도 하나님의 사랑과 지혜와 능력 속에 있는 사건임을 믿을 수 있다. 하나님을 찬송할 때 하나님이 구름을 제거하고 하나님의 뜻을 밝히 깨닫게 해 줄 것이다."

말씀을 쪼아 먹는 새

욥은 엘리후의 말을 다 들었습니다. 친구들이 말할 때는 말끝마다 아니라고 이의를 제기했는데, 엘리후가 욥의 의를 인정하고, 사랑으로 하나님의 마음을 전달하자 다 수용했습니다. 이렇게 말한 후 엘리후는 사라집니다.

이제 욥은 홀로 남아 엘리후의 말을 생각했습니다. '그렇구나. 내 마음이 고난 속에서 너무나 복잡해졌구나. 고난 속에 하나님의 깊은 뜻이 있는데, 그 생각을 하지 못했구나. 하나님은 어디 있느냐고 몸부림을 쳤지만 그렇게 해서 만날 수 있는 것이 아니구나. 은혜가 필요하구나.' 이제 욥은 하나님을 만날 준비가 된 것입니다. 그래서 38장부터 하나님을 만납니다.

우리는 하나님의 형상으로 지음 받은 사람들입니다. 하나님의 말씀이 없이는 살아갈 수 없습니다. 세상에 얼마나 많은 소리가 있는지요. 그러나 하나님의 말씀만이 우리를 살립니다. 꼭 기억할 것이 있습니다. 주일 예배 때 선포되는 하나님의 말씀을 한 번 듣고 말면 안 됩니다. 말씀은 양식이기 때문에 먹고 또 먹어야 합니다. 듣고 또 듣고, 반복해서 들으십시오. 그러면 묵상이 되는데, 묵상은 내 마음 밭을 갈아엎고 그 속에 말씀을 심는 작업입니다.

어느 분이 이런 말을 했습니다. "성전에서 말씀을 들으면 은혜가 되고 참 좋은데, 돌아서면 잊어버려요. 하나님의 말씀을 잊지 않고 기억하는 방법이 있을까요?" 저는 이렇게 대답했습니다. "누구나 그렇지요. 저도 그렇습니다. 제가 설교를 해 놓고도 금방 잊어버립니다. 그런데 단순한 건망증은 괜찮은데, 말씀을 쪼아 먹는 새가 있으면 안 됩니다." 제 말을 들은 그분이 말씀을 쪼아 먹는 새가 무엇이냐고 묻기에 설명했습니다.

"마태복음 13장을 보면, 씨 뿌리는 비유가 나옵니다. 어떤 사람이 씨를 뿌렸는데, 길가에 뿌려진 씨앗을 새가 와서 쪼아 먹었다는 이야기입니다. 여기서 '길가'는 딱딱해진 마음입니다. '씨'는 하나님의 말씀이고, '쪼아 먹는 새'는 마귀입니다. 그런데 새가 왜 씨앗을 쪼아 먹을까요? 하나님의 말씀이 우리 마음으로 들어가지 못하게 하려는 것입니다. 그 씨가 마음 밭으로 들어가서 싹이 나고 열매를 맺으면 엄청난 역사가 일어나기 때문입니다. 그것을 막으려고 씨를 쪼아 먹어 버리는 것입니다."

《천로역정》을 쓴 존 번연은 설교 시간마다 졸기로 유명했던 사람입니다. 그런데 어느 날 성경을 읽다가 '쪼아 먹는 새'가 있다는 것을 알고 깜짝 놀랐습니다. 하나님의 말씀이 마음 밭에 뿌려질 때 그 말씀을 빼앗아 가는 마귀가 있다는 사실을 깨달은 그는 '내가 들은 하나님 말씀을 마귀에게 빼앗겨서는 안 되겠다'고 결심했습니다. 그래서 말씀을 들을 때마다 마음 판에 새기기 위해 듣는 자세와 태도를 완전히 바꾸었습니다. 그 후부터는 설교에 집중했고, 큰 은혜를 받았으며, 영적인 명작을 남긴 저술가가 되었습니다.

하나님의 말씀을 듣고 자꾸 마음 판에 새기기 바랍니다. 그리고 무엇을 의미하는지 깨닫기 위해 묵상하십시오. 그러면 하나님이 구름을 제거하고 맑은 하늘을 보이실 것입니다. 우리에게 하나님의 뜻을 분명하게 보여 줄 것입니다.

기도하기

하나님!

욥에게 하나님의 말씀을 듣고자 하는 마음,

자신에게 일어난 사건의 의미를 깨닫고자 하는

간절한 마음을 주셔서 감사합니다.

우리에게도 그 마음을 주시고, 우리 속에 있는 구름을 벗겨 주셔서

맑은 하늘을 보듯이 주님의 뜻을 밝히 보게 해 주소서.

나눔 질문

† 욥이 스스로 깨닫지 못했던 실수에 대해 엘리후가 권고한 세 가지는 무엇인가요? 듣기 위해서 우리에게 필요한 것은 무엇일까요?

† 하나님의 말씀이 들리지 않을 때 내가 중요하다고 생각해 포기하지 못했던 것이 있다면 나눠 봅시다.

† 하나님이 우리에게 주는 고난의 진정한 의미는 무엇인가요? 내가 경험했던 고난 중 한 가지를 생각해 보고, 이 장의 말씀에 비춰 볼 때 새롭게 깨달은 것이 있다면 나눠 봅시다.

◢ 고난의 지혜가 완성되다

- 너는 대답할지니 (욥 38)
- 너는 아느냐 (욥 39)
- 무엇이라 대답하리이까 (욥 40)
- 너는 그것을 다룰 수 있느냐 (욥 41)
- 이제는 주를 뵈옵나이다 (욥42)

6부

눈을 들어 하늘을 바라보렴

욥기 38:1-5

1 그때에 여호와께서 폭풍우 가운데에서 욥에게 말씀하여 이르시되

2 무지한 말로 생각을 어둡게 하는 자가 누구냐

3 너는 대장부처럼 허리를 묶고 내가 네게 묻는 것을 대답할지니라

4 내가 땅의 기초를 놓을 때에 네가 어디 있었느냐 네가 깨달아 알았거든 말할지니라

5 누가 그것의 도량법을 정하였는지, 누가 그 줄을 그것의 위에 띄웠는지 네가 아느냐

24• 너는 대답할지니라 욥38

_하나님은 피고가 아니라 재판장이다

한 지혜로운 왕이 있었는데, 나라는 부강했고 백성과 신하들은 왕을 존경했습니다. 어느 날 신하들이 왕에게 말했습니다. "왕이여, 온 백성과 이 땅의 자연 만물도 왕의 명령에 다 복종하나이다." 이 말을 듣고 왕은 의자를 가져오라고 했습니다. 왕은 바닷가에 의자를 놓고 그 위에 앉아서 "파도야, 내게로 오지 말라. 내게서 멀리 떨어져라" 하고 소리를 질렀습니다. 그러나 파도는 그대로 밀려와서 왕의 몸을 덮쳤습니다. 그 모습을 본 신하들은 민망해서 어쩔 줄을 몰라 했습니다. 그러자 왕이 말했습니다. "보라, 자연은 내 말대로 움직이지 않는다. 내 권세는 소수에게만 미칠 뿐이다. 하나님만이 온 세상 만물을 다스린다."

'하늘을 나는 새도 떨어뜨린다'는 말이 있습니다. 어떤 사람이 가진 권력이 얼마나 큰가를 나타내는 말입니다. 그러나 과연 어떤 사람이 날아가는 새를 떨어뜨릴 수 있겠습니까? 총을 쏴서 한두 마리는 잡겠지요. 그러나 날아가는 새가 오라고 한다고 오고, 가라고 한다고 가겠습니까. 인간의 권력이란 한계가 있습니다. 잠시 동안 주어지는 것이요, 범위도 넓지 못합니다. 소수가 그 말을 따를 뿐입니다. 그것도 자기에게 이익이 있을 동안만 말이지요.

그러므로 짧고 작은 권력에 취해서는 안 됩니다. 내가 세상을 정복한 것 같고, 모든 것을 다 할 수 있을 것 같지만, 아닙니다. 감기 하나 막아낼 수 없고, 질병 하나 스스로 통제할 수 없는 연약한 존재가 인간입니다. 자기 한계를 알고 더 높은 존재를 인정하는 것이 지혜입니다.

질문을 던지는 하나님

이제 하나님이 나타나 욥에게 직접 말씀합니다. 그런데 폭풍우 가운데서 말씀합니다.

그때에 여호와께서 폭풍우 가운데에서 욥에게 말씀하여 이르시되 • 38:1

폭풍우는 하나님 임재의 상징이며, 말씀의 권위를 가리킵니다. 시내산에서 이스라엘 백성에게 말씀하실 때도 하나님은 폭풍과 번개 속에서 말씀했습니다. 요한계시록에서 예수님의 말씀은 '많은 물소리'와 같다고 합니다(계 19:6). 모든 소리를 압도하는, 내가 아무리 소리를 질러도 잠재울 수 없는 엄청난 소리를 말합니다. 하나님과 우리는 커피 한 잔 시켜 놓고 마주 바라보며 대화할 수 있는 사이가 아닙니다. 그분은 우리와 수준이 다릅니다. 그 소리에 눌려 듣지 않을 수 없는 권위 있는 소리, 그것을 의미하는 말이 폭풍우입니다.

하나님은 욥에게 나타나 "욥아, 네가 이런 질문을 했지? 대답해 주마.

고난이 있는 이유는…" 이런 식으로 대답하지 않았습니다. 오히려 하나님이 질문했습니다. 지금까지 욥은 하나님을 향해 끝없이 질문했는데 오히려 하나님이 욥에게 질문하시니 엄청난 충격을 받았습니다. 여기서 우리는 세 가지를 깨달아야 합니다.

질문자는 하나님이다

인간이 오해하는 것이 있습니다. 내가 질문자이고, 하나님은 내 질문에 대답하는 존재라는 생각입니다. 정반대입니다. 진정한 질문자는 하나님이고, 인간은 대답해야 하는 존재입니다. 이것은 아주 중요한 포인트입니다.

C. S. 루이스는《피고석의 하나님》에서 이렇게 말했습니다. "고대인은 피고인이 재판장에게 가듯이 하나님께 나갔습니다. 현대인의 경우에는 그 역할이 바뀌었습니다. 인간이 재판장이고 하나님은 피고석에 있습니다. 인간은 상당히 이해심 많은 재판장입니다. 하나님이 전쟁, 가난, 질병을 허용하신 일에 대해 조리에 맞는 항변을 내놓으면 귀를 기울일 준비가 되어 있습니다. 재판장은 하나님을 무죄 방면할 수도 있습니다. 그러나 중요한 사실은 인간이 판사석에 앉아 있고 하나님은 피고석에 있다는 것입니다."

현대인은 자기가 재판장이고, 하나님을 피고로 여깁니다. 내가 질문하면 하나님은 대답하라는 것입니다. 그러나 아닙니다. 인간은 질문자가 아니라 대답하는 자입니다. 예를 들어, "하나님은 왜 나에게 질병을 주셨습니까? 그 이유가 무엇입니까?"라고 하나님께 질문할 수 있습니다. 그러나 사실은 하나님이 물으십니다. "너는 이 질병 앞에 어떻게 대답할 것이냐?" 이 질문에 응답하는 것이 우리의 신앙입니다. 우리는 "북한 사람들은 왜 압제를 당하고 죽을 고생을 합니까? 하나님은 왜 저들을 구해 주지 않습니까?" 하며 하나님께 대답을 요구합니다. 그러나 아닙니다. 오히려 하나님은 우리에게 물으십니다. "네가 대한민국에 태어나서 안전하고 평안하게 살아가는 이유는 무엇인가? 너는 이 사실에 대해 어떻게 응답해야 하는가?"

우리는 결국 언젠가는 하나님과 직접 만나야 합니다. 그때 우리는 살아온 날들에 대하여 하나님 앞에 대답해야 합니다. '나는 대답하는 존재'라는 사실을 알면 부담스럽습니다. 그러나 이 사실을 기억하면 인생을 제대로 살 수 있습니다. 내가 무엇을 해야 하는지 보입니다.

대장부처럼 허리를 묶고 대답하라

그런데 그 대답은 직선적이어야 합니다. 왜냐하면 하나님이 나의 직선적인 대답을 요구하기 때문입니다. "너는 대장부처럼 허리를 묶고 내가 네게 묻는 것을 대답할지니라"(38:3). 하나님은 세 친구에게 묻지 않고, 욥에게 직접 말씀했습니다.

나와 하나님 사이에 다른 사람이 많습니다. 그러나 그들은 중요하지 않습니다. 하나님이 원하는 것은 다른 사람의 대답이 아니라, 바로 나의 대답입니다. 우리는 다른 사람을 사이에 두고 말하려고 합니다. 그리고 다른 사람에게 핑계를 대기도 하고 상황을 탓하며 숨기도 합니다. 그러나 하나님 앞에서는 통하지 않습니다. 하나님은 말씀합니다. "너는 대답하라. 나는 다른 사람의 대답을 원하는 것이 아니라 너의 대답을 원한다." 우리는 하나님의 질문에 직선적 관계에서 대답해야 합니다.

요즘 코로나19 바이러스 때문에 교회에 오기가 쉽지 않습니다. 사실은 오고 싶지만 교회에 오면 폐가 될까 봐 오지 못하는 분들도 많습니다. 그런 분들에게 위로와 감사를 드립니다. 있는 곳에서 예배를 잘 드리기 바랍니다. 다만 이것을 기억해 주십시오.

예배에 참여하지 못하는 이유를 하나님 앞에 각자가 대답해야 합니다. 다른 사람이 뭐라고 대답하든 중요하지 않습니다. 하나님은 "너의 입장은 무엇인가? 나에게 대답하라"고 말씀합니다. "하나님, 가고 싶지만 이런 이유가 있으니 저는 있는 곳에서 예배를 드립니다"라고 하나님 앞에서 대답하는 과정을 거친 다음에 자유롭게 하세요. 그러나 이런 과정을 거치지 않고, 다른 사람의 눈치를 보면서 행동해서는 안 됩니다. 하나님 앞에서 직선적인 대답을 하려면 용기가 필요합니다. 그래서 하나님이 '대장부처럼 허리를 묶고' 대답하라고 하는 것입니다.

신앙생활을 하면서 아주 중요한 원리는 "너는 대답하라"입니다. 기도, 성경 읽기, 전도, 헌금, 봉사 등 모든 경우에 '다른 사람들은 어떻게 하는가?'에 너무 휘둘리면 안 됩니다. 물론 상식을 부정하라는 의미는 아닙니다. 상황과 사람을 보며 흔들리지 말고, 하나님 앞에서 대답하는 자세를 가지고 살라는 것입니다.

위대하신 창조주

그런데 우리의 질문은 어떻습니까? "무지한 말로 생각을 어둡게 하는 자가 누구냐"(38:2). 우리의 질문은 무지하고 어둡습니다. 자기 생각에 붙들려 있기 때문입니다. 달팽이가 자기 껍질 속에 웅크리고 있으면 세상을 제대로 볼 수 있습니까? 하나님은 시야를 넓히라고 말씀합니다. 그래서 4

절 이하에서는 땅과 바다, 그리고 하늘과 별 등 대자연을 보라고, 그리고 그 안에서 살아가는 피조물을 바라보라고 권면합니다. 그 속에는 우리가 상상할 수도 없는 하나님의 능력과 지혜가 담겨 있기 때문입니다.

그중 몇 가지만 살펴보겠습니다. "내가 땅의 기초를 놓을 때에 네가 어디 있었느냐"(38:4). 즉 "내가 태초에 천지를 창조할 때 너는 어디에 있었느냐?"는 것입니다. 질문의 차원이 다르지요? 우리는 "누구 때문인가? 무엇 때문인가? 네가 잘했다. 네가 잘못했다." 하며 따지는 정도인데 하나님은 태초로 거슬러 올라갑니다.

"그때 너는 어디에 있었느냐?" 태초에 어디 있었습니까? 없었습니다! "존재하는 것이 아무것도 없을 때 절대 무(無) 속에서 세상을 창조했다. 내가 땅의 기초를 세웠다." 이 말씀을 한 하나님의 의도는 무엇일까요? "그런 내가 네 인생의 기초를 세우지 않았겠느냐? 고난을 통해 네 인생의 기초가 흔들렸다면 그것도 나에게는 계획이 있는 것 아니겠느냐? 내가 네 인생의 기초를 놓았는데, 왜 네가 놓은 것처럼 단정하는가? 너는 자기 스스로 인생의 기초를 세우는 자인 것처럼 착각하고 있다. 그 행동이 과연 올바른 것이냐?" 쉽게 말하면, "네가 먼저냐, 하나님이 먼저냐? 네가 있고 하나님이 있는 것이냐, 하나님이 있고 네가 있는 것이냐?" 이 질문에 대답하라는 것입니다.

그러면서 하나님은 "바다가 그 모태에서 터져 나올 때에 문으로 그것을 가둔 자가 누구냐"(38:8)라고 질문했습니다. "바다가 어떻게 생겼는지 아느냐? 누가 바다를 그 자리에 두었는가? 그리고 그 파도가 어느 이상으로 밀려오지 않게 한계를 누가 정했느냐?"는 것입니다.

오래된 어촌에 가 본 적이 있는데, 바다 바로 옆에 오두막이 있었습니다. 너무 신기해서 “여기서 정말 사람이 살았어요?” 하고 마을 사람들에게 물어보았습니다. 그렇다고 하더군요. 어떻게 바다 바로 옆에, 불과 10-20미터 옆에 집을 짓고 살았을까요? 무섭지도 않았을까요? 파도가 칠 때는 정말 무섭습니다. 바다와 육지 사이에 아무것도 없는데 어떻게 안심하고 살았을까요? 하나님이 바다를 창조하시고 경계를 정하셨기 때문입니다(38:10-11). 하나님이 바다를 다스린다는 말입니다.

이어서 하나님은 “네가 태어나던 날, 내가 언제 어디서 태어나겠다고 그 시간을 정하였느냐?”(12절)라고 물었고, “너 오래 살았지? 대답해 보라. 누가 홍수를 보내는지, 번개를 치게 하는지, 이슬을 내리고, 얼음을 얼게 하며, 서리가 오게 하는지 말이다”(25-29절) 이렇게 말씀했습니다.

이제 하늘로 가봅시다. “누가 별들을 만들고 그 궤도를 정했으며 인도하는가? 그것이 제멋대로 움직이느냐? 아니다. 내가 그것을 다스린다. 나는 인간을 창조하고, 그들의 삶의 기초를 제공하고, 땅과 바다와 온 우주를 다스린다. 하나님의 무한한 세계, 그 속에 네가 있다는 것을 알라”(38:31-33)고 했습니다.

이렇게 위대하신 하나님은 또한 얼마나 자상한지요. “동물 세계를 보라. 사자에게 누가 양식을 주는가?”(39절), “누가 까마귀 새끼가 깍깍거리며 양식을 달라고 할 때 그 입에 양식을 넣어 주는가? 나는 까마귀 새끼도 먹인다”(41절)라고 했습니다.

제가 아주 어릴 때 일입니다. 여름 방학이 되어 외갓집에 놀러 갔습니다. 뒷마당에는 작은 포도밭이 있고 대문 앞으로는 어떤 중고등학교의 넓은 운동장이 있는 관사였는데, 아침에 일어나서 할아버지 손을 잡고 운동장을 산책할 때면 까치들이 전깃줄에 앉아서 깍깍거리고 있었습니다.

제가 물었습니다. "할아버지, 까치들은 왜 저렇게 시끄럽게 소리를 질러요?" 그러자 할아버지는 "다 이유가 있지"라고 했습니다. "그럼 소가 하늘을 보면서 '음메' 하고 우는 것도 이유가 있나요?" 이렇게 묻자 할아버지는 대답하셨습니다. "있지, 그 이유가 뭘까?" 했습니다.

제가 고개를 이쪽으로 돌리면 할아버지도 이쪽으로 돌리고, 제가 고개를 저쪽으로 돌리면 할아버지도 저쪽으로 돌리고 한참 눈을 마주치더니 할아버지는 이렇게 말했습니다. "뭐냐 하면… 하나님께 기도하는 거다." 제가 깜짝 놀라서 "네? 까치가 기도를 해요? 소들도요?" 하자 할아버지는 "그럼! '하나님, 양식을 주세요!' 이렇게 기도하는 거란다"라고 말해 주었습니다. 어릴 때 들었던 말이지만 지금도 기억합니다. 나름 충격적이었던 것 같습니다. 그런데 오랜 시간이 지난 후에, 욥기 38장 41절을 읽다가 깨달았습니다.

까마귀 새끼가 하나님을 향하여 부르짖으며 먹을 것이 없어서 허우적거릴 때에 그것을 위하여 먹이를 마련하는 이가 누구냐 • 38:41

"옛날에 할아버지가 나에게 해주신 말씀이 성경에 있었네! 나는 손자에게 신앙적 교훈을 주신 것으로 생각했는데, 할아버지 말씀은 성경적이었구나!" 그리고 한참 옛 생각에 잠겼습니다. 하나님은 새 한 마리까지도 먹이는 분입니다.

기도하기

살아 계신 하나님!

우리가 하나님을 찾아서 만날 수는 없습니다.

그러나 간절히 사모하고 들을 준비가 되었을 때

주님은 우리에게 다가오심을 믿습니다.

하나님은 욥에게 나타나서 질문했습니다.

우리는 질문자가 아니라 대답하는 자라는 것을 알게 하소서.

언젠가 우리가 주님 앞에 서게 될 때

우리는 주님 앞에서 대답해야 한다는 것을 알고 살아가게 하소서.

나눔 질문

† 고난 속에 마음이 좁아질 때 마음을 넓힐 수 있는 방법 세 가지는 무엇인가요?

† 하나님은 하나님의 질문에 내가 어떻게 응답하길 원하시나요? 하나님의 질문이 내게 주어진다면 지금 나는 어떻게 응답할 수 있을까요?

† 내 삶에서 역사하신 하나님에 대해 짧게 고백해 봅시다.

욥기 39:1-4

1 산 염소가 새끼 치는 때를 네가 아느냐 암사슴이 새끼 낳는 것을 네가 본 적이 있느냐

2 그것이 몇 달 만에 만삭되는지 아느냐 그 낳을 때를 아느냐

3 그것들은 몸을 구푸리고 새끼를 낳으니 그 괴로움이 지나가고

4 그 새끼는 강하여져서 빈 들에서 크다가 나간 후에는 다시 돌아오지 아니하느니라

25• 너는 아느냐 욥 39

_세상에서 가장 큰 지식

스코틀랜드의 왕이었던 로버트 1세는 잉글랜드와의 전쟁에서 대패하고 도망가다가 깊은 산속 오두막에 숨게 되었습니다. 그는 바닥에 쓰러져서 "아, 힘들다. 몸도 마음도 다 지쳤다. 내게 남은 것은 아무것도 없구나. 나는 이제 끝났구나!" 하고 탄식했습니다. 이렇게 깊은 실의에 빠져 누워 있는데, 어디선가 거미 한 마리가 나오더니 천장 모서리에 거미줄을 치기 시작했습니다. 거미줄을 치려면 먼 거리를 왔다 갔다 해야 했습니다. 거미는 점프를 했지만 반대편에 닿지 못하고 계속 미끄러졌습니다. 다시 올라가서 점프하고, 또 점프했습니다. 거미가 계속 실패하는 모습을 보면서 브루스는 말했습니다. "불쌍한 녀석, 너도 알게 될 것이다, 실패가 뭔지를!"

그런데 거미는 다시 기어 올라가서 다시 건너편으로 점프하고, 또 점프하고, 수십 번씩 같은 행동을 반복하다 마침내 거미줄 하나를 완성했습니다. 브루스는 그 모습을 보면서 감동하여 말했습니다. "오, 거미야.

너는 마침내 해냈구나. 장하도다! 너는 나에게 좋은 교훈을 주었다. 미물인 너도 뜻한 바를 이루기 위해 이렇게 몸부림치는데, 나도 다시 일어서리라." 그는 다시 일어나 흩어진 군대를 규합하여 마침내 큰 승리를 거두었습니다.

'무엇을 보느냐?' 이것은 아주 중요합니다. 왜냐하면 사람은 보는 것으로부터 영향을 받기 때문입니다. 로버트 1세는 호화로운 궁궐에 있을 때, 모든 것이 잘되고 있을 때는 거미가 보이지 않았고 관심도 없었습니다. 하지만 지치고 피곤해졌을 때, 모든 것을 잃었을 때 겸손히 거미를 볼 수 있었고, 거미 한 마리를 통해 엄청난 교훈을 얻었습니다.

'바이오테크놀로지'라는 학문이 있습니다. 생물체가 가지고 있는 특별한 기능이나 정보를 연구해 인류의 삶에 활용하는 기술을 의미합니다. '새들은 어떻게 하늘을 날아가는가?'를 연구해 비행기를 만들고, 물고기를 연구해 배를 만들고, 식물 속에 들어 있는 특정 성분을 추출해 약을 만듭니다. 이전에는 주로 기계를 만드는 데 활용되었지만 이제는 유전자, 의료 및 생명 연장 분야로 그 범위를 무한히 확장하고 있습니다.

이 세상에 존재하는 모든 동식물 속에는 그 성분, 기능, 특징, 장점 등 아직도 연구할 분야가 무궁무진합니다. 그래서 위대한 과학자 아이작 뉴턴은 "나는 미지의 진리가 가득한 거대한 바닷가 해변에서 노는 어린아이와 같다"고 말했습니다. 인간이 가지고 있는 엄청난 지식도 자연 속에 들어 있는 지혜에 비하면 어린아이의 수준에 불과하다는 것입니다.

하나님이 키우고 다스리신다

욥기 38장이 망원경적이었다면, 39장은 현미경적으로 대상을 살펴보게 하십니다.

> 산 염소가 새끼 치는 때를 네가 아느냐 암사슴이 새끼 낳는 것을 네가 본 적이 있느냐 • 39:1

동물마다 수태 기간이 다릅니다. 물론 같은 종은 일정합니다. 세상에는 수없이 많은 생명체가 있고, 그들에게는 각자의 생식 메커니즘이 있습니다. "그것을 너는 아느냐?"고 하나님은 물으십니다. 인간은 다 알지 못합니다. 그 메커니즘을 누가 정했을까요? 하나님입니다.

오래전 제가 군대에서 제대한 후에 같이 제대한 친구의 시골집에 놀러 간 적이 있습니다. 여름이었는데 더워서 샤워를 한 후 창문을 열어 시원한 바람을 즐기고 있었습니다. 창문 앞에는 바로 뒷마당이 있고, 그 뒤에 헛간이 있고, 짐승 우리가 보였습니다. 그런데 그때 집에서 기르는 검은 염소 한 마리가 밖에서 들어오다가 자기 우리까지 가지를 못하고 갑자기 그 자리에 멈추었습니다. 그러더니 버티고 서서 몸을 구부리고 뭔가 힘을 주는 것 같았는데, 조금 후에 밑으로 염소 새끼 한 마리가 툭 떨어졌습니다. "어? 새끼를 낳는 것 아냐?" 하고는 정신을 집중하고 바라보았습니다.

막 태어난 염소 새끼는 완전히 새까맣습니다. 크기만 작지, 완벽합니다. 새끼를 바라보며 가만히 서 있던 어미는 조금 후에 몸을 구부려 새끼를 핥아 주었습니다. 새끼는 누운 채로 꿈틀거리더니 10분쯤 지났을까, 비틀거리면서 일어나다가 넘어지고, 또 일어나다가 넘어지기를 몇 번 반복하고는 일어나서 섰습니다. 그리고 조금 후에는 어미 주위를 걸어 다니기 시작했습니다. 곧 어미가 새끼를 데리고 자기 우리로 들어가는 모습을 눈앞에서 지켜보았습니다. 참 신기했습니다. 주인도 없이 스스로 새끼를 낳는 모습을 보고 참 놀랍다고 생각했습니다.

조금 후에 주인이 들어와서 우리에 가 보더니 "어? 새끼를 낳았네. 그런데 이놈이 왜 한 마리만 낳았지?"라고 말하곤 그만이었습니다. 저는 그 순간, '주인이 키우는 게 아니라 하나님이 키우시는 거구나'라는 사실을 알게 되었습니다.

5절 이하에는 들나귀가 나옵니다.

초장 언덕으로 두루 다니며 여러 가지 푸른 풀을 찾느니라 • 39:8

들판에는 수없이 많은 풀이 자랍니다. 사람들은 그 풀들의 이름도 모릅니다. 그런데 들나귀는 자기에게 좋은 풀이 어떤 것인지 알아서 좋은 풀만 골라 먹습니다. "그것을 누가 가르쳐 주었는지 너는 아느냐?"고 하나님은 질문합니다.

13절 이하에는 타조가 나옵니다. 타조는 알을 사막 뜨거운 모래밭에 흘리고 갑니다. 돌아보지도 않습니다. 그럼 누가 키웁니까? 뜨거운 모래 속에서 부화하여 새끼가 되어 나옵니다(39:15-16). 하나님이 키웁니다.

이제 말을 보십시오. "그 모양이 얼마나 멋진가? 누가 그런 모습으로 디자인했는가? 왜 말은 '히힝' 소리를 내는가? 전쟁터에서도 물러나지 않는 그 용맹이 어디서 나오는가? 너는 아느냐?"(39:19-25). 하나님이 만든 것입니다.

매와 독수리도 마찬가지입니다. "매가 떠올라 바람을 타고 날아가는 그 기술은 누가 주었는가? 독수리는 높은 절벽 위에 둥지를 만들고, 그 높은 절벽 위에서 새끼를 훈련시킨다. 떨어지는 새끼가 살려고 발버둥을 치다 땅에 부딪히기 직전에 어미가 와서 낚아채 다시 하늘로 올라간다. 그리고 다시 떨어뜨린다. 이렇게 훈련을 받은 새는 날개에 힘을 얻어 얼마든지 날 수 있는 새 중의 왕이 되는 것이다. 이것을 누가 가르쳐 주었는가? 너는 아느냐?"(39:26-30).

계절이 바뀌면 철새들이 날아가는데, 그 장소가 얼마나 멉니까? 대륙을 횡단해야 합니다. 지도도 없는데 어디로 가야 하는지 철새들이 어떻게 알까요? 철새 가운데 가장 멀리 날아가는 새가 기러기입니다. 그러나 기러기는 강한 새가 아닙니다. 날개도 약합니다. 그럼에도 기러기가 가장 멀리 날아가는 비결이 무엇일까요? 기러기들은 날아갈 때 언제나 V자형으로 떼를 지어 날아갑니다. 앞에 날아가는 새가 공기 저항을 뚫어 주는 것입니다. 그러면 그 뒤의 새는 그만큼 공기 저항을 덜 받아 쉽게 날아갈 수 있습니다.

조류학자들에 의하면, 기러기 떼처럼 V자형으로 날아가는 것이 혼자 날 때보다 71%나 더 많이 날 수 있다고 합니다. 또한 낙오의 위험을 줄여 줍니다. 앞에 가던 기러기가 힘이 들면 교대하면서 날아갑니다. 병든 기러기가 있으면 버리고 떠나는 법이 없다고 합니다. 몇 마리의 기러기가 남아서 치료를 한 후 같이 날아간다는 것입니다. 이것을 누가 가르쳐 주었습니까? 하나님이 하셨습니다.

꽃 한 송이, 옥수수나 감자 한 알, 타조나 독수리 등 대자연 속의 피조물 안에 들어있는 신비는 한평생 연구해도 부족합니다. 그래서 알버트 아인슈타인은 말했습니다. "사람들은 과학이 발달할수록 신비의 영역이 사라진다고 하지만 사실은 그렇지 않다. 과학이 발달할수록 신비는 사라지는 대신 새로운 의미로 다가오는 것이다. 아무리 발달해도 신비는 남아 있다. 세상은 과학 이상의 것이기 때문이다."

이 말을 해석해 보겠습니다. 새 한 마리가 날아가는 것을 보고 옛날 사람들은 "새니까 날아가는 거지" 하며 당연하다고 생각했습니다. 그러나 과학이 발달할수록 새 한 마리가 날아가는 메커니즘 속에 들어 있는 지식의 양이 입이 떡 벌어질 만큼 신비하다는 사실이 밝혀집니다. 신비하다는 것은 다 이해할 수 없다는 뜻입니다. 우연이나 당연한 것이 아니라 놀라운 설계와 지식이 그 속에 들어 있는 것입니다. 말세로 갈수록 과학이 발달할 것입니다. 그리고 그럴수록 하나님을 부정하는 것이 아니라, 우주 만물이 우연의 산물이 아니라 하나님의 놀라운 창조의 결과라는 사실을 부정할 수 없게 될 것입니다.

너는 아느냐?

그래서 하나님은 욥에게 "너는 아느냐?"고 물으십니다. "너는 아느냐?" 이 말은 무슨 뜻일까요?

첫째, 욥의 지혜를 부정하는 것입니다. "아는 게 뭐냐? 말해 보라"는 것입니다. 욥은 하나님의 질문을 받기 전에는 다 안다고 생각했습니다. 그러나 막상 대답하려고 보니 아는 것이 없었습니다. 하나님이 피조물들을 태어나게 하고, 자라게 하고, 먹이고 돌보고 기르십니다. 하나님의 은혜로 사는 것입니다.

둘째, 욥의 의로움을 부정하는 것입니다. "네가 한 일이 무엇이냐? 네가 의롭다고? 선행을 했는데 왜 보상이 없냐고? 그렇다면 네가 모든 사람을 구제해 주었느냐? 들짐승 한 마리를 네가 먹인 적이 있느냐? 오히려 잡아먹기나 했지. 다 받은 것뿐인데, 아주 작은 일을 하고선 왜 보상이 없냐고 따지느냐?" 이런 의미입니다.

한번 따져 볼까요? 하나님이 계산을 제대로 하시면 큰일 납니다. 다 벌을 받았거나 죽었어야지 살아 있을 사람이 없습니다. 하나님의 은혜와 사랑으로 산 것입니다. 내가 받은 것은 많은데 베푸는 것은 너무 적으니까, 우리는 베풀면서 어떤 마음을 가져야 합니까? '베풀 수 있으니 감사하다. 받은 것은 많은데 주는 것은 너무 적으니 미안하다.' 이처럼 감사한 마음과 미안한 마음을 가져야 합니다. 그런데 많은 사람이 받은 것은 생각지 않고 자기가 베푼다고 착각합니다.

셋째, 하나님의 돌보심을 강조하는 것입니다. "내가 이 피조 세계를 다 스리고 있다. 너희가 모르는 작은 동물들까지도 먹이고 기르고 돌보고 있다. 너희는 "왜 나의 고통을 몰라주십니까?" 말하지만, 내가 모르는 것이 아니다. 알고 있다. 하물며 너희일까 보냐?" 이런 의미입니다.

그런데 하나님은 왜 "욥아, 그동안 고생 많이 했다" 하며 위로하시거나 "고난의 이유는 이런 것이다"라고 설명하지 않고, 현재 욥이 처한 상황과는 전혀 상관없는 질문을 하는 것일까요? 그런데 잘 보면 질문 속에 답이 다 들어 있습니다. "너는 아느냐? 알 수 없지? 그런 거다. 네가 인생의 문제를 다 아는 것처럼, 다 알아야 하는 것처럼, 알 수 있는 것처럼 착각하지 마라. 다 알 수 없는 것이다. 모든 문제에 다 대답을 가지고 사는 것도 아니다. 인생을 주관하는 자는 나다. 그러므로 나의 지혜와 사랑과 능력을 믿으라"는 것입니다.

최고의 지식, 최고의 믿음

저는 욥기를 읽으면서 하나님이 욥에게 "너는 아느냐? 모르지? 나는 안다!", 왜 이런 말씀을 반복하는지 궁금했습니다. 약을 올리려는 것도 아닐 텐데 말입니다. 그런데 읽고 또 읽다가 깨닫게 되었습니다. 이 말은 욥을 위로하고 어루만지는 말이었습니다. "욥아, 네가 모르면 어때? 괜찮아. 내가 알거든! 그러니 너무 걱정하지 말거라" 이런 뜻입니다.

'나는 모르는데, 나의 적은 알고 있다.' 이것은 무서운 일, 큰일입니다. 그러나 '나는 모르는데, 내 아버지는 알고 계신다.' 이렇게 되면 안심이 됩니다. 왜냐하면 모든 것을 아시는 분, 모든 것을 할 수 있는 분이 내 아버지이기 때문입니다. 그 지식을 나를 위해 사용할 테니 그분을 믿고 안심할 수 있는 것입니다.

우리는 돈이 응답이고, 건강이 응답이고, 내가 원하는 자리에 가는 것이 응답이고 사람들에게 칭찬을 받는 것이 응답이라고 생각합니다. 그런데 그것보다 더 중요한 것이 있습니다. 하나님이 아신다는 것입니다. 하나님이 나를 아신다는 것, 하나님이 나를 돌보신다는 것, 그분의 계획 아래 이 모든 일이 있다는 사실을 알게 되는 것, 그것이 진정한 응답입니다.

고난이 언제 끝날지 우리는 모릅니다. "그것들은 몸을 구푸리고 새끼를 낳으니 그 괴로움이 지나가고"(39:3). 언제 새끼가 나올지 어미도 모르지만, 새끼를 낳으면 괴로움이 지나갑니다. 그런데 하나님은 언제 새끼를 낳을지 아십니다. 괴로움이 언제 끝날지 아신다는 말입니다. 언제 고난이 끝날지 욥은 모릅니다. 그러나 하나님은 욥의 고난이 언제 끝날지 알고 계십니다.

세상에서 가장 큰 지식이 무엇입니까? "나는 모른다. 그러나 하나님은 아신다." 이것이 최고의 지식입니다. 세상에 대해 잘 아는 사람들은 많지만, 이 지식이 없는 사람들이 너무 많습니다. 이 지식이 있을 때 문제가 해결됩니다. 왜냐하면 최고의 지식은 최고의 믿음과 연결되기 때문입니다. "그러므로 나는 모든 것을 아시는 하나님을 믿고 살아갑니다." 이것이 최고의 믿음입니다.

주님이 물으십니다. "너는 아느냐?" 그렇다면 주님이 원하는 대답은 무엇일까요? "저는 모릅니다. 그러나 주님은 아십니다. 그러므로 저는 주님을 믿고 살아갑니다." 바로 이것입니다. 이런 최고의 지식과 최고의 믿음을 가지고 살아갑시다.

기도하기

살아 계신 하나님!

하나님은 산 염소가 언제 새끼를 낳고 괴로움에서 벗어날지,

그때를 알고 계십니다.

들나귀가 어디서 살고 어떤 풀을 먹는지를 알고 계십니다.

타조가 새끼를 돌보지 않아도 하나님이 길러 주십니다.

말에게 힘과 용기를 주고, 독수리가 어떻게 새들의 왕으로

새끼를 기르는가를 알고 있습니다.

우리가 모르는 것들도 하나님은 창조하였고, 살아갈 능력을 주고,

그것들을 돌보고 있습니다.

그것들을 보면서 하나님의 지혜와 사랑과 능력을 보고,

내가 바로 그 안에 있다는 것을 깨닫게 하소서.

"너는 아느냐?" 질문하는 주님! "저는 모릅니다.

그러나 주님은 아십니다.

그러므로 저는 주님을 믿고 삽니다." 이렇게 대답하며 살게 하소서.

나눔 질문

† 하나님이 "너는 아느냐?"라는 질문을 하는 세 가지 이유는 무엇인가요?

† 하나님이 욥에게 인생의 알 수 없는 질문을 통해 정말 알려 주고 싶었던 것은 무엇인가요?

† 세상의 모든 것을 아시는 하나님이 우리의 아버지가 되고 인도자가 될 때 우리는 인생을 어떻게 살아갈 수 있을까요?

욥기 40:1-5

1 여호와께서 또 욥에게 일러 말씀하시되

2 트집 잡는 자가 전능자와 다투겠느냐 하나님을 탓하는 자는 대답할지니라

3 욥이 여호와께 대답하여 이르되

4 보소서 나는 비천하오니 무엇이라 주께 대답하리이까 손으로 내 입을 가릴 뿐이로소이다

5 내가 한 번 말하였사온즉 다시는 더 대답하지 아니하겠나이다

26• 무엇이라 대답하리이까 욥 40

_판단을 중지하라

한센병(나병)의 세계적 권위자인 영국의 폴 브랜드(Paul Brand) 박사는 이렇게 말했습니다. "현대 의학의 커다란 과제 중의 하나는 인체의 통각 시스템을 개발하는 것이다." 의학적으로 볼 때 가장 무서운 것은 통각(아픔을 느끼는 감각)을 잃어버리는 것입니다. 우리 주변에도 어느 날 우연히 병원에 갔다가 의사로부터 "너무 늦었습니다. 얼마 못 삽니다"라는 말을 듣는 사람들이 종종 있습니다. 어쩌다 그렇게 되었을까요? 평소에 많이 아팠다면 방치하지 않았을 텐데, 아프지 않으니까 몰랐다가 어느새 그런 상태가 된 것입니다. 아픔을 느끼지 못하기 때문에 문제가 커지는 경우가 너무 많습니다.

한센병은 한번 걸리면 손과 발이 떨어져 나가고, 코도 문드러지고, 눈도 멉니다. 그래서 병 중에서 가장 비참한 병이라고 합니다. 그러나 전문가들에 의하면, 한센병은 단지 아픈 것을 느끼지 못하는 병입니다. 사람이 어딘가 상처가 나면 평소보다 10배가량의 고통을 느끼면서 그 상처 때문에 조심하게 되고, 치료해서 나을 수 있는데, 아픔을 느끼지 못하기 때문에 문제가 커지는 것입니다.

한센병 환자들은 악수할 때도 어느 정도 세기로 상대방의 손을 쥐어야 할지 자기도 모릅니다. 그래서 손이 아프도록 꽉 잡습니다. 병뚜껑을 딸 때도 보통 사람들은 해 보다가 안 되면 그만두거나 다른 사람에게 부탁하거나 도구를 사용합니다. 그러나 한센병 환자들은 피가 나고 뼈가 하얗게 드러나도 아픈 줄 모르고 그냥 땁니다. 물건을 들 때도 무게를 느끼지 못하기에 관절이 빠지도록 무거운 것을 들어 올립니다. 힘이 세진 것이 아니라, 아픔을 느끼지 못하기 때문입니다.

심지어 콧구멍을 파도 손가락과 코에 감각이 없으니까 아주 세게 팝니다. 그러니까 콧속이 다 헐고 곪아 버립니다. 우리 눈은 대기 오염에 노출되어 있어서 주기적으로 깜빡거려서 눈동자를 씻어 주어야 합니다. 눈동자를 깜빡거리지 않으면 눈이 아파집니다. 그런데 한센병 환자들은 눈이 아프지 않으니까 깜빡거리지 않게 되고, 그 결과 눈이 오염되어 염증이 생기고, 나중에는 맹인이 됩니다. 결국 우리 몸은 통증을 느끼기 때문에 조심하게 되고 안전한 것이지, 아픔을 느끼는 통각 시스템이 없으면 너무나 위험해집니다.

"꼭 아프게 만들어야만 합니까? 뭔가 다른 신호 체계가 있어서, 어느 정도 몸에 무리가 가면 기분 좋은 신호가 울려서 '더 이상 무리하지 마시오' 하고 알려 주는 장치가 있으면 어떨까요?" 그래서 실험을 했더니, 사람은 간사해서 무리가 간다는 신호가 나올 것 같으면 미리 그 신호를 꺼버리고 일한답니다. 그러므로 어쩔 수 없이 깜짝 놀랄 만큼 아프게 만들어야 사람은 통증 때문에 조심하고, 거기서 손을 뗀다고 합니다.

반대로 아픔을 느끼는 자리가 너무 많아 모든 곳이 아프면 아무 일도 못합니다. 그래서 우리 몸에 통각점이 아주 적절하게 분포되어 있는 것입니다. 인체의 통각 시스템은 하나님이 인간의 정상적인 삶을 위해 주신 큰 선물이라고 할 수 있습니다.

대답해 보라

욥기 40장은 하나님의 질문에 욥이 대답하는 내용입니다. 그런데 하나님의 질문이 부드럽지 않습니다. 질문에도 종류가 있는데, 몰라서 묻는 질문도 있고, 알면서 떠보는 질문도 있습니다. 그런가 하면 "너 이런 잘못을 했지? 좋게 말할 때 빨리 대답해!"처럼 잘못한 사람을 취조하는 질문도 있습니다. 이것을 '국문'(鞠問)이라고 합니다. 40장은 국문으로 시작합니다.

그렇다면 욥의 잘못은 무엇일까요? 하나님은 욥에게 "트집 잡는 자가 전능자와 다투겠느냐 하나님을 탓하는 자는 대답할지니라"(40:2)라고 말씀하셨습니다. 욥은 하나님께 트집을 잡고, 하나님 때문이라며 하나님을 탓했습니다. "나는 잘못이 없는데, 왜 하나님은 나에게 고난을 주는가? 왜 내가 질문하는데, 하나님이 대답하지 않는가? 나는 의로운데 왜 보상이 없는가? 이것은 하나님이 문제다"라고 한 것입니다.

그런데 하나님의 질문을 받고 나니 모든 것이 새로워졌습니다. 하나님이 왜 하늘을 보고, 땅을 보고, 짐승을 보라고 했는지 알게 되었습니다. 하늘과 땅과 짐승을 보니 하나님이 그 모든 것을 만들고 기르고 돌보고 사랑하고 책임진다는 것을 알게 되었습니다. 모든 피조물이 자기 힘으로 사는 것이 아니라, 하나님의 능력과 은혜로 사는 것임을 깨달았습니다. '만물은 사람을 위해 하나님이 준 선물이다. 사람이 다스리고 정복할 피조물들도 하나님이 이렇게 사랑하시는데, 그 하나님이 왜 나를 사랑하고 돌보지 않으시겠는가?' 이 사실을 알게 된 것입니다.

하나님의 질문에 욥이 대답합니다.

보소서 나는 비천하오니 무엇이라 주께 대답하리이까 손으로 내 입을 가릴 뿐이로소이다 • 40:4

이 말씀을 세 가지로 설명하겠습니다.

첫째, 욥은 "나는 비천하오니"라고 답했습니다. 나는 자격이 없다는 뜻입니다. 무슨 자격이 없다는 것일까요? 하나님께 트집을 잡거나 하나님을 탓할 자격이 없다는 의미입니다. 트집을 잡거나 탓하는 것은 상대방이 무엇인가를 잘못했다는 것이고, 나는 그것을 비난할 자격이 있다는 것이지요. 그런데 막상 대답하려고 보니 욥은 안다고 착각했을뿐, 아는 것이 없었습니다. 보이는 세상에 대해서도 모르고, 하나님의 마음도 모르고, 모르면서도 아는 척했고, 함부로 불평하고 원망했습니다. 불평할 자격도 없는 자가 주님 앞에서 자기 한계를 모르고 까분 것입니다. 그래서 욥은 겸손해졌고, "저는 자격이 없습니다"라고 고백했습니다.

둘째, 욥은 "무엇이라 주께 대답하리이까"라고 말했습니다. 대답할 말이 없다는 것이지요. "눈에 보이는 세상도 모르는데 하나님의 깊은 뜻을 어떻게 알겠습니까. 제가 옳다고 생각했는데, 하나님이 더 옳으십니다. 저보다 하나님이 더 지혜로우십니다. 저는 모르지만 하나님은 아십니다.

저는 모르고 걸어가지만 하나님은 알고 인도하십니다. 그러니 더 이상 할 말이 없습니다. 제 생각을 내려놓고 주님만 믿고 따라가겠습니다." 욥은 순종을 약속했습니다.

셋째, 욥은 "손으로 내 입을 가릴 뿐이로소이다"라고 답했습니다. "안 해야 할 말을 했고, 큰 실수를 했습니다. 너무나 부끄럽고 죄송합니다. 입이 열 개라도 할 말이 없습니다. 용서해 주소서" 하며 회개했습니다.

그러면서 욥은 하나님께 자기의 결심을 밝혔습니다. "내가 한 번 말하였사온즉 다시는 더 대답하지 아니하겠나이다"(40:5). 사실 욥의 이 말에는 약간의 거짓말이 섞여 있습니다. 욥이 정말 한 번만 말했나요? 수없이 말했습니다. 친구들이 정죄하니까 분노해서, 자기 의에 빠져서 하나님을 향해 잘못된 말을 많이 내뱉었습니다. 우리도 지금까지 살면서 하나님을 탓하고 트집을 잡은 적이 한 번밖에 없었나요? 수없이 많습니다. 그러나 욥은 "이제 다시는 안 그러겠습니다"라고 대답했습니다.

하나님은 이 순간을 기다렸습니다! 욥이 자기 생각을 초월하는 하나님의 섭리를 전폭적으로 믿고 따르는 사람이 되기를 말입니다. 하나님은 욥에게 절대 겸손, 절대 믿음, 절대 순종을 원했던 것입니다.

고난이 은사로

욥의 말을 다 듣고 하나님이 말씀하십니다. "너는 대장부처럼 허리를 묶고 내가 네게 묻겠으니 내게 대답할지니라"(40:7). 하나님은 욥에게 "배에 힘을 주고, 똑바로 서서, 할 말이 있으면 해라. 내 앞에서 얼버무리다가 뒤에 가서 딴소리하지 말고 확실하게 대답해라. 네가 나보다 지혜롭고 더 의로우냐? 정말 그러하냐?"고 말씀하는 것입니다. 더 이상 딴소리 못하게 쐐기를 박았습니다.

그러고 나서 하나님은 욥의 말과 행동의 의미를 설명해 줍니다. 우리 하나님은 아주 자비롭습니다.

먼저, 하나님은 "네가 내 공의를 부인하려느냐 네 의를 세우려고 나를 악하다 하겠느냐"(40:8)라고 말씀하셨습니다. 욥이 자기 의를 세우려고 하나님의 공의를 부인하고 하나님을 악하다고 말했다는 것입니다. 그런데 욥이 언제 하나님을 악하다고 말했나요? 그런 말은 하지 않았습니다. 그렇지만 하나님이 보실 때 욥은 의도하지 않았지만 자기도 모르게 그런 말을 했다는 것입니다. 그래서 설명해 주는 것입니다. 욥이 이런 말은 했지요. "나는 의롭다. 그런데 하나님이 왜 나에게 고난을 주시는가?" 뒤집어 말하면, 자기 의를 세우려고 하나님의 공의를 부인하고 하나님을 악하다고 단정한 것입니다. 그러니까 말조심해야 합니다.

이어서 하나님은 아주 놀라운 말씀을 하십니다. "너는 위엄과 존귀로 단장하며 영광과 영화를 입을지니라"(40:10). 고난을 통해 무엇이 이루어집니까? 위엄과 존귀로 단장하고, 영광과 영화를 입게 됩니다. 다시 말하면, 고난은 나를 무능하게 하고 나의 모든 것을 빼앗아 가는 것이 아니라, 오히려 나를 무장시킵니다.

우리는 "고난 때문에 아무것도 할 수가 없어"라고 말할 수 있습니다. 잠시 동안은 그렇습니다. 그러나 고난을 잘 이기고 나면 그로 인해 할 일이 많아집니다. 특정 부분에 대해 경험이 생기고, 권위가 세워지고, 그 일을 통해 하나님께 영광을 돌릴 수 있게 됩니다. 다시 말하면, 고난은 빼앗기는 것이 아니라 오히려 무기를 받는 것입니다. 신령한 면에서는 중요한 임무를 맡게 되는 것입니다. "나는 외로우니까 할 일이 없습니다." 아닙니다. 외로우니까 할 일이 있어요. "나는 약합니다." 약하니까 할 일이 있습니다. "나는 실패했습니다." 실패한 사람만이 할 수 있는 일이 있습니다. "나는 병들었습니다." 병자이기 때문에 할 수 있는 일이 있습니다.

이제 하나님이 고난당한 자에게 사명을 주십니다. "너의 넘치는 노를 비우고 교만한 자를 발견하여 모두 낮추되 모든 교만한 자를 발견하여 낮아지게 하며 악인을 그들의 처소에서 짓밟을지니라"(40:11-12). 고난 중에는 먼저 분노합니다. 교만하기 때문입니다. 그런데 고난을 경험하면서 노를 버리고 겸손해집니다. 하나님은 욥에게 "이제 너도 교만한 사람을 겸손하게 만들어라. 왜냐하면 네가 그런 경험을 했기 때문이다. 주변에 그런 사람들이 너무도 많다"고 말씀하는 것입니다. 이것을 신학 용어로 바꾸면, '고난도 은사가 된다'는 것입니다. 은사란 은혜로 주신 선물, 다른 사람을 섬길 수 있는 도구입니다. 고난을 경험하면 그 영역에서 권위를 가지게 되고, 다른 사람을 도울 수 있는 도구가 생깁니다. 그러니 고난을 상처로만 생각하지 말고 은사로 활용하기를 바랍니다.

질문자의 태도

문제의 해결은 그 문제가 없어지는 것이 아닙니다. 그것은 나중의 일이고, 먼저는 질문자의 태도를 바꾸는 것입니다. 내가 중심이 되어서 "하나님, 나에게 왜 이러십니까?" 하며 하나님께 트집을 잡고 하나님을 탓하는 데서 돌이키는 것입니다. 하나님이 세상을 다스립니다. 지금 나에게는 이해가 안 되지만 하나님은 아시고 다스리십니다. 이 사실을 믿고 흔들리지 않아야 합니다. 그래서 아우구스티누스는 판단 중지(에포케)라고 말했습니다.

우리는 이해하기 위해 노력합니다. 그러나 이해가 되지 않는 지점을 만납니다. 그러면 거기서 판단을 중지해야 합니다. "하나님, 아무리 알려고 해도 이해가 되지 않습니다. 저는 모릅니다. 그러나 하나님은 아시고 인도하십니다. 그러므로 저는 하나님을 믿고 나가겠습니다." 그리고 끝! 여기서 멈추어야 합니다. 그래야 고난을 견딜 수 있고 승리할 수 있습니다.

그런데 중단하지 않으면 어떻게 됩니까? 자기 식으로 시나리오를 씁니다. 하나님은 그런 생각을 하지도 않았는데, 하나님에 대해 지어냅니다. 그러다 하나님을 원망하고 넘어지고 하나님을 떠나기도 합니다. 그러지 말라는 것입니다.

사업이 부도난 남편에게 아내가 보낸 편지의 내용을 소개하겠습니다. "마지막 부도가 나던 날, 당신은 속에서 불이 난 것처럼 찬바람이 불어오는 베란다 문을 열고 깊어 가는 밤을 바라보고 계셨습니다. 나와 아이들은 공부하는 척했지만 속으로는 수없이 기도하면서, 시리도록 아픈 가슴으로 밖에 서 있는 당신을 뒤에서 바라보고 있었습니다. 여보, 다시 한 번 힘을 내서 힘껏 날개를 펴세요. 그래서 많은 새가 와서 쉴 수 있는 큰 나무가 되세요. 당신은 우리의 기둥입니다. 그리고 너무 어렵거나 힘들 때는 우리가 첫날밤 두 손 잡고 드렸던 기도를 기억하세요.

'하나님, 우리 일생을 주님께 맡겨 드립니다. 주님이 가장 좋은 길로 인도해 주소서.'

바로 그 기도를 말입니다.

- 겨울의 한가운데서 당신의 아내가"

나의 일생을 주님께 맡겨 드렸습니까? 하나님께 맡겼다면 주님이 나를 가장 좋은 길로 인도하실 것을 믿으십시오. 그 가운데 지금 나의 고난도 들어 있음을 인정하십시오. 이를 믿거나, 아니면 하나님께 맡기지 않고 스스로의 힘으로 살아가기로 하는 것은 우리 각자의 선택입니다. 진정한 질문자는 하나님이고, 우리는 대답하는 자입니다.

기도하기

"너는 대답하라"고 말씀하는 하나님!
언제나 하나님께 할 말이 많고 채권자의 마음, 분노하는 마음으로
살아가는 우리입니다.
내 작은 고난에 걸려 넘어지고, 그 문제에 집착하는 우리에게 오소서.
우리의 눈을 들어서 세상을 보고, 하나님을 바라보고,
하나님의 능력과 사랑을 보며 내가 그 안에 살고 있음을 알게 해 주소서.
욥의 고백이 진정 우리의 살아 있는 고백이 되게 하소서.

나눔 질문

† "나는 모릅니다, 그러나 하나님은 아십니다"라는 고백은 왜 최고의 지식이 되나요? 이를 통해 우리가 가질 수 있는 최고의 믿음은 무엇인가요?

† 하나님이 사람에게 원하는 세 가지 자세는 무엇인가요? 하나님이 원하는 모습대로 나는 살아가고 있나요? 만약 그렇지 못하다면 어떤 모습이 그런지 나눠 봅시다.

† 고난은 어떻게 은사가 되나요? 고난을 통해 우리가 할 수 있는 것은 무엇인가요?

욥기 41:1-4

1 네가 낚시로 리워야단을 끌어낼 수 있겠느냐 노끈으로 그 혀를 맬 수 있겠느냐
2 너는 밧줄로 그 코를 꿸 수 있겠느냐 갈고리로 그 아가미를 꿸 수 있겠느냐
3 그것이 어찌 네게 계속하여 간청하겠느냐 부드럽게 네게 말하겠느냐
4 어찌 그것이 너와 계약을 맺고 너는 그를 영원히 종으로 삼겠느냐

27• 너는 그것을 다룰 수 있느냐 욥 41

_하나님은 악을 다스린다

영국의 위대한 정치 철학자 토마스 홉스는 《리바이어던》이라는 책을 썼습니다. 국가와 정치권력에 대한 불후의 명저입니다. "국가의 권력은 어디서 나오는가? 그리고 국가의 권력은 어떻게 사용되어야 하는가?" 이 질문에 대답하는 책입니다.

이 세상에는 권력이 필요합니다. 왜냐하면 인간에게는 각자 자기가 원하는 대로 살려는 욕망이 있기 때문입니다. 그래서 자기 마음대로 하도록 내버려 두면 세상은 엉망이 될 수밖에 없습니다. 다시 말하면, 나의 자유가 다른 사람을 부자유하게 만들 수 있습니다. 이것을 전문 용어로 '만인에 대한 만인의 투쟁 상태'라고 합니다. 그렇기 때문에 혼란과 무질서를 막으려면 모든 사람을 통제할 수 있는 아주 큰 권력이 필요하다는 것이지요. 그것이 국가 권력입니다. 어떤 사람도 함부로 대항할 수 없는 절대 권력이 바로 '리바이어던'입니다.

그렇다면 국가 권력은 어떻게 생겨납니까? 옛날 왕들은 신이 자기에게 권력을 주었다고 믿었습니다. 이것이 '왕권신수설'입니다. 그러나 이 책에 의하면 아니라는 것입니다. "신이 준 것이 아니라면 권력은 어디서 나오는가? 국민들 각자가 내 멋대로 살면 서로에게 피해가 되니까, '우리의 권리 일부를 반납하자'고 해서 국민들이 각자 자기들의 자유 일부분을 지도자에게 모아 주는 것이다. 그러면 그 지도자는 그렇게 모아진 엄청난 권력을 가지고 국민들을 다스리는 것이다." 정리하면, 지도자의 권력은 국민과 통치자의 상호 계약에 의해서 성립합니다. 그러므로 국가 권력은 국민에게서 나오는 것이고, 그 권력은 국민의 안전과 평화와 번영을 보장하기 위해서만 사용해야 합니다.

이 내용은 당시로서는 혁명적이었습니다. 권력이 약해선 안 되고 강해야 하는데, 그 강한 권력은 국민을 위해서만 사용해야 한다고 주장한 것입니다. 그래서 홉스는 양쪽으로부터 비난받았습니다. 왕권주의자들은 왕의 권력을 약화시킨다고 욕했고, 의회주의자들은 권력 분산을 반대한다고 욕했습니다. 그러나 이 책 이후로 국가와 권력에 대한 기준이 세워졌습니다. 그래서 이 책은 상식을 가진 사람이라면 반드시 읽어야 하는 시민들의 기본 교양 도서가 되었습니다.

리바이어던이 무서운 국가 권력이라고 했지요? 권력이 잘못되면 정말 무서운 괴물이 됩니다. 중국이나 북한을 생각해 보십시오. 홉스는 리바이어던을 눈에 보이는 강력한 권력, 잘못 사용하면 사람들을 엄청나게 괴롭히는 괴물로 본 것입니다. 국가 권력은 좋은 것이지만, 그것을 국민을 위해 사용하도록 모두가 노력하지 않으면 리바이어던, 괴물로 전락할 수 있습니다.

왜 악이 존재하는가

그런데 '리바이어던'이라는 말은 원래 성경에서 나왔습니다. 맨 처음 등장하는 곳은 욥기 41장 1절입니다. "네가 낚시로 리워야단을 끌어 낼 수 있겠느냐." '리워야단'의 영어 발음이 '리바이어던'입니다. 또는 '레비아탄'이라고도 합니다.

그런데 리워야단이 도대체 무엇이기에 욥기 41장 한 장 전체를 그 동물을 설명하는 데 사용했을까요? 성경책에서 욥기 리워야단 옆에 달린 주석을 보면 '악어로 볼 수도 있음'이라고 적혀 있습니다. 그러나 단순한 악어가 아닙니다.

본문을 살펴보면, 리워야단은 하나님이 창조하신 피조물입니다. 그런데 아무도 손댈 수 없는 무서운 짐승입니다. 옛날 사람들이 가장 무서워하는 것이 자연에서는 물과 불이었습니다. 홍수가 나면 다 쓸어가 버리고, 불은 모든 것을 태워 버립니다. 인공적인 것으로는 칼과 화살이지요. 칼이나 화살에 맞으면 죽습니다. 그런데 리워야단은 물과 불, 칼과 화살로도 제거할 수 없습니다. 왜 그럴까요? 물에도 살고, 육지에도 살고, 입으로 불을 뿜어 내고, 가죽이 두꺼워서 칼로 벨 수 없고, 화살로 몸을 뚫을 수도 없습니다. 그리고 닥치는 대로 죽이고 잡아먹습니다. 그러니 얼마나 무서운 괴물입니까?

그래서 생물학자들 중에 리워야단을 공룡이라고 보는 경우도 많습니다. 그런데 성경을 잘 보면 리워야단은 공룡과 일치하지 않습니다. 시편 74편 12-14절에 의하면, 바닷속에 있는 용, 배와 사람을 부수고 잡아먹는 괴물이 리워야단입니다. 시편 기자는 "하나님이 그 머리를 깨뜨리셨다. 그리고 우리를 구원하신다"고 말했습니다. 이사야서에도 리워야단이 나옵니다. "그날에 여호와께서 그의 견고하고 크고 강한 칼로 날랜 뱀 리워야단 곧 꼬불꼬불한 뱀 리워야단을 벌하시며 바다에 있는 용을 죽이시리라"(사 27:1). 하나님이 세상을 심판하는 그날에 '날랜 뱀', '날아다니는 강력한 뱀', '바다의 용' 리워야단을 죽인다는 것입니다.

리워야단은 악어, 공룡, 날아다니는 뱀, 바다의 용 등 다양한 모습으로 나옵니다. 리바이어던을 주제로 한 공포 영화도 있습니다. 1989년에 미국에서 만든 〈레비아탄〉이라는 영화가 있고, 2014년 러시아에서 제작한 〈리바이어던〉이라는 영화도 있습니다.

도대체 리워야단은 무엇일까요? 무서운 바닷속에서 사람들을 잡아먹고 죽이는 용, 아무도 제어할 수 없는 강력한 힘을 가진 바다의 괴물을 말합니다. 쉽게 말하면, 신화적 괴물의 이름인데, 악과 어두움(흑암의 세력)을 상징합니다. 결국 리워야단은 하나님의 백성을 괴롭히는 악의 상징입니다. 그런데 하나님이 그 리워야단의 머리를 부숴 버린다는 것이 성경의 가르침입니다.

그렇다면 리워야단이 왜 존재하는 것일까요? 그 용도가 무엇일까요? 잘 모릅니다. 분명한 것은, 우리 생각에는 유용하지 않다는 것입니다. 농사를 짓는 데 사용되는 것도 아니고, 보기에 아름다운 것도 아니고, 돈이 되지도 않습니다. 사람들을 괴롭히고 짓밟아 버리는 등 나쁜 일만 하는 존재입니다. 그런 존재가 없으면 좋겠는데, 있습니다. 그리고 내 마음대로 없앨 수도 없습니다. 리워야단을 보면 "저런 것이 왜 있어야 하는가?"라는 질문이 나오게 되어 있습니다.

"이 세상에는 왜 악이 존재하는가?" 이런 질문을 해 본 적이 있습니까? 세상에 악이 없으면 좋겠는데, 있습니다. 인간의 힘으로는 제거할 수 없습니다. "악은 왜 존재하는가? 하나님은 왜 악을 없애지 않는가?" 이 질문에 대한 하나님의 답이 욥기 41장입니다.

창조 목적을 완성하기 위한 도구

고난당하는 욥의 마음속에 있는 질문은 두 가지였습니다.

첫 번째 질문은 "하나님이 왜 나에게 고난을 주시는가?"였고, 지금까지 하나님은 그 질문에 대해 대답하셨습니다. 여기에 대하여 욥은 하나님께 "자격 없는 자가 아무것도 모르면서 실수를 했으니 부끄럽고 죄송합니다. 입이 열 개라도 할 말이 없습니다. 용서해 주소서" 하며 회개했습니다. 문제가 해결된 것입니다.

욥의 마음속에 있는 두 번째 질문은 "세상에는 왜 악이 존재하는가? 하나님은 왜 악인을 심판하지 않는가?"였습니다. 우리 모두의 질문이기도 하지요.

네가 낚시로 리워야단을 끌어 낼 수 있겠느냐 노끈으로 그 혀를 맬 수 있겠느냐 너는 밧줄로 그 코를 꿸 수 있겠느냐 갈고리로 그 아가미를 꿸 수 있겠느냐

• 41:1-2

이 말씀은 신학적으로도, 철학적으로도 어려운 본문입니다. 그러므로 잘 이해해야 합니다. 물고기는 무엇으로 잡나요? 일반적으로는 낚시로 잡습니다. 커다란 황소를 어린아이가 끌고 다닙니다. 어떻게 가능할까요? 소가 꼼짝 못하고 끌려가는 이유는 코가 꿰였기 때문입니다. 혀나 코나 아가미나 다 연약한 부분이기에 그곳을 뚫거나 꿰면 마음대로 끌고

다닐 수 있습니다. 그러나 리워야단은 내 마음대로 잡거나 끌고 다닐 수 없습니다.

이어 하나님은 "그것이 어찌 네게 계속하여 간청하겠느냐? 부드럽게 네게 말하겠느냐? 네가 어찌 그것과 계약을 맺고 종으로 삼겠느냐? 그렇다고 해서 그것과 싸울 수 있느냐? 정복할 수 있느냐?"(41:3-4)고 물었습니다. 그럴 수 없지요. 너무 강하거든요. 리워야단 앞에 서면 기가 죽을 뿐입니다.

"아무도 그것을 격동시킬 만큼 담대하지 못하거든 누가 내게 감히 대항할 수 있겠느냐"(41:10). 아무도 리워야단을 컨트롤하거나 싸워서 이길 수 없습니다. 리워야단이 악의 상징인 이유는 우리가 악에 대하여 가지는 마음이 리워야단을 향해 가지는 마음과 같기 때문입니다. 그런데 "리워야단도 대항할 수 없는 사람이 어찌 그것을 창조하고 다스리는 하나님을 대항할 수 있느냐?"고 하나님은 말씀하셨습니다.

"악은 왜 존재하는가?" 이 주제에 대하여 논쟁을 시작하면 수백 권의 책을 써도 끝이 없습니다. 그러나 아주 간단하게 정리하겠습니다. 악이 없다면 하나님의 선물이 아무리 많아도 그 가치를 알 수 없습니다. 예를 들어, 질병이 전혀 없다면 건강이 얼마나 좋은 것인지 그 가치를 제대로 알 수 없습니다. 악이 있어야 선이 얼마나 좋은 것인지 알 수 있고, 어둠이 있어야만 빛이 얼마나 좋은지 알 수 있습니다. 또한 하나님은 악을 사용해서 우리를 하나님의 자녀로 성장시킵니다. 다시 말하면, 악은 우리가 하나님과 영원한 사랑을 나누기 위해서 필요한 과정입니다. 이것을 신학용어로 설명하면, 악이란 '창조 목적을 완성하기 위하여 하나님이 사용하시는 도구'입니다.

우리는 세상의 악에 대해 분노하고 하나님께 왜 악인을 심판하지 않으시는가? 화를 내는데, 하나님의 말씀을 들어 보세요. "그렇다면 네가 악인에게 벌을 주고 세상의 악을 제거해 보라. 네 능력으로 악을 응징하고 다스릴 수 있느냐? 악인을 사라지게 할 수 있느냐? 또 너는 정의를 외치지만 리워야단도 잡지 못한다. 세상의 악에 대해서 너는 불평만 할 뿐 그 악을 없앨 수 없다. 오직 나 하나님만이 악을 제어하고 부수고 다스리고 사용한다."

악을 다스린다

이제 하나님은 결론을 말씀하십니다.

누가 먼저 내게 주고 나로 하여금 갚게 하겠느냐 온 천하에 있는 것이 다 내 것이니라 • 41:11

유명한 말씀입니다. 바울이 로마서 11장 35절에서 이 구절을 인용하기 때문입니다. 바울은 "누가 주께 먼저 드려서 갚으심을 받겠느냐" 이 말씀으로 기독교 교리를 요약했습니다. 이 세상 모든 것, 모든 환경과 내 생명까지 모두 받은 것들뿐입니다. 우리가 먼저 하나님께 드린 것은 아무것도 없습니다. 이 말을 신학 용어로 바꾸면, "누가 하나님 앞에 의로워서 그 보상으로 살아갈 수 있느냐?"는 것입니다. 그러니까 "'하나님, 나는 의로운데 왜 보상해 주지 않습니까? 나는 선하게 살았는데 왜 고난이 있습니까?' 내가 괜히 진실했다. 악인도 얼마든지 형통한데!" 이렇게 말할 수 없다는 것입니다. 자기 의로 사는 사람은 없습니다. 그러므로 내 의로 사는 것처럼 착각하면 안 됩니다. 우리는 의인이든, 악인이든 다 은혜로 살 뿐이며, 온 천하 만물은, 선과 악도 다 하나님의 손안에 있습니다. 하나님은 이 모든 것을 사용해서 세상을 주관하고 역사를 다스립니다.

무신론자들이 "하나님이 없다"는 근거로 제시하는 것이 무엇입니까? "하나님이 있다면 세상에는 왜 이렇게 악이 많은가?" 이것이 무신론자들의 질문입니다. 그러나 잘 생각해야 합니다. 악인들이 계획한 것이 다 이루어진다면 세상은 금방 지옥이 될 것입니다. 하나님이 계시지 않기 때문에 세상이 악한 것이 아닙니다. 하나님이 계셔서 세상의 악을 막아 주기 때문에 세상이 이만큼 좋고 살 만한 곳이라는 사실을 기억해야 합니다.

하나님이 무능해서 악을 제어하지 못하는 것이 아닙니다. 하나님은 악을 다스리고, 더 나아가 악을 사용해서 우리를 성장시킵니다. 하나님만이 아시는 악의 용도가 있는 것입니다. 그래서 아우구스티누스는 "천사는 우리를 직접적으로 돕고, 마귀는 우리를 간접적으로 돕는다"고 말했습니다.

하나님은 악을 다스리며 통제하고 사용합니다. 그러므로 악이 가득하다고 낙심하고 분노하고 원망하고 절망하면 안 됩니다. 하나님은 세상의 악까지도 사용해서 하나님의 뜻을 이루어 갑니다. 그러므로 악 때문에 낙심하거나 절망하지 마세요. 하나님이 악을 사용합니다. 그리고 때가 되면 그 악을 부수고 심판합니다. "하나님은 악을 다스린다." 이 사실을 믿어야 악한 세상에서 낙심하지 않고 하나님을 바라보면서 힘차게 살아갈 수 있습니다.

기도하기

하나님 아버지!

이 세상에 악과 고난이 왜 있는지 우리는 다 알지 못합니다.

악을 제거할 힘도 없습니다.

그러나 하나님은 악도 사용하여

이 세상을 다스린다는 사실을 알게 하소서.

또한 악을 심판하고, 그 백성을 구원하심을 믿고 살아가게 하소서.

그러므로 악을 바라보며 낙심하지 말고, 분노하지 말고,

악한 세상에서도 하나님을 바라보며 담대히 전진하게 하소서.

나눔 질문

† 리워야단이 상징하는 것은 무엇이고, 사람들이 리워야단을 향해 가지는 마음은 무엇인가요?

† 악은 왜 존재하는 것일까요? 이것을 신학 용어로 무엇이라 설명하나요?

† 하나님은 악을 어떤 용도로 사용하시나요? 내 주변에 있는 악한 모습을 통해 깨닫게 되는 하나님의 선한 모습이 있다면 나눠 봅시다.

욥기 42:1-6

1 욥이 여호와께 대답하여 이르되
2 주께서는 못 하실 일이 없사오며 무슨 계획이든지 못 이루실 것이 없는 줄 아오니
3 무지한 말로 이치를 가리는 자가 누구니이까 나는 깨닫지도 못한 일을 말하였고 스스로 알 수도 없고 헤아리기도 어려운 일을 말하였나이다
4 내가 말하겠사오니 주는 들으시고 내가 주께 묻겠사오니 주여 내게 알게 하옵소서
5 내가 주께 대하여 귀로 듣기만 하였사오나 이제는 눈으로 주를 뵈옵나이다
6 그러므로 내가 스스로 거두어들이고 티끌과 재 가운데에서 회개하나이다

28• 이제는 주를 뵈옵나이다 욥 42

_불확실성 속에서 사는 법

이 세상에서 가장 억울하고, 말도 안 되고, 모순적인 사건은 어떤 것일까요? 동시에 역사 속에서 가장 고통스러운 사건은 무엇일까요? 예수님의 십자가 사건입니다. 그렇다면 십자가 사건은 실패인가요, 성공인가요? 우연인가요, 아니면 오래전부터 계획된 사건인가요? 하나님이 어리석기 때문에 일어난 사건인가요, 아니면 지혜롭기 때문에 일어난 일인가요? 하나님이 세상을 사랑하기 때문에 일어난 사건인가요, 아니면 미워하기 때문에 일어난 일인가요? 십자가는 하나님의 구원 역사의 핵심이요, 하나님의 예정이며, 만백성을 구원하려는 하나님의 엄청난 사랑과 지혜와 능력의 결과입니다.

그렇다면 십자가 사건은 하나님이 예수님을 버린 것입니까? 아닙니다. 예수님이 어떤 분인가를 가장 잘 보여 준 사건입니다. 그럼 예수님은 그 사건을 어떻게 받으셨나요? '아버지께서 내게 주신 잔'이라고 말씀했습니다. 고통스러웠지만 예수님을 예수님 되시게 한 사건입니다. 예수님이 영원히 찬양을 받을 주님이라는 것을 증명한 사건입니다. 십자가는 역사상 가장 어려운 고난이었지만, 가장 위대한 사건이었습니다. 십자가는 고난의 모델입니다. 완전하진 않지만 '십자가'를 '고난'이라는 말로 바꾸어 보면 고난의 의미를 이해하는 데 많은 도움이 될 것입니다.

십자가 사건을 믿으면 그 결과는 놀랍습니다. 내 모든 죄를 용서받고 하나님의 자녀가 됩니다. 천국을 유업으로 받습니다. 그런데 이렇게 놀라운 사건을 사람들은 왜 받아들이지 않을까요? 내가 죄인이라고 생각하지 않기 때문입니다. 신학 용어를 사용하면, 자기 의를 포기하지 않기 때문에 하나님이 주시는 의를 받을 수 없는 것입니다.

마치 두 개의 자석과 같습니다. 자석은 같은 극끼리는 반발하고, 다른 극끼리는 끌어당기는 성질이 있습니다. 하나님의 의와 나의 의가 만나면 서로 밀쳐 냅니다. 그런데 하나님의 의는 잘못된 것이 아닙니다. 내가 스스로 의롭다고 생각하는 것이 문제입니다. 나의 의가 하나님의 의를 거부합니다. 그러나 "나는 의가 없다. 나는 죄인이다. 나는 정말 자격이 없다"라고 진실하게 고백하면서 하나님 앞에 무릎을 꿇으면 하나님의 의에 철컥 붙습니다. 그러므로 십자가 은혜를 받으려면 하나님 앞에서 나의 의를 포기하고, 나의 자격 없음을 인정하고, 하나님의 의를 인정해야 합니다. 그때 십자가가 나의 사건이 됩니다.

신뢰 관계를 회복하는 것

지금까지 여러 차례, 여러 각도에서 고난의 원인과 결과에 대해 살펴보았습니다. 이제 속이 시원합니까? 아닐 것입니다. 욥기는 고난에 대해서 깊은 통찰을 주는 책이지만, 고난에 대해서 명쾌하게 대답하지 않습니다. 그러나 그렇기 때문에 사실은 불후의 명작인 것입니다.

하나님은 고난에 대해 질문하는 우리에게 오히려 "너는 아느냐?"고 질문합니다. 질문을 다 듣고 나서 오히려 질문합니다. 이것이 바로 우문현답입니다.

어떤 가난한 가정에서 아들이 아버지에게 물었습니다. "아버지, 우리 집은 가난한데 저 대학에 갈 수 있나요? 보내 주겠다고 하셨는데 어떻게 갈 수 있지요?" 그러자 아버지가 뭐라고 했을까요? "내가 한 달에 얼마를 벌고, 1년이면 얼마를 저축하는데, 모자라는 부분이 얼마이고 그것은 어떻게 대출을 받고, 나머지는 어떻게 하겠다"고 설명할까요? 아닙니다. 그냥 이렇게 말할 것입니다. "공부나 열심히 해라." 이것이 우문현답입니다. 아버지의 답에 "아니, 질문에 대한 답은 주지 않으시고 나더러 공부나 열심히 하라니요, 말이 됩니까?" 하며 따질 수 있는 것이 아닙니다.

공부나 열심히 하라는 말이 무슨 뜻입니까? 아버지의 복잡한 마음, 아버지의 몸부림을 고3 학생이 어떻게 알겠어요. 그러니까 아버지는 설명하지 않고 "공부나 해!" 한 것입니다. 그것이 답이지요. 아들은 모든 것을 아버지에게 맡기고 공부만 하면 되는 것입니다.

"너는 아느냐?" 말씀하신 하나님은 내가 전능과 지혜와 사랑을 가지고 만물을 다스린다고 하셨습니다. 그러니까 "욥아, 너에게 필요한 것은 나의 자세한 대답이 아니라, 나를 믿고 잘 견디는 것이다" 이런 의미입니다. 이유를 따져 묻는 것보다 훨씬 더 중요한 것은 하나님과 신뢰 관계를 회복하는 것입니다. 이런 면에서 하나님의 대답은 충분했습니다.

하나님의 전능과 자유

하나님의 대답을 듣고 욥이 말합니다.

주께서는 못 하실 일이 없사오며 무슨 계획이든지 못 이루실 것이 없는 줄 아오니 • 42:2

"하나님은 못 하실 일이 없습니다. 악까지도 사용해 하나님의 선한 뜻을 이루어 가십니다. 또한 무슨 계획이든지 못 이룰 것이 없습니다. 하나님의 전능과 자유를 인정합니다"라는 의미입니다. 더 나아가 하나님은 나는 모르는, 하나님만이 아시는 차원 높은 계획을 가지고 있을 뿐만 아니라 그것을 반드시 이룬다고 했습니다. 하나님께는 실패가 없습니다.

여기에 고난을 대입해 볼까요? "고난 속에는 하나님의 전능과 자유가 있습니다." 아주 놀라운 말입니다. 왜 고난이 있습니까? 하나님이 존재한다면 능력이 없는 것입니까? 하나님이 능력이 있다면 사랑이 없는 것입니까? 아닙니다. 고난 속에는 능력도 있고, 사랑도 있습니다. 그리고 계획도 있습니다. 지혜가 들어 있다는 의미입니다. 그리고 고난은 실패가 아닙니다. 내가 볼 때는 능력이 없는 사건인 것 같고, 사랑이 없는 사건 같고, 지혜가 없는 사건 같고, 없어야 할 사건 같고, 실패인 것 같지만 하나님이 보실 때는 아니라는 것입니다. 욥은 하나님이 외면했다고 생각한 그 사건, 이해할 수 없는 고통까지도 하나님의 능력과 사랑과 지혜의 사건이었음을 알게 되었습니다.

우리의 생각에 '형통과 고난', '낮과 밤', '의와 불의' 등은 이분법적이고 상반되는 개념들이기 때문에 서로 만날 수 없습니다. 그러나 하나님 안에서는 그렇지 않습니다. 하나님은 악과 고난도 사용해서 세상을 다스리고 하나님의 뜻을 이루어 가십니다. 이 사실을 우리가 믿는다면 어떤 일이 일어나도 겁낼 필요가 없습니다.

이 사실을 모르기에 욥은 무지한 말을 했습니다(42:3). 어떤 의미인지도 모르고 책임질 수도 없는 말을 많이 했고, 얼마나 잘못된 소리인지도 모르고 함부로 떠들었습니다. 이 세상에 하나님에 대한 말들이 얼마나 많습니까? 사람들은 "하나님이 계신다면 어찌 이럴 수가 있어?" 이런 당위성, 내가 만들어 낸 틀에 묶인 채 살아갑니다. 그러나 무지한 말로 이치를 가리는 내용이 대부분입니다.

많은 사람이 하나님을 떠나는 이유가 무엇인가요? "왜 사랑하는 사람이 죽어야 하지?", "왜 나는 병들어야 하지?", "왜 세상에 전쟁이 있는 것이지?", "이런 일이 왜 나한테 일어나는 것이지?" 등 하나님의 한계를 자기가 정합니다. 그 한계를 벗어날 때 '나는 그런 하나님은 믿지 않을 거야!'라고 생각합니다.

그러나 하나님께는 모든 것이 가능합니다. 하나님께는 무의미한 것이 없고, 실패도 없습니다. 이 사실을 알게 되면서 욥은 해방되었습니다. 신학 용어로 말하면, 하나님의 임재와 부재 사이의 혼란, 그 불가해성이 욥을 가장 고통스럽게 만들었습니다. 그러나 욥은 하나님이 없다고 생각했던 그 상황에도 하나님은 계셨고, 그를 바라보았고, 그 상황을 알고 있었다는 사실을 깨닫게 되었습니다. 내가 몰랐던 것뿐이지, 하나님은 우리의 이해를 초월하는 방법으로 일하고, 그래서 내가 볼 때는 무익한 것도 하나님이 보실 때는 유익하다는 것을 알게 된 것입니다.

이제는 주를 뵈옵나이다

이제 욥은 하나님께 "내가 말하겠사오니 주는 들으시고 내가 주께 묻겠사오니 주여 내게 알게 하옵소서"(42:4)라고 고백합니다. 이 말을 오해하면 안 됩니다. "하나님, 내가 따져 물어볼 테니 대답해 보세요"라는 뜻이 아니에요. 하나님과의 관계 회복을 의미합니다. 하나님은 크신 분, 전능하신 분, 못 하는 일이 없는 분입니다. 그리고 나는 무지한 말로 이치를 가리는 자입니다. 이 고백을 했기 때문에 이제 욥과 하나님이 올바른 관계가 된 것입니다.

지금까지 욥은 내가 질문하는데 하나님이 대답을 안 하신다고 생각했지요. 그러나 이제 욥의 질문하는 태도가 바뀌었습니다. "하나님, 왜 그렇습니까?" 이렇게 따지지 않겠다는 것입니다. 부드럽게 다가가서 "하나님, 왜 그런 거예요?"라고 물으면, "응, 이유는 이런 거란다"라고 대답하는 다정한 사이가 되어 달라고 부탁하는 것입니다.

이어지는 5절은 욥기에서 가장 귀한 말씀입니다.

> 내가 주께 대하여 귀로 듣기만 하였사오나 이제는 눈으로 주를 뵈옵나이다
>
> • 42:5

왜 고난을 당해야 할까요? 고난의 유익이 무엇인가요? "이제는 주를 뵈옵나이다" 이 말이 고난의 가장 중요한 목적입니다. 고난을 통해서 욥의 눈이 열렸다는 것입니다. 욥은 하나님의 마음을 보게 되었습니다. 하나님은 위대함을 보여 주는 동시에, 하나님의 마음을 알아 달라고 욥에게 자신을 설명하셨습니다. 욥은 그런 하나님의 마음을 보고는, "세상

에, 내가 뭔데! 나처럼 비천하고 자격이 없는 사람에게 하나님이 오셔서 당신의 마음을 보여 주다니. 고난 속에 하나님의 사랑과 지혜와 전능이 들어 있다고 말씀하다니!" 이렇게 감격한 것입니다.

내가 아프고 힘든 만큼 하나님도 고난을 주면서 아파하셨고, 그러면서도 나를 위해 필요하기에 주셨다는 사실을 알게 되면서, 욥은 하나님의 마음을 보게 되었습니다. 그것은 '하나님은 이런 분이구나!' 하고 눈이 열리는 경험이었습니다. 하나님의 주권을 인정하면서, 동시에 자신이 하나님의 사랑의 대상이며 파트너라는 사실을 깨닫게 된 것입니다. 욥은 하나님도 알게 되었고, 자기 정체성도 확인했습니다.

그러므로 욥은 "내가 스스로 거두어들이고 티끌과 재 가운데에서 회개하나이다"(42:6)라고 고백했습니다. 여기서 '스스로 거두어들이고'는 영어로 'despise', 즉 '경멸한다', '한탄한다'는 말입니다. "내가 정말 왜 그랬지? 정말 바보 같고 한심한 짓을 했어. '하나님, 지금까지 제가 했던 말 다 취소하겠습니다. 티끌과 재 가운데서 회개하겠습니다. 스스로 만든 규칙과 해석의 틀을 가지고 하나님을 판단했던 마음을 다 내려놓습니다'"라고 말한 것입니다. 이것이 회개입니다. 하나님이 우리에게 기대하는 바는 이처럼 사건이 없어지는 것이 아니라, 질문자의 태도가 바뀌는 것입니다.

"저는 모릅니다. 그러나 하나님은 아십니다"

욥기는 42장 7절부터 다시 산문으로 돌아옵니다. 욥과 대화를 마친 하나님은 친구들에게 "너희들의 말은 옳지 못하다"라고 하셨습니다(42:7). 친구들의 잘못은 무엇인가요? 하나님에 대하여 알지도 못하면서 다 안다고 생각하고 "하나님은 이런 분이다"라고 함부로 말한 것입니다. 고난의 의미도 모르면서 "고난은 죄 때문이다"라고 단정했고, 또한 고난받는 사람을 향해 사랑과 자비가 없었습니다.

하나님이 "옳지 못하다"고 세 친구에게 하신 말씀은 그들에게는 충격이었습니다. 그러나 세 친구는 하나님께 책망을 받을 때 올바른 태도를 취했습니다. 자신들이 편견에 사로잡혀 있었다고 인정했습니다. 그들은 자기들의 생각을 뛰어넘는, 공식을 넘어서는 하나님을 인격적으로 만난 것입니다.

이제 하나님은 욥에게 세 친구를 품으라고 명령합니다. "욥아, 네 말이 맞다. 그러나 너는 '내가 맞고 너희는 틀렸어' 하지 말고, 그들을 품어라." 욥은 하나님의 말씀대로 친구들을 용서하며 기도했습니다(42:10). 이것이 바로 고난을 통해 하나님을 만난 자들이 해야 할 일입니다. 그리고 욥이 기도할 때 기적이 일어났습니다. 그의 몸이 치유되었습니다. 그리고 그의 삶의 모든 영역이 회복되었습니다!

페루 출신의 철학자이자 신학자인 구스타보 구티에레즈는 "욥기는 하나님의 자유와 인간의 자유가 만나는 책이다"라고 말했습니다. 하나님은 모든 것이 가능합니다. 인간의 자유는 내 마음대로 사는 것이 아니라, 하나님의 절대 자유를 받아들이고 나의 의를 포기할 때 주어집니다. 하나님의 자유를 인정할 때 비로소 어떤 상황 속에서도 낙심하지 않고 믿음으로 나아가는 자유를 얻게 되는 것입니다.

'순금 같은 믿음'이란 무엇일까요? 하나님의 자유를 인정하는 믿음입니다. 나에게 일어나는 어떠한 일도 합력하여 선을 이룰 수 있음을 인정하고, 믿고, 그 가운데서도 낙심하지 않고 잠잠히 하나님만 바라보는 믿음입니다. 이 믿음이야말로 정말 순금 같은 믿음입니다. 순금 같은 믿음을 가지면 절대로, 어떤 경우에도 낙심하지 않고, 좌절하지 않고, 승리할 수 있습니다.

고난의 문제에 대해서 거창한 이론은 필요 없습니다. 질문하기 시작하면 끝이 없습니다. 오히려 질문자의 태도가 바뀌는 것이 해결책입니다. 질문자가 하나님의 사랑과 은혜를 느끼면서 자기 지혜를 포기할 때 해결됩니다. "하나님, 저는 모릅니다. 그러나 하나님은 아십니다. 하나님의 다스림에 저를 맡기겠습니다" 이렇게 고백해야 합니다. 철학 용어로 말하면, 불확실성 속에서 사는 법을 배우는 것입니다. 이것이 승리이고, 여기에 자유와 화목, 축복이 있습니다.

기도하기

작고 어리석으며 자기중심적인 욥에게 다가오신 하나님!
하나님의 전능과 지혜와 사랑을 말씀하며,
하나님의 마음을 보여 주면서 하나님께는 자유가 있고,
무의미한 것이 없으며,
모든 것을 사용하여 뜻을 이루어 간다는 것을 알게 하셔서 감사합니다.
고난을 통해 욥이 성장한 것처럼 우리도 고난을 통해 성장하게 하소서.
욥의 깨달음이 우리의 깨달음이 되고,
욥의 고백이 우리의 고백이 되게 하소서.

나눔 질문

† 하나님의 마음을 알게 된 욥의 고백은 무엇인가요? 그 결과 욥에게 어떤 변화가 일어났나요?

† 고난을 통해 하나님을 만난 사람들이 해야 할 일은 무엇인가요?

† 내가 가져야 하는 순금과 같은 믿음은 무엇인지 말해 봅시다.